스토리
설계자

고객의 욕망을 꿰뚫는 31가지 카피라이팅 과학

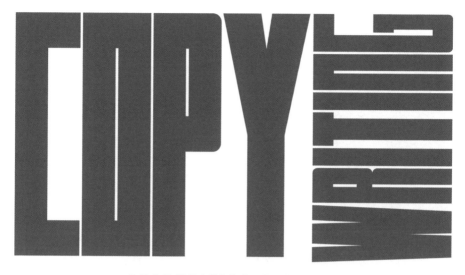

COPYWRITING SECRETS

스토리 설계자

구매자가 먼저 찾아오는 퍼널 글쓰기 비법 🔍

짐 에드워즈 지음 | 러셀 브런슨 서문 | 신솔잎 옮김

월북

이 책에
쏟아진 찬사

이 책은 똑똑하다. 가장 절박한 매출 문제를 가장 강력하고 쉽게 해결해주기 때문이다. 무조건 팔리는 영리한 카피 작성법을 다루지만, 실은 오늘날 기업과 자영업자에게 필수적인 생존 가이드다. 오직 나만이 알며 정보의 비대칭을 느끼고 싶은, 남들에게는 감추고 싶은 세일즈 전략으로 가득하다. 저자는 다 내줬다. 실행할지 여부는 이제 독자의 몫이다.

신승철(글천개) | 글천개 브랜드 발전소 대표

"당신의 회사에 카피라이터가 있습니까?" 카피라이터로서 여러 기업과 협업하며 카피를 잘 쓰는 비결이 무엇이냐는 질문을 들을 때마다(자주 듣는다) 나는 반대로 이렇게 묻는다. 대부분의 기업은, 심지어 대기업도 카피라이팅은 외주로 돌려야 한다고 당연하게 생각한다. 하지만 본인의 브랜드를 처음부터 끝까지 직접 겪었으며 서비스와 제품을 잘 아는 내부 직원이나 대표만큼 카피를 잘 쓸 사람은 없다.

카피를 직접 쓰거나 회사에 카피라이터를 고용하자. 지금 아무것도 모르더라도 상관없다. 『스토리 설계자』만 있다면 매우 빠르게 비법을 터득할 것이다. 카피라이팅은 패턴이고 공식이며, 이만큼 짧은 시간에 효율을 내는 글쓰기가 없다. 이 책은 막연하지 않은 논리적인 주장, 이해를 돕는 유익한 이야기와 실무에 바로 적용할 수 있는 전략이 촘촘하다. 내가 13년 전의 초보 카피라이터로 돌아간다고 해도 이 책만 옆에 있다면 하나도 두렵지 않을 것 같다.

이유미 | 밑줄서점 대표, 『카피 쓰는 법』 저자

글은 누구나 쓸 수 있다. 하지만 사랑하거나, 뒤돌아보거나, 애타게 만드는 메시지는 아무나 쓸 수 없다. 단 몇 줄로 상대의 욕망을 건드리고, 가장 순수한 얼굴로 다가가 결국엔 행동하게 만드는 무서운 기술, 카피라이팅의 거의 모든 비결을 이 책은 제시한다. 좋은 카피란 무엇인가? 이를 언젠가 명쾌하게 설명하고 싶었는데, 이렇게나 잘 정리해주는 책이 나왔다. 내가 카피라이터를 꿈꾸던 시절에 좀 더 일찍 이 책을 만났으면 좋았을걸 하는 아쉬움이 들 정도다.

오하림 | 29CM 헤드 카피라이터

카피라이터로서 나는 이 책을 집으며 내가 다 아는 내용일 것이라고 생각했지만, 착각이었다. 저자는 정말 중요하고 기본적인 카피라이팅 원칙들과 더불어, 당신이 지금 어느 정도의 실력을 갖추었든 곧장 돈을 벌 수 있는 실용적인 단계들을 한데 모두 담았다. 정말 보물 같은 책이다!

데이나 데릭스 Dana Derricks | therapyfarm.com 창립자

불공평한 혜택을 안겨줄 완벽한 가이드북! 이 책에서 당신은 고객을 직접 대면하지 않고도 판매하는 능력을 키우고, 좋은 카피라는 완벽한 세일즈맨이 24시간 내내 활약하게 만들 방법을 찾을 수 있다. 모든 기업인은 팔리는 언어를 만들어내는 데에 적극 투자해야 한다.

야닉 실버 Yanik Silver | Instant Sales Letters **창립자**

무엇이 사람들의 지갑을 여는가? 저자는 수십 년의 세일즈 경험으로 그 방법을 깨달았다. 『스토리 설계자』는 핵심을 찌르는 카피라이팅을 꿈꾸는 사람이라면 반드시 읽어야 한다. 현재 실력 수준과 관계없이 이 책이 당신의 카피를 아름답게 조율해줄 것이다.

캐슬린 게이지 Kathleen Gage | Vegan Visibility **창립자**

저자의 겸손함에 속지 않길 바란다. 짐 에드워즈는 카피라이팅의 대가이다. 스스로 카피 작성의 프로라고 생각하는 사람이든, 단 한 번도 판매를 목적으로 글을 써본 적이 없는 사람이든, 중요치 않다. 이 책은 당신의 카피를 전반적으로 향상해줄 굉장한 이야기와 팁, 테크닉, 전략이 가득하다. 한 장씩 낱낱이 읽고, 저자의 가르침을 행한 후, 무섭게 불어나는 성공을 지켜보며 노동의 결실을 즐기길.

펠리시아 J. 슬래터리 Felicia J. Slattery | Signature Speech Wizard **공동 창립자**

한 번에 한 프레임씩이라는 대면 판매를 알려준
처음이자 최고의 스승들, 어머니와 아버지, 패티크래프트.
온 세상이 나를 등졌을 때도
내 세일즈 능력을 한결같이 믿어준 아내 테리.
인생이란 세일즈 학교에서 내 첫 '교수'가 되어준 벅 대니얼스.
사람들이 내게서 상품을 구매하는 만큼
나를 믿는다는 사실을 알려준 러셀 브런슨.

차례		

PART 1	마인드셋

카피라이팅과 평범한 글쓰기의 차이

PART 2	패턴 익히기

누구나 따라할 수 있는 카피 공식

PART 3	**전략 실행하기**
	어중간해선 돈을 벌 수 없다

PART 4	**더 나아가기**
	고객의 마음속으로 들어가라

서문

지갑을 여는 설득의 기술

러셀 브런슨^{Russell Brunson}
클릭퍼널스와 퍼널 스크립트 공동 창립자

약 15년 전쯤, 갓 결혼을 하고 대학 운동선수로 활동하던 당시, 처음으로
내 사업을 시작하고 싶다는 생각에 휩싸였다. 단지 돈을 벌고 싶다는 생각
뿐, 아는 게 하나도 없었다. 사업에 대해 공부하며 성공에 필수적인 일들
을 배우기 시작했다. 훌륭한 상품을 만들고, 퍼널을 구성하고, 트래픽을
유인하고, 이메일 리스트를 만들고… 카피를 쓰는 것 말이다.

온라인 사업을 성장시키는 데 필요한 여러 가지 요소를 배우는 과정
이 하나같이 즐거웠지만 단 하나, 카피를 쓰는 것만은 힘들었다. 대학에
다닐 때도 글쓰기는 좋아하지 않았고, 솔직히 말해 소질도 없었다. 때문
에 사람들의 조언에도 불구하고 카피 작성을 제외한 다른 모든 일에 집중
하기로 했다.

훨씬 나은 신제품을 만들어도 항상 내 제품이 경쟁사들보다 판매가
저조한 현상을 이해할 수가 없었다. 내 제품이 더 나은데. 왜 사람들은 내
제품이 아니라 저 업체들 제품을 사는 걸까? 몇 가지 아이디어를 실현하
는 데 연달아 실패한 후에야, 사업체를 성공으로 이끄는 요인은 상품이 아

니라는 사실을 깨달았다. 고객이 제품을 사지 않고는 못 배길 정도로 강력한 욕구를 일으키는 능력이 중요했다.

다시 말해, 세일즈 카피라이팅 말이다.

이게 핵심이었다. 결국 나는 항복하는 마음으로 좋은 카피란 무엇인지 공부하기 시작했다. 사람들이 상품을 구매하는 심리를 이해하고 싶었고 이해해야 했다. 공부를 할수록 성공한 마케팅 캠페인에서 공통적으로 드러나는 패턴이 눈에 들어오기 시작했고, 그 패턴을 내가 판매하는 상품에 적용하는 법도 깨우쳤다. 조금씩 변화해나가며 카피라이팅에 정통하기 시작할 때 즈음 아주 흥미로운 사실을 깨달았다.

훌륭한 상품도 내게 큰돈을 벌어주지 못했다.

굉장한 퍼널도 내게 큰돈을 벌어주지 못했다.

트래픽도 내게 큰돈을 벌어주지 못했다.

이메일 리스트도 내게 큰돈을 벌어주지 못했다.

내가 좋은 카피를 쓰는 법을 깨우치지 못했을 때 이런 것들은 하등 의미가 없었다. 결국 상품이 팔리지 않았으니까. 트래픽을 유인해도 고객으로 전환되지 않았다. 내가 만든 퍼널은 사람들이 지갑을 열도록 설득하지 못했다.

내게 큰돈을 벌어준 것은 카피라이팅이었다.

카피라이팅은 굉장한 증폭제 역할을 한다. 다른 어떤 요소보다도 사업으로 돈을 버는 데 큰 영향을 미친다.

몇 년 전, 짐 에드워즈가 모든 기업인에게 무상으로 도움을 주자는 클릭퍼널스Click Funnels의 미션을 접한 것을 계기로 우리는 파트너가 되었다. 그는 내게 전화를 걸어 이렇게 물었다. "당신의 고객 전부를 더욱 성공적으로 만드는 방법을 알고 싶습니까?" 어떻게 해야 하느냐고 묻자 그는 이렇게 대답했다. "더 좋은 카피를 쓰도록 해야 합니다. 카피가 나아지면 퍼널로 더 많은 판매를 발생시킬 수 있고, 그렇게 되면 이들은 클릭퍼널스와 영원히 함께할 겁니다."

이를 바탕으로 그는 우리 커뮤니티에 **퍼널 스크립트**Funnel Scripts라는 굉장히 강력한 도구를 만들었다. 버튼 하나만 누르면 카피를 쓸 수 있는 이 도구로 기업인 수천 명이 도움을 받았다. 그중에는 카피에 대해 전혀 모르는 사람들도 있었다. 그동안 온라인 사업에서 한 번도 성공하지 못했던 사람들이 이 도구를 이용해 잠재고객을 얻고, 돈을 벌고, 성공하는 모습을 지켜봤다.

작년부터 책을 쓰기 시작하며 짐은 더 많은 사람이 카피라이팅을 정복하도록 돕는 것이 목표라고 말했다. 굉장히 어려운 과제이지만 적임자가 있다면 바로 짐이라고 생각한다. 이 책을 제대로 읽는다면 더 많은 돈을 벌고, 더 많은 사람을 만족시키고, 영향력을 넓혀 당신만의 방식대로 세상을 바꿀 수 있을 것이다. 짐보다 많이 카피를 공부하고, 다양한 상황과 비즈니스에서 수많은 이를 위해 카피를 연구해온 사람은 거의 없다. 이 책은 앞으로 남은 평생 당신의 삶을 풍요롭게 해줄 스킬을 가르쳐줄 것이다.

내가 과거에 저질렀던 것과 같은 실수를 답습하지 말고, 사람들의 지갑을 열게 하는 글을 종이와 스크린에 표현하는 기술을 하루빨리 익히길 바란다. 자신의 100퍼센트를 모두 쏟아부어야 한다. 카피라이팅은 인생에서 당신이 배울 수 있는 가장 귀중한 기술이기 때문이다.

서론

"광고 카피는 두 번째로 수익성이 높은 글쓰기 형식이다. 가장 수익성이 높은 건 물론 협박 편지다."

필립 듀젠베리|Philip Dusenberry

펩시의 광고 대행사인 BBDO의 전 회장

처음부터 세일즈를 다 아는 사람은 없다.

나는 대학을 졸업하고 상품을 팔기 시작했다. 졸업 후 18개월 동안 그만두거나 해고당해서 나온 직장이 일곱 군데였다. 전부 다 기본적으로 커미션을 받고 상품을 파는 곳이었다. 처음에는 보험 영업을 하느라 고생했다. 그 후 클럽 회원 할인권을 팔았다. 핸드폰도 팔았다. (핸드폰의 효시인) 주파수 공용 통신기도 팔았다. 다이어트 상품도 팔았다. 심지어 묘지를 사전 판매하는 일도 했다(즉, 버지니아주의 햄프턴에서 집집마다 돌며 아직 살아 있는 사람들에게 묘지를 팔았다는 소리다). 웬만한 건 거의 다 팔아봤다고 봐도 무방하다.

다이어트 회사에서 일할 당시, 한 여성에게 상품을 판매했던 일을 계기로 모기지 브로커가 되면서 이런 생활도 끝을 맺었다. 다이어트 프로그램을 판매하는 내게 그 여성은 이렇게 말했다. "제 비즈니스에서 엄청난 활약을 하실 수 있을 것 같은데요." 그 말을 듣고 이런 생각이 들었다. '뭐, 난 여러 업계에 있었으니, 이 여성분이 무슨 일을 하는지 한번 들어보자.' 그녀는 자기의 일이 모기지 비즈니스라고 설명했고, 나는 이렇게 답했다. "네, 좋아요." 모기지 비즈니스는 사람들이 원하는 것, 필요로 하는 것을 파는 일이다. 돈이 필요한 사람들이 모기지를 원한다. 이를테면 그들은 집을 살 돈이 필요한 사람들이므로, 돈이란 재화를 팔려고 갖은 애를 쓰지 않아도 된다. 한번 해보기로 결심한 나는 얼마 지나지 않아, 어려운 일은 판매가 아니라 적절한 타이밍에 고객 앞에 등장하는 것임을 깨달았다. 모기지 상품 전환을 유도하는 전화 스크립트와 광고 문안을 쓰며 세일즈 카피라이팅의 세계를 처음 경험했다.

그게 시작이었다. 이후 나는 모기지를 받을 때 손해 보지 않는 법을 가르쳐주는 프로그램도 만들었다(수많은 사람이 모기지 브로커에게 속아 넘어간 모습을 목격했었다). 또한 직거래로 집을 판매하는 법을 설명하는 책도 썼다. 1997년, 내가 만든 상품들을 온라인에 소개하며 세일즈레터, 이메일 티저, 광고 우편에 들어가는, 요즘 말로 '세일즈 카피'와 '세일즈 카피라이팅'이라고 하는 개념을 배웠다.

세일즈 카피라이팅 실력을 늘리겠다고 결심한 뒤 관련 교육이 있는지 찾아봤다. 그러다 말론 샌더스**Marlon Sanders**라는 이름의 한 남성이 진행하는 코스를 접했다. 세일즈레터를 구성하는 여러 요소를 설명하는 그의 녹음본을 들었다. 그때 비로소 카피라이팅은 단순히 종이에 글을 적고 효과가 있기만을 기다리는 일이 아님을 깨달았다.

카피라이팅은 구성과 전략이다

클로드 홉킨스Claude Hopkins의 저서 『과학적 광고Scientific Advertising』를 포함해 카피라이팅에 관한 책을 읽기 시작했다. 홉킨스의 책은 짧지만 우리가 알고 기억해야 할 중요한 내용을 모두 담았다. 다른 사람들의 책을 읽는 것이 (분명) 도움은 되지만, 당신이 할 수 있는 가장 좋은 방법은 무엇이든 당신의 지갑을 열게 한 세일즈 카피를 읽는 것이다. 이런 카피야말로 당신이 연구해야 할 대상이다. 당신의 감정을 건드린 카피이기 때문이다. 이 부분은 나중에 자세히 이야기하겠다.

한 가지 알아둘 사실이 있다. 내가 아는 한 나는 다른 누군가를 위해서 세일즈 카피를 써본 적이 없고 오직 내 상품을 소개하는 카피만 썼다. 나보다 내 상품을 더욱 잘 팔 수 있는 사람은 없다는 사실을 일찍이 깨달았기 때문이다. 또한 처음 온라인 판매를 시작할 당시 나 대신 세일즈레터를 작성해줄 사람을 고용할 여유가 없었기에 직접 쓰는 법을 배워야 했다. 처음 만들었던 웹사이트는 스무 페이지 가량 되었다. 내가 뭘 하는지도 모르는 때였다. 이후 장문의 한 페이지짜리 세일즈레터를 접했다. 커다란 글씨로 구매를 유도하는 메시지를 띄운 페이지 내에서 스크롤만 내리면 되는 포맷이었다.

그래서 나는 스무 페이지 웹사이트를 한 페이지 세일즈레터로 바꿨다. 인쇄물로 출력해보면 열 페이지 가량 나오겠지만 어쨌거나 사이트상에서는 한 페이지였다. 하룻밤 새 매출이 250퍼센트 상승했다. 그때 번뜩하는 깨달음을 얻었다. "돈을 더 벌고 싶으면 좋은 세일즈 카피를 쓰는 게 핵심이야!" 트래픽을 더 많이 유도하는 일과는 상관이 없었다. 내가 웹상에서 얼마나 설득력 있는 구매 유도 메시지를 쓸 줄 아느냐가 전부였다.

지난 몇 년간 내가 쓴 세일즈레터들로 400만 달러 이상의 매출을 발생시켰다. 하나는 250만 달러 가까이, 다른 하나는 29달러 전자책 상품으로 150만 달러 이상을 달성했다. 참고로 29달러짜리 상품으로 150만 달러의 매출을 기록하려면 굉장히 많이 팔아야 한다.

반드시 기억하라. 당신이 파는 상품의 카피를 당신보다 더욱 잘 쓸 수 있는 사람은 없다. 오디언스audience마케팅의 대상으로서 광고에 노출되는 사람들—옮긴이에 닿는 법을 아는 사람이 바로 당신이기에 가능하다면 카피를 직접 만들어야 (최소한 수정에라도 참여해야) 한다.

백지 상태에서 카피 쓰는 법을 배우는 데는 시간이 걸리지만… 그만큼 정말 가치 있다! 위로가 되는 사실은 누구도 100만 달러 카피라이터의 재능을 타고나지 않는다는 점이다. 세일즈 카피를 정확히 어떻게 써야 하는지 처음부터 아는 사람은 없다. 다만, 소설가나 논픽션 작가와 달리 세일즈 카피라이터는 특정한 패턴을 배울 수 있다. 입증된 패턴을 활용하고 적용하기만 하면 팔리는 카피가 단시간에 만들어진다. 카피라이팅은 가장 빨리 배울 수 있을 뿐 아니라 가장 수익성 높은 글쓰기다.

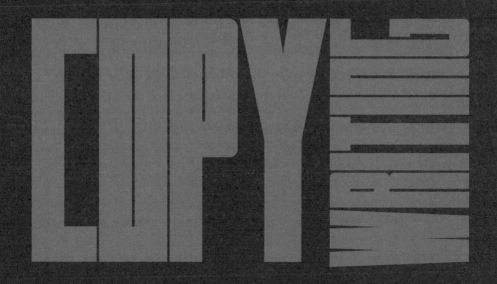

PART 1

마인드셋

카피라이팅과 평범한 글쓰기의 차이

카피라이팅이란 무엇인가?

"독자 또는 시청자에게서 특정한 행동을 이끌어내기 위해 쓰는 글은 모두 세일즈 카피다."

짐 에드워즈

잠시 생각해보길 바란다. 당신은 독자 또는 시청자가 특정한 행동을 취하길 바란다. 온라인이든 오프라인이든, 링크를 클릭하거나, 더 많은 정보를 조회하거나, 신청 양식을 작성하거나, 세일즈 과정의 다음 단계로 이동하길 바란다. 사람들이 전화기를 들어 번호를 누르거나, 상점 등 실제 장소에 방문하길 바란다. 세일즈 카피로 구매를 유도하려는 것이다. 카피의 목적은 십중팔구 이것이다. 세 줄짜리 신문 광고부터 웹에 올리는 40페이지짜리 홍보 레터까지 전부 다 세일즈 카피다. 30분 분량의 광고 영상, 페이스북과 인스타그램 게시물 등 무엇이든 세일즈 카피라고 할 수 있고 또 그렇게 봐야 한다.

세일즈 카피를 잘 쓰고 싶다는 말은 즉 사람들이 링크를 클릭하고, 양식을 작성하고, 돈을 지불하도록 유도하는 데 능숙해지고 싶다는 뜻이다. 카피라이팅은 잘 익혀두면 무척이나 유용한 기술이다! 한편 너무 복잡하게 접근해서는 안 된다. 대다수의 사람은 카피라이팅이 굉장히 어렵고 대단한 무언가라고 생각한다. 완전히 익히기까지 수년이 걸리고, 제대로 파악하는 데 수십 년이 걸리는 복잡한 과제라고 여긴다.

결국 세일즈 카피의 핵심은 사람들에게 무언가를 제시해 클릭하고, 작성하고, 돈을 쓰게 만드는 것이다. 이렇게 접근한다면 좀 덜 부담스러울 것이다. 그렇게 어려운 일은 아니다!

평범한 글쓰기와 카피라이팅의 차이

생각만큼 크지 않다. 카피라이팅이 일반 글쓰기와는 다른 사고와 작법을 요한다고 생각하는 이가 많다. 카피라이팅에는 고유한 패턴이 존재한다는 점에서 분명 다르기에 그런 생각이 맞을 때도 있지만, 완전히 틀릴 때도 있다.

경험에 미루어 보자면, 읽어보니 흥미로워서 그것이 카피인지도 모르는 글이 바로 최고의 카피다. 과거 나는 '무료 리포트'라는 메일을 읽었다. 사실 무료 리포트라고 해봤자 10쪽, 20쪽, 또는 30쪽 분량으로 메일함에 들어오는 세일즈레터였다. 다만 내가 관심 있는 주제를 다루었기 때문에 세일즈 카피로 인식하지 않았을 뿐이다. 그저 무료로 보고서를 받아 본다고 생각했다.

흥미가 인다면 사람들은 그 글이 자신들에게 무언가를 팔려 한다고 생각하지 않고서 읽는다. 그렇다면 사람들의 관심을 어떻게 끌까? 세일즈 메시지처럼 느끼지 않고 읽게 만들려면 어떻게 해야 할까? 그들의 두려움에 대해 이야기해야 한다. 욕망을 건드려야 한다. 그들이 쓰는 언어를 써야 한다. 친구나 신뢰할 수 있는 조언자와 대화를 나눈다는 느낌을 줘야 한다.

세일즈 카피란 사람들이 일반적으로는 하지 않을 무언가를 하도록 만드는 마술이라고 믿는 이가 많은 것 같다. 하지만 알고 보면 사람들은 소비를 무척이나 좋아한다. 같은 이유에서 다들 신용카드 청구서를 매달 받는다. 또한 아마존이 세계 1위의 판매 사이트가 된 이유도 마찬가지다. 사람들은 무언가를 구매하는 행위를 무척 좋아한다. "사는 것은 좋아하지만 사게 되는 건 싫어한다"는 오래된 말처럼 말이다. 사람들은 어떤 것이 자신을 행복하게 만들어주거나 그것으로 자신이 원하는 결과를 얻을 수 있다는 생각이 들 때 구매한다. 사람들의 지갑을 열기 위해선 친숙하고도 익숙한 단어로 설득해야 한다. 다시 한 번 말하지만, 세일즈 카피는 친구나 신뢰할 수 있는 조언자와 대화를 나누는 느낌을 전달해야 한다.

카피라이팅은 결국 무엇을 의도하느냐의 문제다

내가 만든 것을 읽거나, 보거나, 들은 사람들에게서 유도하고자 하는 행동이 무엇인가? 이에 따라 세일즈 카피는 트윗이 될 수도 있고, 기사가 될 수도 있으며, 콘텐츠 영상이 될 수도 있다. 또는 페이스북 라이브도 될 수 있고, 밈도 될 수 있다. 타깃으로 삼은 잠재고객에게 제시하는 것은 무엇이든 세일즈 카피가 된다. 사람들에게 어떠한 가치를 제시하는 일이다. 그런 뒤, 이미 어떠한 상품을 갖고 싶어 하는 사람들을 구매라는 다음 단계로 이끌어야 한다.

카피라이팅 기술의 발전

시대를 거치며 사람들이 말하는 방식이 달라졌다. 전처럼 말하지 않는다. 우리에게 주어진 시간은 200년 전과 다를 게 없지만 SNS, 메일, TV, 라디오와 문자, 인스턴트 메신저, 핸드폰 같은 통신 장치 등 우리의 관심을 앗아가는 요소가 너무도 많이 생겨났다. 이 수많은 것들이 한정된 주의 지속 시간attention span을 두고 경쟁을 벌인다. 하루가 끝날 즈음이면 잔뜩 지친 채로 '이제 제발 좀 그만'이라는 소리가 나오는 것도 이 때문이다. 사람들이 한심하거나 게을러서가 아니다. 전보다 멍청해진 것도 아니다. 우리의 관심을 끄는 요인이 늘어났기 때문이다. 세일즈 카피를 쓸 때는 이 점을 명심해야 한다. 요즘 같은 세상에 사람들이 하던 일을 멈추고 당신에게 주목하도록 만들기 위해서는 호기심을 더욱 많이 자극해야 한다. 또한 너무 끌지 않고 핵심을 내놓아야 한다.

내 옆집에는 남부 출신의 나이는 들었지만 엄청 멋진 남성이 산다.

내 집을 지어준 건축업자이기도 하다. 옛날 사람이다. 때문에 이 남성과 대화할 때는 본론에 들어가기 전에 20분 가량의 웜업이 필요하다. 가족분들은 다 잘 계시죠? 별일 없으세요? 날씨 이야기도 하고, 정치며, 동네며 이런저런 이야기를 해야 한다. 그러다 보면 진지하게 심호흡을 한 번 하고 본론으로 들어가는 순간이 온다. 그래서 말인데, 여기 이 부분을 어떻게 하면 좋겠습니까?

예전에는 대화가 이런 식이었지만 더는 그렇지 않다. 카피라이팅에서는 이런 웜업을 대폭 줄여야 한다. 사람들을 사로잡고, 호기심을 유발해 관심을 집중시킨 뒤, 말하고자 하는 핵심을 제시해야 한다.

여전히 변치 않은 것

카피라이팅은 구매를 원하는 사람들이 대상이다. 당신의 상품이나 서비스, 소프트웨어가 지닌 이점을 이들이 이해하면 구매할 거라는 태도로 접근해야 한다. 카피를 만드는 사람으로서 당신의 상품이 이들에게 왜 필요한지를 설명하는 훌륭한 커뮤니케이터가 되는 것이 당신의 임무다.

사람들에게는 희망과 두려움, 꿈이 있다. 예전에도 그랬고 앞으로도 그럴 것이다. 사람들은 좋아하는 게 있고 싫어하는 것도 있다. 저마다 의견도 다르다. 틈새시장에 있는 사람들을 더욱 잘 이해할수록 이들과의 의사소통도 더욱 능숙해지므로, 돈을 더 많이 벌고 사람들을 더욱 행복하게 만들어줄 수 있다.

틈새 오디언스를 이해하라

틈새시장niche을 이야기해보겠다. 카피라이팅, 광고, 타기팅은 결국 틈새 시장에 관한 것이다. 그런데 대부분의 사람은 숫자를, 주로 인구통계를 이야기한다. 틈새시장은 정말로 **사람들**이 있는 틈새를 의미한다는 점을 자주 잊는다. 이 사람들을 이해해야 한다. 숫자나 통계도 중요하지만 틈새 시장에 속한 사람을, 개개인을 이해할 필요가 있다. 아바타avatar는 이상적인 고객을 의미하는 단어로 이 책에서는 '프레드FRED'라고 칭하겠다.

틈새에 있는 사람들에게 희망과 꿈과 걱정이 있다는 사실을 이해해야 한다. 당신과 똑같은 사람들이다. 휴식이 필요하고 자녀를 돌봐야 하며 미래를 걱정한다. 신용카드 청구서로 스트레스를 받는다. 멋진 자동차를 꿈꾼다. 가족에게 아름다운 미래를 선사하고 싶어 한다. 이 모든 것이 이들에게 중요하다. 이들에게 무엇이 중요한지 알아야 하는 것은 당신이 상품을 판매하는 대상이 결국 사람이기 때문이다. 틈새시장 자체가 대상이 아니다.

2등에게 돌아가는 상은 없다

카피가 잘 먹히거나, 당신이 굶어죽거나, 둘 중 하나다. 냉혹한 말이 아닐 수 없다. 누군가에게서 "세일즈레터 멋진데요. 영상 최고였어요" 같은 말을 듣는다고 돈이 벌리진 않는다. 기분 좋은 말이지만 안타깝게도 수익으로 이어지지는 않는다. 사람들이 클릭하고, 물건을 구매하고, 옵트인opt-in 고객이 마케팅 메시지를 받으려고 연락처 정보를 제공하는 일—옮긴이하게 만들어야 돈을 벌 수 있다. 이게 핵심이다.

카피에서 타협이란 없다. 어떻게 될지, 좋은 결과가 날지 한번 보자는 식으로 접근해서는 안 된다. 매번 엄청난 노력을 기울여야 한다. 절대로 대충해서는 안 된다. 대충 임한다면 딱 그만큼의 결과만 얻을 것이다.

요약

- 사람들은 소비를 좋아한다. 세일즈 카피는 사람들이 당신의 상품을 구매하도록 도와준다!
- 말하는 방식은 달라졌을지라도 카피라이팅의 의도는 변하지 않았다.
- 희망, 두려움, 꿈, 욕망은 사람들의 구매 동기다.
- 누구나 세일즈 카피를 잘 쓸 수 있다. 연습이 필요할 뿐이다.

삶을 바꾸는 세일즈 카피

"효율적인 광고란 새롭고 재치 있는 말과 그림을 만들어내는 것이 아니라, 익숙한 말과 그림을 새롭게 조합해내는 것이다."

레오 버넷 Leo Burnett

맥도날드와 코카콜라 광고로 유명한 세계적인 거장

나 스스로를 전문 카피라이터라고 생각하지 않는 이유는 다른 사람을 위한 카피를 쓰지 않기 때문이다. 나는 내 상품을 판매하기 위해 전문가 수준의 카피를 써낸다. 이 두 가지에는 차이가 있다.

처음부터 세일즈 카피를 잘 쓰는 사람은 없지만, 포켓 피셔맨Pocket Fisherman, 쇼타임 로티서리Showtime Rotisserie, 인사이드 더 에그 스크램블러 Inside the Egg Scrambler까지 히트시킨 론 포페일Ron Popeil은 예외다. 제안을 기획하고 카피를 쓰고 제품을 개발하는 그의 능력은 타의 추종을 불허한다. 당신이나 나나 세일즈 카피를 만드는 재능을 타고나지 않았다. 그래도 기쁜 소식은, 충분히 배울 수 있는 점이다.

처음에 나는 대학 내 남학생 사교클럽에서 개최하는 파티 전단지를 디자인했다. 사람들이 파티에 참석하지 않으면 클럽 회장의 자리와 특권을 잃게 되므로 부담이 컸다. 모기지 은행에서는 광고를 담당했다. 지점장은 내게 매주 광고 하나를 완성하라고 했다. 수요일까지는 지점장에게 전달해야 감사부의 검토 후 주말에 게시할 수 있었다. 꽤 괜찮은 광고를 만들었다. 하지만 감사부에서 날 싫어한 탓에 은행에서 내가 작성한 광고를 그대로 쓰는 일은 거의 없었다. 은행 광고에 들어가기 적절치 않은 표현이어도 쓰고 싶었지만 관계자들이 불편해했다. 내가 은행 광고 일에서 손을 뗀 이유 중 하나였다.

결국 감사부장이 전화를 걸었다. "짐이 쓴 광고인지 다른 사람이 쓴 광고인지 단번에 알아볼 수 있습니다. 짐의 광고는 이제 우리 쪽으로 전달하지 않아도 될 것 같군요. 어차피 내보내지 않을 거니까요." 광고에 써도 되는 표현과 쓰면 안 되는 표현에 규제가 엄격해, 세일즈 카피가 조금만 재치 있어 보여도 감사부에서는 지레 겁을 먹었다. 내 카피라이팅 여정의 시작은 불길했다.

1997년부터 온라인 사업을 시작해 꽤 괜찮은 성과를 냈다. 당시 나는 (사업에서 몇몇 끔찍한 선택으로) 파산한 뒤 트레일러에 살고 있었다. 나쁜 선택을 거치지 않고서는 훌륭한 선택을 하는 법을 배울 수 없다. 온라인 사업으로 굉장한 성공을 거두진 못했지만 돈은 좀 벌었다. 2000년 가을, 6년간 살던 트레일러를 벗어나려면 변화가 필요하다고 깨달았다. 사람들에게 구매를 유도하는 실력을 키워야 했다. 그러기 위해서는 더 멋진 광고를 걸고, 더욱 와닿는 카피를 쓰고, 종이에 좋은 글을 쓰는 법을 익혀 사람들이 구매하도록 만들어야 했다.

실력을 키우기 위해 필요한 것은 뭐든 다 하겠다고 결심하고 덤볐다. 남는 침실에 작은 사무실을 마련하고 틀어박혔다. 그때부터 세일즈 카피를 파고들기 시작했다. 『과학적 광고』, 『불멸의 광고수업My Life in Advertising』을 포함해 광고에 관한 고전이란 고전은 전부 다 읽었다.

기회가 될 때마다 내 카피를 시험했다. 내가 파는 상품의 광고는 물론 몇몇 부동산 중개업자들의 광고도 만들었다. 카피를 쓰고 어떤 반응이 올까 기다렸지만 대부분 별 반응이 없었다. 운이 좋아 괜찮은 성과를 냈을 때는 무엇이 효과가 있었는지 연구해 그 전략을 계속 고수하고, 효과가 없었던 것은 포기하며 좋은 카피를 끊임없이 실험했다.

2000년 여름에는 CD-ROM을 97달러에 판매하는 회사에서 세일즈 레터를 작성하는 일을 했다. 이 일로 자동실행 CD를 만드는 법과, 2000년대에만 해도 엄청난 기술이었던 스크린 캡처 비디오를 만드는 법을 배웠다. 세일즈레터 덕분에 석 달 만에 10만 달러 이상을 벌었다. 당시 회사로서는 상당히 큰돈이었다.

그곳에서 90일도 안 되는 시간 동안 회사를 위해 수십만 달러 매출의 세일즈 퍼널sales funnel을 만들어냈다. 나는 아내와 트레일러에서 벗어나 작은 집 한 채를 마련했고, 2001년 6월 회사에서 해고당했다. 6월의 그 금요일은 평생 잊을 수 없을 것이다. 커피에 대해 이제 막 눈을 뜨기 시작한 나는 대출이 긴 새 집에서 직업을 잃은 채 두려움을 느꼈다. 집에 들어온 내게 아내가 한 말을 잊지 못할 것 같다. "당신이 30일 만에 그런 일을 해냈잖아. 회사 사장에게 벌어준 돈의 3분의 1만 벌어도 우리는 괜찮을 거야."

회사에서는 한 달에 1500달러(연봉 1만 8000달러)를 받았다. 당시 내 가치가 그 정도였다. 월급 1500달러를 받으며 10만 달러 퍼널을 만들어놨더니 나를 해고했다. 해고를 당한 뒤 몇 주간 공동으로 세일즈레터 세 건을 작업했다. 2001년의 하반기 넉 달간, 앞서 4년 동안 번 돈을 모두 합친 금액보다 더 많은 돈을 벌었다. 18개월 만에 집 대출금을 모두 상환했다.

바로 이것이 훌륭한 세일즈 카피를 쓸 줄 아는 힘이다. 세일즈 카피가 내 삶을 바꿨듯이 당신의 삶도 바뀔 수 있다.

비좁은 트레일러에서 살 때는 너무 추웠던 나머지 사무실로 썼던 침실에서 치와와 두 마리를 무릎에 앉혀놓고 온기를 나눴다. 컴퓨터 앞에 앉아 성공을 이루겠다는 꿈을 포기하지 않고 달렸다. 당신의 현재 위치가 어떻든, 훌륭한 세일즈 카피를 쓰는 법을 배운다면 인생이 달라질 것이다.

요약

- 세일즈 카피를 어떻게 써야 하는지 처음부터 아는 사람은 없다.
- 훌륭한 카피를 쓰는 법을 배운다면 삶이 바뀔 수 있다.
- 『과학적 광고』 같은 고전을 읽어야 한다.
- 카피라이팅 스킬을 연마하는 데 정진해야 한다.

강력한 구매 이유 10가지

내가 깨달은 비밀 가운데 단연코 가장 중요한 내용이다. 당신의 삶을 가장 빠르게 변화시킬 비법이다. 머릿속에 깊이 새기길 바란다. **사람들은 이유가 없으면 구매하지 않는다.** 함께 소리 내어 말해보자. **"사람들은 이유가 없으면 구매하지 않는다."**

사람들이 구매하는 데는 열 가지 이유가 있다

구매 이유를 배운 뒤 내 삶이 달라졌다. 머릿속에 전구가 번쩍 켜진 기분이었다. 사고가 확장되었다. 사람들이 구매하는 이유에 맞춰 내 메시지를 전달하는 방법과 그 이유를 내 상품에 연계하는 법을 배웠다. 사람들이 무언가를 구매하는 **이유**를 깨달았다.

세일즈 카피를 만드는 사람들 대다수는 잠재고객에게 지금 구매해야 하는 이유를 한 가지는 제시한다. 보통은 돈을 절약하거나 벌 수 있다는 것이다. 그게 다. 누군가에게는 돈을 버는 것이 구매의 이유가 되겠지만 모든 사람에게 해당하진 않는다. 열 가지 이유를 배우는 동안 원, 투, 쓰리, 포 펀치를 연달아 맞으며 내 카피가 얼마나 잘못되었는지 깨달았다.

그 열 가지 이유는 아래와 같다. 앞으로 이 이유들을 카피에 곧장 적용하는 방법을 이야기할 예정이다. 사람들이 무언가를 구매하는 것은 바로 다음을 원하기 때문이다.

- 돈을 번다.
- 돈을 아낀다.
- 시간을 아낀다.
- 수고를 피한다.
- 신체적·정신적 고통에서 벗어난다.
- 더욱 편안해진다.
- 건강을 위해 청결·위생을 강화한다.
- 칭찬을 듣는다.
- 더욱 사랑받는다.
- 인기를 얻거나 사회적 지위를 높인다.

특히 처음 다섯 가지 이유인 돈을 벌고, 돈을 아끼고, 시간을 아끼고, 수고를 피하고, 고통에서 벗어나고 싶다는 동기가 어찌나 와닿았던지 곧장 머릿속에 입력되었다. 이는 사람들이 자신의 구매를 합리화하는 동기, 그들의 이유다. 여기서 중요한 점은 이유 한 가지에만 집중할 것이 아니라 여러 이유를 연계해야 한다는 것이다. 이렇게 생각해보자. 구매 이유를 밝히는 일은 폭풍이 부는 날 캠핑장에서 타프를 치는 것과 같다. 한 곳만 고정하면 타프가 바람에 날려 정신없는 상황이 연출된다. 하지만 둘, 셋, 넷, 또는 다섯 곳을 모두 고정하면 순식간에 원하는 대로 설치가 끝난다. 카피라이팅에 적용하면, 상품에 관해 몇 가지를 질문하고 창의적인 답변을 떠올리는 과정에서 다양한 구매 이유를 밝혀낼 수 있다.

상품에 관해 물어볼 수 있는 질문

다음 질문들에 답해보자. 일처럼 느껴질 수 있다. 골치가 좀 아프더라도 이 노고가 훗날 수백만 달러의 결실로 이어진다. 재밌는 훈련이 될 것이다. 질문은 다음과 같다.

- 내 상품 또는 서비스가 사람들이 돈을 버는 데 도움을 주는 다섯 가지 방법은 무엇인가?
- 나 또는 내 상품 또는 서비스가 다음 주, 다음 달, 내년에 사람들이 돈을 아끼는 데 어떤 도움을 주는가?
- 사람들의 시간을 얼마나 절약해주고 또 그 시간 동안 사람들은 대신 무엇을 할 수 있는가?
- 내 상품 또는 서비스가 있으면 사람들이 더는 하지 않아도 될 일은 무엇인가? (상품 또는 서비스가 사람들의 수고를 어떻게 덜어주는지 생각해보자.)

- 내가 어떠한 신체적 고통을 없애주고, 이것이 사람들의 삶과 비즈니스에 어떤 의미인가?
- 내 상품 또는 서비스가 사람들의 정신적 고통이나 걱정을 어떻게 없애주는가?
- 나 또는 내 상품이 사람들을 더욱 편하게 만들어줄 세 가지 방법은 무엇인가?
- 내 상품 또는 서비스가 더욱 청결하고 위생적인 삶을 좀 더 쉽게 이루는 데 어떤 도움을 주는가?
- 내 상품 또는 서비스가 더욱 건강하고 활력 넘치는 삶을 만드는 데 어떤 도움을 주는가?
- 내 상품 또는 서비스가 친구들의 부러움을 사거나 가족들에게 더욱 사랑받는 데 어떤 도움을 주는가?
- 내 상품을 구매하면 어떤 이유로 사람들이 더욱 인기를 얻거나 사회적 지위가 높아졌다는 기분을 느끼는가?

질문을 하나씩 짚어가며 스스로에게 솔직하게 묻고 고민하다 보면 깜짝 놀랄 답변이 나올 것이다. 이 과정에 부스터를 달고 싶다면 질문당 답을 열 개씩 떠올려보라. 생각만 해도 머리가 터질 것 같지 않은가? 몇 년 전 어느 멘토에게서 문제 해결 기술을 배운 적 있다. 그는 이렇게 말했다. "해결해야 하는 문제를 종이 제일 위에 적어보세요. 그런 뒤 나머지 공간은 해결책으로 채우는 겁니다. 그리고 다음 페이지로 넘어가서 같은 방식으로 여백을 빼곡히 채우세요." 가장 쉬운 답변은 처음 세 개로 끝난다. 그러고 나면 쉬운 해결책은 모두 동이 나고, 그때부터는 자신의 문제를 해결하기 위해 깊이 파고들며 창의적으로 사고해야 한다. 진짜 해결책은 말미에 등장한다. 각 질문에 답을 찾는 과정을 다섯 번만 하면 생각지도 못한 답변을 얻게 될 것이다.

쉽게 떠오르는 첫 번째, 두 번째, 세 번째, 네 번째 답을 쓰고 난 뒤부터는 자신의 타깃 오디언스는 누구인지, 이들이 무엇을 원하고 삶의 여정 어디쯤에 있는지 진지하게 고민하기 시작한다. 바로 이때 '세상에, 대단한데. 엄청난 일이 벌어질 것 같아'라는 생각이 드는 카피 불릿bullet상품의 기능이나 가치가 무엇인지 한눈에 들어오도록 핵심 내용을 적은 문구—옮긴이이 찾아온다.

위 질문들에 답하는 과정을 몇 번이나 되풀이하길 바란다. 판매 능력을 크게 향상할 답을 찾게 될 것이다.

활용법

사람들이 구매하는 이유를 제안, 헤드라인, 스토리, 불릿 포인트, 토픽, CTA call to action행동 요구 문구. 구체적 행위를 지시하거나 행동을 유도하는 장치—옮긴이에 적용할 수 있다. 무엇이든 구매 이유를 통해 접근하는 것이다. 구매 이유가 바탕이 된다. 구매 이유를 이해하면 보통 때는 하지 못했던 방식으로, 그리고 경쟁사는 하지 못하는 방식으로 카피의 요소를 연계할 수 있다.

몇 가지 예시를 보여주겠다.

1. **프로틴 셰이크.** 이 상품에 구매의 열 가지 이유를 어떻게 적용할까?
   - **돈을 번다:** 이 프로틴 셰이크를 먹으면 굉장한 에너지를 얻는다. 업무 능력이 오르고 그러면 아마 연봉도 오를 것이다.
   - **돈을 아낀다:** 업계 선두주자의 제품보다 가격은 25퍼센트 저렴하지만 성분은 훨씬 좋다.

- **시간을 아낀다**: 이 프로틴 셰이크면 30초 안에 영양가 높은 아침 식사가 완성된다. 정신없는 아침에 아이들과 함께할 시간이 늘어난다. '더욱 사랑받는다'는 이유와도 묶을 수 있다.
- **수고를 피한다**: 30초 안에 식사를 준비할 수 있으며 맛도 좋다.
- **신체적·정신적 고통에서 벗어난다**: 아침 식사를 과하게 한 탓에 속이 더 부룩한 느낌이 너무 불편하지 않았는가? 또는 아침을 걸러 너무 허기진 그 기분이 괴롭지 않았는가? 이 셰이크는 그런 문제를 해결해준다.
- **더욱 편안해진다**: 프로틴 셰이크에 변비를 해결해주는 성분을 첨가하지 않는 한, 이 질문의 답을 찾기가 어려울 것 같다.
- **건강을 위해 청결·위생을 강화한다**: 이 프로틴 셰이크를 먹은 후에는 사무실에서 입 냄새 걱정을 하지 않아도 된다. 매일 아침에 섭취하는 프로틴 셰이크가 체중 감량에 도움을 준다는 사실이 입증되었으므로 청바지 핏이 살아날 수 있다.
- **칭찬을 듣고 더욱 사랑받는다**: 아침에 가족과 함께할 수 있는 시간이 늘어난다.
- **인기를 얻거나 사회적 지위를 높인다**: 체중이 줄어든다. 더욱 건강한 모습을 되찾는다. 새로운 친구들을 사귈 수 있다.

2. **임원 코칭 프로그램.** '돈을 번다'는 이유와 연계하기가 쉽다
- **돈을 번다**: 프로그램으로 업무 능력이 향상되거나, 승진을 하거나, 다른 기업에서 스카우트 제의를 받을 수 있다.
- **돈을 아낀다**: 당신은 컨설턴트를 고용하느라 두 배의 비용을 들일 수도 있겠지만, 우리가 당신을 가르쳐줄 것이다.
- **수고를 피한다**: 업무 효율을 높이려고 혼자서 고민할 필요가 없다. 입증

된 템플릿을 이용해 우리가 알려주는 대로만 하면 아무 문제 없다.

- **신체적·정신적 고통에서 벗어난다:** 임원 코칭을 받고자 하는 임원에게 신체적·정신적 고통을 불러올 만한 일이 무엇일까? 바로 회사에 너무 오래 있다 보니 가족을 소홀히 하는 것이다. 정신적 고통을 사랑과 가족 내 지위와 연결한다. 이들이 고통을 느끼는 지점은 어디일까? 회사에 너무 오래 있느라 가족들과 함께 시간을 보내지 못하고, 그러자 어린 아들 티미가 택배 기사를 '아빠'라고 부르기 시작하는 것이다. 정말 끔찍한 고통이다.

- **더욱 편안해진다:** 우리 코칭 프로그램의 상위 1퍼센트 고성과자들은 포천 500대 기업으로 선정된 곳의 고급 사무실에서 혜택을 누린다.

- **더욱 건강해진다:** 업무에서 탁월함을 성취하는 법 외에도 마지막으로 한 번 더 삶의 균형을 찾는 방법을 가르쳐준다. 더욱 뛰어난 고성과자가 되기 위해 건강과 에너지를 조화롭게 관리할 수 있다.

- **칭찬을 듣고 더욱 사랑받는다:** 더는 매일 밤 10시까지 회사에 있지 않도록 시간을 관리하는 법을 가르쳐줄 것이다. 이제 퇴근이 있는 삶을 누리며 티미가 택배 기사에게 '아빠'라고 부르는 일을 방지할 수 있다.

3. 반려견 훈련 도서

- **돈을 아낀다:** 나라면 이 이유에서부터 시작하겠다. 제대로 된 자격도 갖추지 못한 사람에게 시간당 50달러를 낼 필요 없이 직접 반려견을 훈련하는 법을 배운다.

- **수고를 피하고, 고통에서 벗어난다:** 자신은 물론 동네 주민을 반려견이 무는 사건이 벌어지지 않도록 방지한다. 이 부분을 좀 더 증폭할 수 있다. 반려견이 누군가를 물었다가 소송에 휘말릴 고통의 가능성을 차단

한다. 고소를 당하는 일이 생기지 않도록 한다. 이 책이 반려견을 바르게 훈련하고 공격성을 통제하도록 돕는다. "세상에, 이 책 사야겠어. 우리 집 플러피가 꼬마 아이를 물어 집을 처분해야 하는 일이 생기면 안 되니까."

이 열 가지 동기는 어디에나 적용된다. 다양한 동기를 이해하고 나면 상품, 서비스, 소프트웨어 등 무엇에나 연결할 수 있을 것이다. 사람들이 왜 당신의 상품을 구매하는지 파악해야 하고, 특히 누구나 말하는 흔한 이유 이상을 찾아야 한다. 당신의 상품을 가능한 한 많은 이유에 결부해야 한다. 창의적으로 사고하라. 유치해져라. 영감을 얻어라. 몸과 마음을 편안하게 한 뒤 아이디어가 마음껏 날뛰도록 하라.

어쩌면 50개, 100개까지 적었을지도 모른다. 그중 하나를, 누구도 아직 그 대단한 영향력을 활용하지 못한 그 하나를, 누구도 찾지 못한 그 독창적인 하나를 발견한 순간, 열 가지 구매 이유를 이해한 것으로 당신의 카피라이팅과 마인드셋이 평생 달라진다.

요약

- 사람들이 구매하는 이유 열 가지를 가슴에 새긴다.
- 가능한 한 많은 이유를 카피에 활용해 잠재고객을 꽉 '옭아매라.'
- 돈을 벌고 절약하는 이유에만 집중하는 오류를 범하지 않는다.
- 이 이유를 창의적으로 활용하고 과감하게 접근하라!

고객은 당신에게 관심이 없다

"사람들은 당신에게 관심이 없다. 다들 본인에게만 관심이 있다."

데일 카네기

사람들은 당신을 신경 쓰지 않는다. 다들 본인만 신경 쓴다. 가혹한 말처럼 들릴지도 모른다. 아마도 이렇게 생각할 것이다. "오, 짐, 좀 냉정하네요. 제 고객들이 절 얼마나 사랑하는데요. 다들 절 좋아해요. 당신 말은 틀렸어요. 다들 제게 관심이 있다고요."

절대 아니다. 그들은 당신에게 관심이 없다. 조금도 없다. 당신이 물건을 구매하거나 돈을 지불할 때를 생각해보길 바란다. 이때 당신이 신경쓰는 것은 무엇인가? 솔직하게 답해보자. 당신이 지불한 돈의 가치만큼 무언가를 받는지 신경 쓴다. 약속된 것을 받는지 신경 쓴다. 당신이 원할 때 그것을 받을 수 있는지 신경 쓴다. 자신의 욕구를 충족시키는지 신경쓴다. 상품에 관련한 사항들과 그것이 당신에게 어떠한 영향을 미치는지에만 신경 쓴다.

그렇다면 당신이 신경 쓰지 않는 건 무엇일까? 판매자의 자녀들이다. 판매자가 끔찍한 하루를 보내는지는 신경 쓰지 않는다. 당신이 얻고자 하는 바를 얻게 될지 외에는 무엇도 신경 쓰지 않는다. 냉정한 소리 같겠지만, 사실이다. 물론 돈을 지불하기에 앞서 판매자에게 대단히 공감하며 그가 어떻게 지내고, 어떤 일을 경험하고, 그를 어떻게 도울지를 알고 싶어 하는 독특한 사람이 있을 수도 있지만 아주 극소수일 뿐이다.

카피를 고객 중심으로 만드는 나만의 테크닉을 한 가지 공개하겠다. 아주 빠르고 간편하며 유용한 팁이다. 카피에서 아래의 단어를 찾아보자.

저는, 저, 저의, 우리는, 우리의

왜 이 단어들을 살펴야 할까? 바로 당신이 당신의 이야기를 한다는 지표이기 때문이다. 잠재고객들이 듣고 싶어 하지 않는 단어다. 보통 이 단어가 들어가면 잠재고객에게 유익한 내용을 전달하지 않는다고 볼 수 있다.

그 말이 아니라 이 말을 해야 한다!

카피를 훑어보며 "저는, 저, 저의, 우리는, 우리의"를 썼던 글을 찾아보고, 관점을 바꿔서 접근해보자. 장황한 글을 수정해야 한다. 예시: "제가 드리고 싶은 이야기가 있습니다." 관점 변화: "(지금 이 상황에서) 당신이 알아야 할 것이 있습니다."

지나치게 단순화해서 말하는 것 같겠지만, 그렇지 않다. 사람들은 당신에 관한 이야기를 듣고 싶어 하지 않는다. 본인과 연관된 이야기를 듣고 싶어 한다. 그들은 세일즈 메시지의 주인공이 되고 싶어 한다. 당신은 주인공이 아니다. 당신이 아니라 자신이 어떠한 결과를 얻는 그림을 상상하고 싶어 한다. 모든 과정이 당신이 아니라 자기 중심으로 진행되길 바란다.

그러기 위해선 당신에 대한 이야기를 그들에 대한 이야기로 바꿔야 한다. 그들이 어떠한 이점을 경험할 것인가? 그들에게 어떤 이득이 있는가? 그들이 원하는 것을 어떻게 얻는가? 자신이 쓴 카피를 샅샅이 살피길 바란다. "저는, 저, 저의, 우리는, 우리의"를 모두 찾아낸다. 그런 뒤 "당신은, 당신의, 당신"으로 글을 고치고, 다시 쓰고, 재배치한다.

이것만 하면 된다. 문장 몇 개만 고치거나 어쩌면 단어 몇 개만 고치는 것으로 충분할 수도 있다. 아니면 지금 이 글을 읽고 이렇게 말할지도 모른다. "그러고 보니 제 이야기만 하고 있네요. 고객들과는 전혀 상관없는 자아도취에서 그만 벗어나야겠어요. 이 상품이 고객에게 어떤 이득을 주는지 설명하는 글로 다시 써야겠어요. 고객이 원하는 결과를 얻도록 제 아이디어가 어떤 도움을 줄 수 있는지를 보여줘야겠습니다."

"저는, 저, 저의, 우리는, 우리의"란 단어를 절대로 써선 안 된다는 말은 아니지만, 해당 카피가 고객을 위한 글임을 명심하고 이 단어들을 조심히 사용해야 한다. 그래야 효과가 있다. **가혹하게 들리겠지만 아무도 당신을 신경 쓰지 않는다.** 당신에게서 무언가를 구매할 때 고객은 자기 자신에게만 신경을 쓴다.

요약

- 세일즈 카피를 잠재고객의 이야기로 만들어라.

- 카피를 다시 읽어보고 "저는, 저, 저의, 우리는, 우리의"라고 적힌 부분을 찾는다. 그런 후 관점을 바꿔 당신이 아니라 잠재고객이 중심이 되는 카피로 수정한다.

- 명심하라. 잠재고객은 당신을 신경 쓰지 않는다. 이들은 자신의 욕구가 충족되고, 문제가 해결되고, 두려움이 사라지고, 욕망이 채워지는지에만 신경 쓴다.

카피라이팅 마인드셋

"모든 상품에는 저마다의 개성이 있고, 그것을 찾는 것이 당신의 역할이다."

조 슈거맨 Joe Sugarman

저명한 카피라이터, BluBlocker 이사장

당신이 배울 기술들 중에 가장 가치 있는 것이 바로 카피라이팅이다. "카피 쓰는 법을 배우는 게 나을까요, 아니면 그냥 외주로 맡기는 게 좋을까요?" 이렇게 묻는 사람들이 있다. 답은 '그렇다'이다. 둘 다 해야 한다.

한편, 위대한 카피라이터 게리 핼버트Gary Halbert가 중요한 말을 했다.

"세계 최고 수준의 카피가 필요하다면 아마도 직접 쓰는 법을 배워야 할 것이다. 우리 같은 수준의 잘 팔리는 카피를 쓸 수 있는 사람은 극소수이고 수요가 많다 보니, 막대한 비용을 지불하기로 작정하지 않고서는 고용할 엄두조차 내지 못할 것이다. 설사 그만한 비용을 감당한다고 해도 줄 서서 기다려야 한다."

역사상 가장 위대한 카피라이터로 손꼽히는 한 명이 카피라이팅을 직접 배워야 한다고 말한다. 왜일까? 상상을 초월하는 비용을 지불해야 하고, 카피를 받기까지 어마어마하게 기다려야 하기 때문이다.

외주로 해결할 수 있는데 굳이 내가 배워야 할까?

세일즈 카피를 잘 쓰는 법을 배워야 하는 이유는 몇 가지 있다. 먼저 속도다. 빨리 카피를 받고 싶다면 가격이 비싸진다. 외부 카피라이터를 고용해 세일즈레터를 맡기면 그의 스케줄에 따라 2주에서 4주를 기다려야 한다. "세일즈레터를 다음 주에 받았으면 하는데요"라고 말한다면 이들은 이렇게 답한다. "좋습니다. 가능할 것 같아요. 다음 주에 완성하는 조건으로 추가 금액을 청구하겠습니다."

두 번째는 볼모로 잡히고 싶지 않다는 점이다. 무엇이든 사업상 중요한 업무를 남에게 맡기는 순간, 그 상대가 제 아무리 선한 사람이라도 당신은 꼼짝없이 인질로 잡힌 처지가 된다. 통제권은 상대방의 손으로 넘어가고 당신이 할 수 있는 게 그리 많지 않다. 또한 세일즈 카피에 대해 잘 모른다면 카피라이터가 좋은 카피를 썼는지 못 썼는지도 판단할 수 없다.

좋은 세일즈 카피를 쓰는 법을 알아야 하는 세 번째 이유는 상황에 따라 직접 수정할 수 있다는 것이다. 다른 사람에게 수정을 부탁하면 직접 할 때보다 시간이 더 오래 걸린다. 내 경험에 비춰 말하자면, 전문 카피라이터가 보내온 결과물이 어떻든 결국 수정을 하게 된다. 초안이든, 세 번째 안이든, 다섯 번째 안이든 당신 눈에는 수정할 곳이 보인다. 카피라이터는 당신의 비즈니스를 잘 모른다. 틈새 오디언스도 이해하지 못한다. 당신의 상품도 잘 모른다. 당신만큼 잘 알지 못한다. 따라서 당신이 직접 관여할 수밖에 없다. 아, 한 가지 덧붙이자면, 별로인 카피를 리라이팅 맡길 때 비용이 더 든다.

카피를 써줄 사람을 고용하면 물론 완성된 카피를 받을 수 있다. 다만, 그 카피가 좋은 반응을 불러일으킬까? 시장에 내놓기 전에는 알 수 없다. 카피가 반응이 있든 없든 돈을 써야 하는 것은 마찬가지다. 카피라이터를 고용할 생각이라면 무엇이 좋은 카피이고 아닌지를 잘 알아야 한다. 카피라이터를 고용하는 방법은 다른 장에서 좀 더 깊이 다루겠다.

좋은 세일즈 카피를 당신이 직접 쓸 줄 알아야 한다. 판단할 줄 알아야 한다. 카피라이팅의 원칙을 당신이 하는 모든 일에 적용해봐야 한다. 카피라이팅은 굳이 배울 필요가 없는 기술이라고, 무엇이 좋고 나쁜지 파악할 눈을 키울 필요도 없으며 가까이할 필요도 없다고 생각해서는 안 된다. 세일즈레터도 필요할 것이고, 영상 세일즈레터 스크립트도 필요하며, 광고도 필요할 것이다. "전 카피라이팅은 안 해요. 전 사장이에요. 전 작가라서, 창작자라서, 사업의 전 과정을 총괄하는 매니저라서요." 이렇게 말해서는 안 된다.

세일즈 카피를 잘 쓰는 기술은 결국 스피치, 웨비나, 페이스북 라이브 등 모든 종류의 콘텐츠 창작에 필요하므로 그 역량을 키워야 한다. 훌륭한 카피를 쓸 줄 아는 능력은 비즈니스의 모든 영역에 영향을 미치고 판매 향상에도 도움이 된다.

카피라이팅 마인드셋 키우기

카피라이팅 마인드셋은 이중으로 사고하는 자세를 뜻한다. 가령 페이스북 라이브로 상품을 판매하며 세 가지 이야기를 하거나, 세 가지 방법을 알려주거나, 이런저런 비밀을 전해준다고 생각해보자. 그러다 보면 갑자기 라이브를 마무리해야 할 시점이 온다. 입은 계속 말을 하는 와중에 머리 한 켠에서는 '이제 클로즈close를 해야 하는데. 이 사람들을 이쪽으로 불러들여서 이런 것들을 유도해야 하는데 말이야. 한 가지 혜택을 제시하면서 유도해보자'라는 생각이 든다. 지금 이 글을 읽으며 어떤 상상을 할지 안다. "젠장, 짐. 이걸 어떻게 하죠?" 하지만 할 수 있다! 카피라이팅 마인드셋을 키운 후 이를 상황에 맞춰 적절하게 활용하면 된다.

세일즈 카피를 가르치는 상황이라면 나는 이렇게 마무리할 것이다. "지금껏 좋은 세일즈 카피를 쓰는 법을 배워야 하는 세 가지 이유를 말했습니다. 멋진 헤드라인을 작성하는 손쉬운 방법을 알고 싶다면 FunnelScripts.com에 방문하셔서 퍼널 스크립트를 확인하시길 바랍니다. 카피를 쓰는 세 가지 굉장한 비법을 배울 수 있는 60분짜리 트레이닝 영상이 준비되어 있습니다. 뿐만 아니라 버튼 하나만 누르면 세일즈레터부터

헤드라인, 불릿, 영상 세일즈레터, 매끄러운 엔딩까지 50가지가 넘는 카피 라이팅 기술을 담은 시연 영상을 볼 수 있습니다. 지금 가서 확인해보시길 바랍니다." 이렇게 할 줄 알아야 한다. 그렇다면 카피라이팅 마인드셋은 어떻게 기를까?

1. 집중한다.
2. 연습한다.
3. 결과물을 눈여겨본다.

'외부에 맡기면 되니 세일즈 카피에 대해 몰라도 돼'라고 생각해선 안 된다. 한심하기 그지없는 생각이다. 카피를 잘 쓸 줄 알아야(적어도 능숙한 정도는 되어야) 어떤 업무를 직접 처리할지 외주로 할지 선택할 수 있다. 결국 위의 원칙들을 적용하는 법을 깨닫고 적절히 활용하여 큰 변화를 불러올 수 있느냐가 핵심이다. 카피를 잘 쓰고 싶은 당신에게 빠른 속도로 그 능력을 키우는 최고의 방법을 알려주겠다. 턱걸이 횟수를 늘리거나 몸매 가꾸는 법을 터득하는 것과 맥락은 같다.

우선 카피라이팅 실력을 키우는 데 매진하겠다고 약속해야 한다. 둘째로 연습해야 한다. 셋째는 매일 실천해야 한다. 하고 싶지 않은 날에도 말이다. 하다 말다 할 수 있는 일이 아니다. 새로운 마음가짐으로 거듭나는 일이다. 카피라이팅 마인드셋을 장착하는 것이다. 그래야 할 수 있다. 약속과 연습, 그리고 매일 같이 행하는 실천이다.

훌륭해지기 전에는 좋아져야 하고, 좋아지기 전에는 나쁜 것이 당연하다. 본인의 실력이 나쁘다는 사실을 깨닫기 위해서는 시도해봐야 한다. 일단 시작해야 한다. 그러고 난 뒤 자신의 결과물을 살피고 평가한다. 어떤 부분이 좋고 어떤 부분이 잘못되었는가? 운동과 같다. 나는 지난 6년간의 러닝 속도와 거리, 팔굽혀펴기 횟수, 서킷 트레이닝 기록을 초단위로 말해 줄 수 있다. 왜 그렇게 계속 기록했을까? 자신의 성장과 결과를 측정해야 다음에 더 좋은 결과를 내고 앞으로 나아갈 수 있기 때문이다.

다음으로, 효과가 있는 방법은 계속하고 그렇지 않은 것은 멈춰야 한다. 무엇이 효과가 있고 없는지를 알려면 많이 해보는 수밖에 없다. 웹, SNS, 저렴한 트래픽의 장점은 몇 주나 몇 달, 심지어 며칠이면 피드백을 받을 수 있다는 것이다. 시도에 효과가 있는지 없는지를 그 즉시 알 수 있다. 다량의 피드백을 빨리 받는다는 것만으로도 카피라이팅 실력을 키우기에 굉장한 좋은 기회가 된다.

카피를 잘 쓰는 사람들을 연구해야 한다. 멘토를 찾아라. 글로, 책으로, 코칭으로 당신에게 가르침을 줄 수 있는 사람들이다. 이 역시 운동과 같다. 건강한 몸을 만들겠다고 결심한 후 나는 내 목표를 달성하는 데 도움을 줄 훌륭한 코치를 찾아 나섰다. 미국 해군 특수부대 출신의 스튜 스미스Stew Smith는 해군 특수부대, 육군 특수작전부대, 해병대 특수전사령부 산하 레이더스, 공군 항공구조사와 같은 특수부대에 입대할 사람들을 훈련시킨다.

나는 지금까지도 그에게서 훈련을 받는다. 처음 운동을 시작했을 당시에는 팔굽혀펴기를 하나밖에 하지 못했다. 이제는 연속으로 33개가 가능한데, 이는 50대 남성의 몸으로 거의 불가능하다고 말하는 사람들도 있을 정도의 체력이다. 카피를 쓰는 훈련도 이와 같다. 카피라이팅 근육을 키우는 법을 배워야 한다. 지금 당장 훌륭한 세일즈레터를 쓰지는 못할 것이다. 하지만 충분히 훈련한다면 생각보다 빠르게 백만 달러 세일즈레터를 만들어낼 수 있다.

카피 실력을 키우는 또 다른 방법은 돈으로 배우는 것이다. 카피 쓰는 법을 가르치는 수업에 엄청난 돈을 지불하라는 뜻이 아니다. 지금 또는 과거에 당신의 지갑을 열게 한 카피를 눈여겨보라는 것이다. 한번 생각해보길 바란다. 다른 누군가의 퍼널이나 영상 세일즈레터, 페이스북 영상에 등장한 카피가 당신의 주머니를 열었다면 그 카피를 낱낱이 분석해야 한다. 당신에게 어떤 세일즈 메시지가 효과가 있었고 그 이유는 무엇인지 분석해야 한다. 목표로 한 타깃 시장에 우리가 속했을 확률이 99.9퍼센트다. 우리는 파악하고자 하는 타깃 시장의 현재 구성원이거나, 돕고자 하는 타깃 시장의 과거 구성원이었을 것이다. 어떠한 카피가 당신의 지갑을 열었다면 좋은 카피다. 그 카피에 주목해야 한다.

카피라이팅 전문가가 되기까지 얼마나 걸릴까? 평생 동안 노력해야 한다. 갑자기 되는 일이 아니다. '드디어 달성했다'라고 생각하는 지점에는 이르지 못할 것이다. 나는 '대가'라고 하는 몇몇 카피라이터를 만나봤다. 자기중심적인 이 사람들은 '나 대단한 사람이니까 함부로 말 붙이지 않는 게 좋아' 식의 분위기를 내뿜었다. 좀 별로였다. 카피라이팅의 경지에 이르는 길은 끝이 없는 여정이다. 건강한 몸을 가꾸었다고 남은 평생 동안 운동을 하지 않아도 되는 건 아니다. 초콜릿, 맥주, 케이크, 스테이크

같은 음식만 먹다간 한 달 내로 1년 치의 노력이 헛수고로 돌아갈 것이다.

카피라이팅 마인드셋을 기르고 유지하는 여정은 길지만, 그 길을 단축할 수 있다. 방법은 바로 단계별로 진행하는 것이다. 모든 걸 완벽히 익힐 필요는 없다. 하지만 정해진 순서에 따라야 한다.

1단계 **헤드라인을 잘 쓰는 실력을 키운다**

뻔뻔한 홍보를 하나 하자면 FunnelScripts.com에서 15분 만에 멋진 헤드라인을 쓰는 방법을 배울 수 있다. 몇 주, 몇 달에 걸쳐 당신만의 스와이프 파일swipe file을 만들어도 되지만, 퍼널 스크립트로 자신의 콘텐츠를 저장하는 동시에 수십 년간 축적된 헤드라인 관련 지식도 접할 수 있다. 당신의 선택이다. 전문가 수준의 능력을 갖추는 데 가장 중요한 카피라이팅 스킬은 단연 헤드라인을 잘 만드는 것이다. 스와이프 파일과 헤드라인에 관해서는 다음 장에서 좀 더 다룰 예정이다.

2단계 **불릿을 잘 쓰는 실력을 키운다**

왜 헤드라인과 불릿을 잘 뽑아내야 할까? 앞으로 쓰게 될 모든 카피에 헤드라인이 필요하기 때문이다. 페이지에서 가장 먼저 사람들이 보게 될 글의 첫 단어, 영상 세일즈레터에서의 첫 마디, 페이스북 게시물의 제목 모두 매력적인 헤드라인의 원칙을 따른다. 불릿은 혜택을 소개하거나 호기심을 유발하는 글로, 당신이 바라는 행동을 사람들이 취하도록 일종의 압력을 만든다(자세한 내용은 「SECRET 9: 불릿 공식」에서 소개하겠다). 매력적인 헤드라인과 불릿을 쓴다면 경쟁자보다 몇 발자국은 앞서 나갈 수 있다. 이

로써 당신이 얻게 될 이점을 생각해보면 경쟁자들에게 안타까운 마음이
들 정도다.

또한 CTA와 제안을 잘 설명하는 것도 중요하다. 카피라이팅을 잘 쓰
려면 이 순서를 따라야 한다. 가장 먼저 제안부터 잘 설명해야 한다고 생
각할 수도 있다. 하지만 그렇지 않다. 헤드라인을 망치면 아무도 당신의
제안에 관심을 갖지 않는다(심지어 보지도 않을 것이다). 헤드라인이 사람
들의 주목을 사로잡는다면, 불릿이 사람들 사이에 압력을 형성하고 호기
심을 자극한다면, CTA가 강렬하다면, 설령 제안이 별로여도 괜찮다. 다른
건 다 완벽한데 헤드라인이 형편없는 카피보다 더 큰 돈을 벌 수 있다. 그
래서 단계별로 진행해야 한다. 이 순서를 따라야 좀 더 빨리 카피 전문가
가 되고 카피라이팅 마인드셋도 기를 수 있다.

요약

- 당신이 하는 모든 일을 카피라이팅 마인드셋을 기르는 기회로 삼는다.
- 세일즈 카피에서 헤드라인이 가장 빠르게, 가장 큰 영향을 미치므로 이
  것부터 마스터한다.
- 당신의 지갑을 연 카피에 주목하라. 그게 바로 좋은 카피다!
- 계속 배우고, 관찰한다. 자신의 세일즈 카피를 꾸준히 실험한다.

PART 2

패턴 익히기

누구나 따라할 수 있는 카피 공식

헤드라인 템플릿

"바디 카피보다 헤드라인을 읽는 사람이 평균적으로 다섯 배는 더 많다."

데이비드 오길비David Ogilvy

세계적인 광고대행사 오길비앤매더 창립자, 『광고 불변의 법칙』 저자

누구나 갖춰야 할 가장 중요한 카피라이팅 스킬은 단연 훌륭한 헤드라인을 쓰는 능력이다. 10명 중 8명은 광고나 웹페이지에서 헤드라인을 읽는 반면, 그 아래 적힌 카피까지 읽는 사람은 단 2명이라는 통계를 본 적 있다. 정확한 수치인지는 모르지만, 경험에 비추어 보자면 훌륭한 헤드라인과 그저 그런 카피가 훌륭한 카피와 그저 그런 헤드라인보다 성과가 훨씬 좋다. 훌륭한 헤드라인이 더욱 많은 기회를 만들어주기 때문이다.

헤드라인이 형편없을 때에는 아무도 당신의 세일즈레터를 읽지 않을 것이고 광고를 보지 않을 것이며 영상을 시청하지 않을 것이다. 하지만 사람들의 이목을 사로잡는 멋진 헤드라인이 있다면 사람들은 당신의 세일즈레터를 읽고 광고를 보며 영상을 시청한다. **헤드라인의 목적은 단순하다. 사람들이 하던 일을 멈추고 당신이 제시하는 무언가를 읽게(또는 보게) 만드는 것이다.** 실물 세일즈레터든, 온라인 세일즈레터든, 영상 세일즈레터든, 광고든, 페이스북 게시물이든 그 어떤 상황에서도 예외 없이 헤드라인이 당신의 성공을 결정한다. **훌륭한 헤드라인을 써야 한다. 어떤 상품을 누구에게 팔든, 누구나 반드시 길러야 할 가장 중요한 스킬이다.**

훌륭한 헤드라인의 열쇠는 당신의 완벽한 잠재고객을 대표하는 사람에게 정서적으로 연결될 수 있느냐이다. 잘 만든 헤드라인은 사람들의

감정을 건드리는데, 그 감정이란 보통 두려움 또는 욕망이다. 헤드라인은 잠재고객들이 두려워하거나 정말 원하는 무언가를 목표로 해야 하고, 감정을 건드려야 한다.

훌륭한 헤드라인은 이상적인 오디언스를 목표로 한다. 굳이 타깃 오디언스가 아닌 사람들이 헤드라인 아래를 계속 읽는 일은 우리가 바라는 상황이 아니다. 또한 광고를 보는 사람 수나 광고를 클릭한 수에 따라 돈을 지불해야 하는 온라인 광고의 경우, 훌륭한 헤드라인이 '클릭 수'는 줄이되 실제 성과로 이어지는 '클릭의 품질'은 대단히 높여준다. 헤드라인이 잠재고객을 멈춰 세우지 못한다면, 당신의 말을 듣게 만들지 못한다면, 세일즈 프로세스의 전 과정이 시작조차 하지 못한다. 헤드라인이 무척이나 중요한 이유다.

좋은 헤드라인을 쓰지 못할 때 벌어질 비극

1. 끔찍한 결과를 얻는다.
2. 절망에 빠지고 포기하게 된다.
3. 아무도 읽지 않을 세일즈 카피와 메시지를 작성하느라 많은 시간과 에너지를 낭비한다.
4. 충분한 타깃 독자들에게 세일즈 메시지가 전혀 노출되지 않아 항상 불리한 상황에 처한다.

실제로 헤드라인이 얼마나 중요한지를 보여주는 짧은 이야기 하나를 들려주겠다. 이 이야기로 그 중요성을 절실히 느끼길 바란다.

내가 온라인 사업을 한 지 대략 9년째일 때였다. 정확한 날짜는 기억나지 않지만 '당신이 원하는 것은 무엇이든 이룰 수 있는 다섯 단계'라는 상품을 만들었다. 이해를 돕기 위해 배경을 좀 설명하겠다. 파산하고 7년 간 트레일러에 살던 나는 달라지기로 마음먹고 세일즈 카피를 쓰는 법과 교육 강좌를 판매하는 법을 공부했다(자존감 문제도 극복했다). 내가 배운 모든 것으로 수업을 만들었고, 그 결과물이 무척이나 자랑스러웠다. 엄청 난 시간과 노력, 연구, 수고를 들였다. 오디오 CD로 녹음도 하고(당시만 해도 쉽지 않은 일이었다), 상품을 제작하는 데 큰돈을 들였다. 감정적으로도 경제적으로도 많은 노고를 들인 상품을 판매하게 된 셈이었다.

광고도 내고, 이메일 캠페인도 하며 사람들에게 멋진 메시지를 공유 한다는 생각에 잔뜩 흥분했다. 트래픽이 들어오기 시작하는 게 보였지만 판매는 이뤄지지 않았다, 단 하나도. 제로였다. 수백 수천 명이 웹사이트 를 방문했지만 아무도 결제를 하지 않았다. 미칠 지경이었다. '이제 뭘 어 떻게 해야 하지?'

크게 심호흡을 한 번 하고 스스로에게 한 가지 질문을 던졌다. '좋아, 훌륭한 카피라이터라면 이제 뭘 할까?' 그때 작은 목소리가 즉시 답했다. '헤드라인을 테스트하겠지.' 그래서 헤드라인을 바꿨고, 그러자 몇 분 만에 판매 한 건이 이뤄졌다. 다시 헤드라인을 변경하자 이번에는 다섯 개가 판 매되었다. 이쯤 되어 헤드라인을 변경했더니 매출이 500퍼센트 증가했다 고 말하면 좋겠지만, 그건 사실이 아니다. 똑같은 트래픽과 똑같은 방문자 그룹으로 제로에서 한 개로, 그리고 다섯 개로 판매가 늘었으므로 '매출이 무한대로 증가했다'고 볼 수 있다. 내가 바꾼 것은 헤드라인뿐이었다.

원래 헤드라인은 '나는 어떻게 파산한 트레일러 패배자에서 성공한 온라인 사업가로 변신했는가'였다. 최종적으로 수정한 헤드라인은 '비즈 니스와 삶에서 불공평한 혜택을 누리는 법!'이었다. 헤드라인만 바꿨을 뿐인데 판매가 시작되는 모습을 보며 이것이 얼마나 중요한지 온몸으로 체감했다. 첫 번째 헤드라인은 내게 중심이 맞춰져 있었다. 솔직히 말해 파산한 트레일러 패배자란 문구는 너무 별로였다. 사람들이 공감하기 어려웠다. 하지만 비즈니스와 삶에서 불공평한 혜택을 누리는 법이란 정서적 혜택을 제시하자 사람들은 '나도 불공평한 혜택을 누리고 싶어'라고 반응했다. 저마다 자신이 느꼈던 불공평한 혜택을 떠올리며 드디어 자신도 보상받을 수 있다는 일종의 죄의식 어린 즐거움이 자극된 것이다.

헤드라인을 변경한 것만으로 나는 프로젝트 하나를 살릴 수 있었다 (그리고 비즈니스를 굉장한 성공으로 이끌었다). 일주일 만에 수십만 달러 매출을 기록했다. 헤드라인 하나를 바꾸는 것만으로 비즈니스가 살아날 수 있음을 여실히 보여주었기에 유독 기억에 남는다.

그렇다면 당신의 상황 또는 비즈니스에 이를 어떻게 적용해야 더욱 빠른 결과를 낼 수 있을까?

스와이프 파일에 저장하기

많은 사람이 헤드라인의 필요성을 인식하지 못하고 이를 잊거나 무시한다. 세일즈레터에 쓰는 정식 헤드라인이 아니라도 영상이나 단순 블로그/페이스북 게시물 등의 제목 역시 고민해야 한다. 그게 무엇이든 사람들의 관심을 사로잡아 하던 일을 멈추고 당신에게 주목시킬 메커니즘이 필요하다. 이것이 헤드라인의 역할이다.

헤드라인을 작성할 때 바로 활용 가능한 몇 가지 요령이 있다. 헤드라인은 (그리고 거의 모든 세일즈 카피는) 반갑게도 당신이 바로 참고할 수 있는 공식을 따른다. 또한 기쁜 소식은 '스와이프 파일'을 만들어나가며 자신만의 공식을 개발할 수 있다는 것이다.

스와이프 파일이란 당신이 좋아하는 광고와 '우와, 내가 활용해볼 만한 멋진 문구네' 싶은 헤드라인을 모아놓은 파일이다. 내가 쓴 헤드라인 가운데 가장 성공적인 것은 비디오게임 잡지의 표지에서 따왔다.《오피셜 엑스박스 매거진Xbox: The Official Magazine》의 커버에는 "당신이 알아서는 안 되는 그랜드 테프트 오토 4의 비밀"이라는 헤드라인이 적혀 있었다. 이를 참고해 나는 "당신이 알아서는 안 되는 전자책 마케팅의 비밀"이라는 헤드라인을 만들었다. 이 헤드라인을 이용해 49달러 상품으로 수십만 달러 비즈니스를 만들었다.

스와이프 파일은 당신의 이목을 사로잡는 광고를 정리한 모음집이다. 나는《보텀 라인Bottom Line》의 리포트,《피플 매거진People Magazine》,《내셔널 인콰이어러National Enquirer》, 광고 우편물, 카탈로그 등도 넣는다. 가장 중요하게는 당신의 지갑을 연(당신의 돈을 쓰게 한) 광고라면 무엇이든 스와이프 파일에 저장해야 한다.

바로 적용 가능한 헤드라인 템플릿

첫 번째는 특정 결과를 어떻게 얻는지를 보여주는 '하는 법' 헤드라인이다. 명심하라. 사람들은 고통을 피하려 하고 즐거움을 좇는다.

_____하는 법

체력 시험에서 더 높은 점수를 받는 법

여드름을 없애는 법

하는 법 헤드라인에 기간을 명시해 살짝 변형하기도 한다.

_____만에 _____하는 법
열흘 만에 팔굽혀펴기 개수를 두 배로 늘리는 법
24시간 만에 여드름 없애는 법

특정 방법으로 잠재고객에게 매력적인 결과를 일정 기간 내에 성취할 수 있다고 제시하면 '오예, 정말 좋은데!'라는 반응이 나온다. 다만 타당한 기간을 제시해야 한다. 그런 후에는 한 발짝 더 나갈 수 있다.

_____하는 사람도 _____만에 _____하는 법!

이 헤드라인 템플릿으로, 잠재고객을 가로막거나 걸림돌이 되는 요소, 그들이 상품을 대하는 부정적인 생각을 걷어낼 수 있다.

현재 팔굽혀펴기를 단 한 개도 못하는 사람도 2주 만에 체력 시험을 통과 하는 법!
안 해본 것 없이 전부 다 해봤지만 실패한 사람도 7일 만에 여드름을 없애는 법!

"안 해본 것 없이 전부 다 해봤지만 실패한 사람도"는 굉장히 유용한 시작 문구로 어디에나 붙일 수 있다. 하는 법 템플릿 중에 이런 것들도 효과가 좋다.

> _____ 누구나 _____하는 법!
>
> 신병 누구나 12주 안에 체력 시험의 달인이 되는 법!
>
> 여드름이 있는 10대 누구나 단기간에 피부를 깨끗이 만드는 법!

헤드라인 템플릿 두 번째는 내가 '원하는 것을 이룰 방법 n가지'라는 형식이다. 숫자를 넣으면 좋다. 비밀은 3, 5, 7, 9처럼 홀수를 넣는 것이다. 홀수를 제시할 때 효과도 더 크고 신뢰도도 높아진다. 호기심을 자극하는 문구라 기사, 블로그 게시물, 비디오 헤드라인으로 훌륭하다. 사람들은 원하는 결과를 얻는 여러 가지 방법이나 다양한 선택지를 배우기 위해 계속 읽기 마련이다.

> _____하는 빠르고 쉬운 방법 5가지
>
> 팔굽혀펴기 횟수를 늘리는 빠르고 쉬운 방법 5가지
>
> 여드름을 없애는 빠르고 쉬운 방법 5가지
>
> _____하여 _____를 피하는 빠른 방법 3가지
>
> 체력 시험 점수를 높여 '뚱보' 대원이 되지 않는 빠른 방법 3가지
>
> 여드름을 없애고 창피함에서 벗어나는 빠른 방법 3가지

여기에 '~하는 사람도'라는 문구를 더해 확장할 수 있다. 이 문구는 과거의 실패에 대한 부담감을 덜어준다(이를 마다할 사람은 없다)!

> _____하는 사람도 _____하는 빠르고 쉬운 방법 5가지!
>
> 지난 시험에 불합격을 받은 사람도 체력 시험 점수를 높이는 빠르

고 쉬운 방법 5가지!

지금은 남들을 마주할 수조차 없는 사람도 여드름을 없애는 빠르

고 쉬운 방법 5가지!

잠재고객이 걱정하는 바를 파악해 그 염려를 덜어주어야 한다.

사람들의 관심을 사로잡는, 효과 좋은 헤드라인 템플릿 세 번째는 '실수'를 언급하는 것이다. 사람들은 실수를 저지를까 봐 끔찍이 두려워한다. 학교에서 우리는 실수란 나쁜 것이라고 배운다. 한번 떠올려보길 바란다. 시험에서 실수를 저지르면 나쁜 점수를 받는다. 사람들이 실수라면 왜 그렇게 치를 떠는지 알 만하다! 이를 활용해 실수를 명시한 헤드라인으로 사람들의 이목을 사로잡을 수 있다.

_____에서 당신이 저지를 실수는?

체력 시험에서 당신이 저지를 실수는?

여드름 관리에서 당신이 저지를 실수는?

여기에 고객층 내 특정 집단을 지목한 후 이들의 정체성과 부합하는 카피로 관심을 끌 수 있다.

_____가 피해야 할 _____실수

신병이 피해야 할 체력 시험 훈련 실수

임산부가 피해야 할 여드름 케어 실수

_____이라면 누구나 피해야 할 _____실수
해병대원이라면 누구나 피해야 할 체력 시험 실수 3가지
10대라면 누구나 피해야 할 여드름 관리 실수 5가지

네 번째 템플릿은 '경고' 헤드라인이다. 어디서 접했는지 정확히 기억은 나지 않지만 다음의 글을 읽고 내 삶이 달라졌다. 이는 거의 밝혀지지 않는 것으로, 동물들이 특히 정글에서 위험에 어떻게 반응하는지에 관한 이야기다. 어떤 동물이 경고 울음 같은 소리를 내면 모든 동물이 이에 반응하고 집중한다. 하지만 경고 해제 소리는 해당 동물과 같은 종만 알아듣는다. 호랑이가 공격해온다고 마코앵무새가 비명을 지르면 모든 동물이 그 소리에 주의를 기울이지만, 경고 해제 소리에 귀를 기울이는 것은 같은 마코앵무새뿐이다.

경고 헤드라인은 직접적인 타깃 오디언스가 아닌 사람들까지 포함해 모든 이의 관심을 사로잡는다. 사람들이 무척이나 언짢아할 수 있으니 이 헤드라인을 남용하거나 과장 광고로 활용해서는 안 된다. 우리는 경고에 귀를 기울이도록 훈련받았다. 약물 처방전부터 봉제인형 장난감 포장지까지 우리의 삶 곳곳에서 경고 문구를 접할 수 있다. 사람들은 공포에 반응하므로 경고 헤드라인을 이용해 이들의 이목을 끌어라!

경고: 지나친 사용을 삼가야 한다. 양치기 소년이 되어선 안 된다. 경고 헤드라인을 쓸 때는 현명하고도 현실성 있게 접근해야 한다. 그러지 않으면 신뢰성을 잃고 만다.

경고: _____라면 누구나 알아야 할 _____

경고: 신병이라면 누구나 알아야 할 체력 시험 합격 비법

경고: 10대라면 누구나 알아야 할 비처방형 여드름 치료제

경고: 이 글을 읽지 않고 _____할 생각은 버려라

경고: 이 글을 읽지 않고 체력 시험을 통과할 생각은 버려라

경고: 이 글을 읽지 않고 여드름을 없앨 생각은 버려라

다양한 상황에서 상당한 효과를 발휘하는 몇 가지 헤드라인 템플릿이 또 있다.

_____하는 완벽 솔루션

다음 체력 시험에서 높은 점수를 받는 완벽 솔루션

이번 주에 더욱 깨끗해진 피부를 얻는 완벽 솔루션

(____한 사람도) _____하는 완벽 솔루션

(지금 팔굽혀펴기를 20개조차 못하는 사람도) 체력 시험의 달인이 되는 완벽 솔루션

(아무 희망이 없다고 생각하는 사람도) 피부를 더욱 깨끗하게 가꾸는 완벽 솔루션

_____하는 나만의 _____ 방법

턱걸이 횟수를 두 배로 늘리는 나만의 '풀업 푸시' 방법

여드름과 영원히 이별하는 나만의 '클리어 스킨' 방법

헤드라인도 결국 템플릿이란 사실을 이해하고 나면 이제 어디를 봐도 특정한 패턴이 눈에 들어올 것이다. 가장 좋은 기회는 식료품점에서 줄을 서서 기다리는 순간이다. 타블로이드 매거진의 커버에 적힌 헤드라인과 불릿을 살펴본다. 외계인과 어쩌고 하는 유명 인사들의 기사는 건너뛰고, 이런 주제로 어떤 헤드라인을 썼는지, 어떻게 구성되었는지, 당신의 헤드라인에 어떻게 적용할지를 살펴야 한다.

다양한 헤드라인 템플릿은 어디서나 찾아볼 수 있다. 템플릿에 주목하라. 자신만의 스와이프 파일을 만들어라. 기사, 블로그 게시물, 이메일 티저 등 무엇이든 '당신의' 눈길을 사로잡는 헤드라인에 주목한다면 아이디어를 얻을 수 있다. 자신만의 스와이프 파일을 만들고 헤드라인 안에 담긴 공식에 주목한다면 빨리 헤드라인을 뽑아낼 수 있다. 다만 이것은 한 가지 요령일 뿐이다.

중요한 충고를 하나 더 하자면, 으레 사람들이 하듯이 헤드라인을 나중에 해결하려 하지 말고 이것을 쓰는 데 시간을 많이 들여라. 보통 나는 세일즈레터든, 이메일 티저든, 엽서든, 페이스북 게시물이든 헤드라인을 정하는 데 50퍼센트의 시간을 쏟는다. 무언가를 작성하는 데 두 시간이 걸린다면 헤드라인에 한 시간을 들인다. 아주 중요한 요소인 만큼 여기에 마땅한 수고를 들여야 한다.

모든 세일즈 프로세스는 헤드라인에서 출발한다.

- 특히나 세일즈 카피와 광고에서는 헤드라인 작성에 많은 시간을 쏟아야 한다. 성공과 실패를 판가름하는 가장 중요한 요소다.

- 헤드라인이나 눈길을 사로잡는 첫 문장이 없는 글은 온라인에 절대 올리지 않는다. 멋진 헤드라인이나 첫 문장을 쓸 자신이 없다면, 호기심을 활용해 사람들의 이목을 끈다(예시: 광고비만 잔뜩 낭비시키는 잘못된 헤드라인의 첫 번째 실수)

- 괜찮은 헤드라인으로 만족스러운 결과를 냈다면, 이번에는 새로운 헤드라인으로 성과를 높일 수 있을지 '실험하라.' 헤드라인을 하나 바꿔서 매출이 무려 500퍼센트 향상되는 경우도 봤다.

핫/웜/콜드 트래픽 소스

"모두에게 말하는 법은 모른다. 그저 몇몇에게만 말할 뿐이다."

하워드 고시지Howard Gossage

소비자 중심의 광고로 마케팅 커뮤니케이션을 혁신한 미국 카피라이터

많은 사람이 특히나 온라인에서 저지르는 실수가 하나 있다. 트래픽을 나누지 않아 잘못된 오디언스에게 잘못된 메시지를 전달하는 것이다. 앞서 했던 말을 기억하는가? 훌륭한 헤드라인은 이상적인 오디언스를 목표로 한다. 잘못된 오디언스에게 메시지를 전달하는 일은 특히나 헤드라인에서 자주 일어나는 실수다.

요즘에는 누구나 웹페이지를 개설한다. 웹페이지를 완성한 후에는 잔뜩 설레며 이렇게 생각한다. '세상에, 웹페이지가 완성되다니. 신이시여 감사합니다. 이제 상품을 팔 수 있겠어.' 그런 뒤 이 세일즈 페이지로 트래픽을 불러오지만, 문제는 이 트래픽이 전부 같은 사람들로 구성되지 않는다는 점이다. 세일즈 카피를 만들 때, 특히나 헤드라인을 작성할 때는 트래픽에 서로 다른 유형 세 가지가 있다는 사실을 명심해야 한다. 아래는 과거 카피라이팅의 대가로 활약했던 유진 슈워츠Eugene Schwartz의 글이다.

"잠재고객이 당신의 상품을 알고 이 상품이 자신의 욕구를 충족해준다는 것을 인지한다면, 당신의 헤드라인은 상품에서 시작해야 한다. 잠재고객이 자신의 욕구가 무엇인지 알지만 당신의 상품은 모른다면, 헤드라인은 그 욕구에서 출발해야 한다. 잠재고객이 자기가 진정으로 무엇을 찾는지 아직 깨닫지 못한 상태로 일반적인 문제를 안고 있다면, 헤드라인은 그 문제에서 시작해 구체적인 욕구로 이어지도록 만들어야 한다."

핫hot/웜warm/콜드cold 트래픽 소스

- **핫 소스:** 당신의 이메일 리스트에 등록되어 있거나 당신의 SNS를 팔로우하고 당신의 이름을 아는 사람

- **웜 소스**: 어떤 문제의 해결책을 찾고 있지만 당신을 아직 모르는 사람
- **콜드 소스**: 해결책이 어딘가 있는지조차 모르지만 자신에게 어떤 문제가 있음을 아는 사람

온라인에는 핫, 웜, 콜드라는 세 가지 트래픽 소스traffic source가 있다. 각각에 전달되는 메시지가 달라져야 한다. 모두에게 통하는 것은 없다. 내 운동 코치 스튜 스미스가 체력 시험 훈련에 대비하는 상품을 홍보하는 상황을 예시로 설명해보겠다. 스튜는 전직 해군 특수부대원이자 해군사관학교 졸업생으로 그곳을 나온 대원들을 훈련시킨다. 뿐만 아니라 군인, 경찰, 소방관이 되고자 하는 사람들도 훈련시킨다. 그는 체력 시험에 관한 정보를 판매하고, 육체적으로 힘든 직종에 지원하거나 이미 몸담은 사람들에게 체력 훈련을 진행한다. 고객에 따라 그의 메시지가 어떻게 달라지는지 한번 살펴보길 바란다.

- **핫 트래픽 소스**: 스튜의 뉴스레터 명단에 포함되었고 스튜를 아는 사람들은 그가 체력 시험을 준비하는 법을 주제로 신간을 낼 때마다 구체적이고 직접적인 카피를 전달받는다. 광고나 SNS 게시물 모두 이런 식이다. "여러분, 스튜 스미스의 신간 『2주 만에 체력 시험을 통과 하는 법』이 출간되었습니다. 이런 거, 이런 거, 그리고 이런 거 등등 어떻게 하는지 모두 알 수 있으니 꼭 한번 읽어보세요."

이런 직접적인 메시지는 스튜를 아는 사람들에게 효과가 있다.

- **웜 트래픽 소스**: 스튜는 페이스북에서 자신을 잘 모르지만 군인이거나

체력 시험을 준비해야 하는 직종에 속한 사람들을 타깃으로 한다. 그는 체력 시험을 준비하는 방법과, (지금 몸 상태가 엉망이라면) 몸을 건강하게 가꾸는 법, 특정 기술을 향상하는 법, 성과가 나지 않을 때 어떻게 하는지 등의 내용을 담은 광고를 작성한다. 이런 광고와 게시물로 책에 대한 관심을 높일 수는 있겠지만, 우선 그는 사람들이 찾고 있는 해결책을 제시하여 이들의 이목부터 끌어야 한다. 이들은 자신의 필요 (체력 시험 준비)를 알고, 원하는 결과(시험 통과)도 알고 있으므로 이 두 가지 주제를 다룬 콘텐츠에 반응한다.

- **콜드 트래픽 소스:** 여기에 속한 사람들은 건강한 몸과는 거리가 멀다. 계속 체력 시험에서 떨어지는데 이를 어떻게 해결해야 하는지 모르는 사람들이다. 따라서 이들에게는 "지난 체력 시험에서 불합격을 받으셨습니까? 뭘 어떻게 해야 할지 모르겠다고요? 당신 혼자만의 문제가 아닙니다! 이렇게 하면 됩니다"라는 식의 메시지를 전달해야 한다.

타깃화된 메시지

대다수의 세일즈 카피는 이런 식이다. "체력 시험을 통과하도록 도와드리겠습니다!" 이런 세일즈 카피의 문제는 무엇일까? 당신을 이미 아는 사람들에게는 필요하지 않은 정보다. 이들은 당신이 어떻게 도울 수 있는지 구체적인 내용을 알고 싶어 한다. 당신의 존재를 모르고, 해결책을 찾는 사람들은 어쩌면 위와 같은 일반적인 메시지에 반응할 수도 있다. 하지만 이들은 'FBI 아카데미 체력 시험을 통과하도록 도와드리겠습니다', '특수부대 선발 체력 시험을 통과하도록 도와드리겠습니다', '해군 특수부대 입대를 준비하는 사람들이 저희와 함께합니다' 등과 같이 구체적인 메시지에 더욱 긍정적으로 반응할 것이다. 마지막으로 체력 시험에 통과할 가능성이 있는지조차 모르거나, 과체중, 느린 달리기 속도, 신체 과부하로 인한 부상 등 구체적인 문제에 시달리는 사람들에게는 일반적인 메시지가 조금도 와닿지 않는다.

세일즈 카피를 쓸 때는 이 세 그룹을 염두에 두어야 한다. 비즈니스의 현 위치에 따라 어떠한 집단에 속한 잠재고객이 월등히 많을 수도 있다. 이제 막 비즈니스를 시작했다면 잠재고객 다수가 웜과 콜드 집단일 것이다. 비즈니스/상품/서비스를 많이 설명해야 하거나, 사람들이 문제의 해결책이 있다는 사실을 모른다면, 당신의 트래픽 대부분은 콜드에 속한다.

콜드 트래픽에 보내는 메시지는 사람들이 지닌 문제에 초점을 맞춰야 한다. 문제를 언급한 뒤 필요(니즈)와 솔루션을 제공해야 한다. 헤드라인을 쓸 때와 마찬가지로 적합한 사람을 불러오는 것이 중요하다. 적합한 세일즈 메시지를 적합한 사람들에게 전달하느냐에 따라 당신이 돈을 잃을 수도 있고 심지어 파산할 수도 있으며, 수익을 낼 수도 있다.

한편 이 접근법으로 트래픽을 분할하기 가장 쉬운 플랫폼은 바로 페이스북이다. 다행스럽게도 '클릭퍼널스'와 같은 도구를 이용해 이제는 각각의 트래픽을 서로 다른 랜딩 페이지landing page고객이 광고에서 링크 버튼을 눌렀을 때 최초로 보게 되는 페이지—옮긴이로 이끌어 잠재고객에 맞는 메시지를 전달하기가 훨씬 쉬워졌다.

타깃화된 메시지는 당신의 헤드라인과 광고를 보는 사람에게 큰 영향을 미친다. 잠재고객은 '내게 해당되는 이야기인가? 이 사람이 내 문제를 이해하는가, 이해하지 못하는가?'를 즉시 판단한다.

이 특별한 비밀을 적용하지 않을 때 맞이하게 될 결과

잘못된 메시지를 잘못된 사람들에게 전달하므로 고객 전환율이 낮을 것이다. 한 가지 가상의 이야기를 들어 설명해보겠다.

당신이 판매하는 '엉클 짐의 안티 바이러스 소프트웨어'에 대해 대화를 나누는 상황이다. 상대는 자신의 컴퓨터에 바이러스가 깔렸다는 사실은 알지만, 이를 어떻게 해결할지 전혀 모른다. 이 경우 당신의 메시지는 고객과, 고객의 문제에 초점을 맞춰야 한다. 하지만 만약 그러지 않으면 어떻게 될까? 고객과 고객의 문제는 무시하고 당신이 하고 싶은 말만 한다면?

상대가 이렇게 말한다. "컴퓨터에 바이러스가 생긴 것 같은데 어떻게 해야 할지 모르겠어요." 이에 당신은 엉클 짐의 안티 바이러스 소프트웨어를 설명하고, 이 프로그램이 국제 소프트웨어 비평가 협회에서 별 다섯 개 리뷰를 받았다고 답한다. 상대는 당신을 바라보며 이렇게 말한다. "그런데 그게 제 컴퓨터에 깔린 바이러스를 어떻게 없앨 수 있습니까?" 이때 당신이 이렇게 말하는 것이다. "엉클 짐의 안티 바이러스 소프트웨어가 세계 최고의 프로그램으로 평가받았습니다."

동문서답 같은 대화다! 당신은 상품과 본인에 대한 이야기만 하고, 상대는 현재 겪는 문제를 말한다. 당신은 이렇게 생각할 수도 있다. "이봐요, 짐! 세상에서 가장 좋은 안티 바이러스 소프트웨어라고 소개했잖아요? 상대는 '그럼 내 컴퓨터의 바이러스도 없애주겠지'라는 결론을 자연스럽게 도출할 거예요."

과연 그럴까? 지금 당신이 말하는 소프트웨어가 **상대의** 컴퓨터에, 지금 당장 **상대에게** 영향을 미치는 바이러스를 없애는 데에 적합한 것일까?

상대는 이 질문의 답을 모르고, 당신 또한 그렇다는 답을 주지 않고 있다. 당신의 소프트웨어는 상대의 관심사가 아니다! 당신의 브랜드도 상대의 관심사가 아니다! 당신의 이름도 상대의 관심사가 아니다! 우선 상대가 원하는 대화의 흐름에 맞춰야 당신이 판매하는 솔루션으로 끌고 올 수 있다. 만약 사람들이 어떠한 문제에 초점을 맞추고 있다면 그 문제를 주제로 대화를 시작하여 흐름을 함께해야 한다. 그런 뒤 당신에게 해결책이 있음을 보여주면 된다.

컴퓨터가 감염된 친구가 구체적인 결과나 솔루션을 찾는다면 그는 "안티 바이러스 소프트웨어가 필요해"라고 말하지 "엉클 짐의 안티 바이러스 소프트웨어가 필요해"라고 하지 않는다. 소프트웨어가 필요하다고 말하면 그때 당신이 "혹시 안티 바이러스 소프트웨어가 필요해? 이거 한 번 봐봐!"라고 이끌 수 있다. 하지만 만약 이 친구가 "엉클 짐의 안티 바이러스 소프트웨어를 써볼까 생각 중인데"라고 말하면 그때는 안티 바이러스 소프트웨어의 일반적인 광고가 아니라 엉클 짐이라는 소프트웨어에 관한 메시지를 구체적으로 보고 싶다는 뜻이다.

만약 고객이 "컴퓨터가 느려지고, 어떨 때는 경고 메시지도 없이 갑자기 꺼져요"라고 말한다면, 당신은 "바이러스에 걸렸네요!"라고 말해선 안 된다. 그때는 이렇게 말해야 한다. "아, 컴퓨터 속도가 느려지고 갑자기 전원이 꺼진다고요? 보통 원인은 세 가지입니다. 이런 것들이죠"라고 하면서 몇 가지 가능한 해결책을 제시하며 안티 바이러스 소프트웨어를 언급한다.

마지막 화법은 아주 미묘해 보이지만(다시 한 번 읽어봐야 할 수도 있다), 이 미묘함이 당신의 웹사이트에 들어온 사람들 중 1퍼센트에게서 매출을 발생시키느냐, 20퍼센트에게서 매출을 발생시키느냐의 차이를 만들어낸다!

요령: 고객에 따라 어떻게 다르게 접근할지를 가장 빨리 터득하는 방법은 핫, 웜, 콜드 고객에게 당신의 상품이나 서비스를 주제로 어떻게 대화할지 생각해보는 것이다.

- 당신이 누구인지 알고 무슨 일을 하는지 아는 상대와 어떤 대화를 나누겠는가?
- 자신의 문제를 인지하나 당신을 잘 모르는 상대와 어떤 대화를 나누겠는가?
- 자신에게 문제가 있음은 알지만 그것을 해결할 방법이 있는지조차 모르는 상대와 어떤 대화를 나누겠는가?

웹사이트에 빠르게 적용하기 위해선 세 가지 유형의 랜딩 페이지에 해당하는 세 가지 다른 카피를 만들어야 한다. 그런 뒤 트래픽 온도(핫, 웜, 콜드)에 맞게 헤드라인을 달리 한다. 오디언스의 관점에서 세일즈 카피를 바라보며 기존의 문구를 수정한다. 세일즈 메시지의 첫 시작 부분('리드 lead'라고 한다)에 조금만 변화를 주어도 분위기가 크게 달라진다.

본인이 편하자고 모든 집단을 동시에 타깃으로 삼으려 해선 안 된다. 가장 큰 이득을 가장 빨리 취할 수 있는 한 집단을 선택해 이 집단부터 집중하는 것이 좋다. 예컨대 이메일 리스트가 있다면, 이 핫 트래픽 소스부터 마케팅을 집중해야 한다! 페이스북과 다른 SNS 팔로워에게도 마찬가지다. 그런 뒤 웜 시장을 타깃으로 하고 마지막으로 콜드 시장을 위한 카피를 만든다. 한편 콜드 시장이 가장 큰 시장일 때가 많다. 여기에 속한 사람들에게 호응을 얻으면 '빅 세일즈'의 세계로 진입하게 된다!

- 당신의 상품 또는 서비스를 사용할 수 있는 서로 다른 유형의 오디언스를 파악한다.

- 각 오디언스를 이해하고 적절한 메시지를 전달하는 데 주력한다.

- 게으름에 빠져 모든 사람에게 똑같은 세일즈 메시지를 전달하겠다는 함정에 빠져선 안 된다.

프레드 F.R.E.D.

"광고를 읽는 독자를 그대로 따라한 뒤, 당신의 상품이 독자
의 욕구를 충족시킬 수 있음을 보여줘라."

레이먼드 루비컴 Raymond Rubicam

광고 효과를 측정하고자 최초로 전화 조사를 실시한 미국 광고계의 선구자 카피라이팅은 혼자 만족하는 작업이 아니다. 카피는 특정 집단의 사람들에게 쓰는 글이다. 더 구체적으로 설명하자면 당신의 글은 서로 다른 사람들 100만 명에게 노출될 수 있지만, 한 번에 한 사람에게 읽힌다. 당신이 누구에게 글을 쓰는지 아는 게 중요하다. 당신의 이상적인 고객을 완벽히 대표하는 '아바타'에 대해서 들어본 적이 있을 것이다. 당신의 가장 친한 친구가 된 이 아바타를 '프레드'라고 부르겠다.

이번 장에서는 타깃 오디언스 아바타를 어떻게 정의하고 이 아바타를 실제로 어떻게 활용하는지, 타깃 오디언스를 파악하는 일이 왜 중요한지, 아바타를 쉽고 빠르게 파악하도록 해주는 도구는 어떤 것이 있으며, 아바타를 다른 시각에서 바라보는 방법은 무엇인지 다루겠다.

또한 성과의 80퍼센트를 책임지는 20퍼센트 요소도 가르쳐줄 예정이다. 에너지와 집중력, 수고의 효율을 획기적으로 높일 수 있다. 아바타라고 하면 보통 아주 복잡하게 설명하거나, 당신의 고객 아바타에 관한 스토리를 만드는 법만 가르쳐주는 사람이 많다. 유용한 정보이긴 하지만, 무엇보다 아바타를 정의하여 환상적인 카피를 어떻게 만들어내는지 알아야 한다.

프레드를 정의해야 하는 이유

프레드가 어떤 언어를 사용하고 자신의 생각을 어떻게 표현하는지 알아야 한다. 그가 어떤 마음이고 머릿속에 무슨 생각을 가졌는지 알아야 한다. 그가 어떤 생각을 하는지에 따라 당신이 무언가를 팔 수 있을지, 옵트인을 택하게 만들 수 있을지, 클릭을 얻을 수 있을지가 결정되기 때문이다.

그가 어떤 마음인지 그 자신보다 당신이 더욱 정확하게 알아야 한다.

그의 머릿속에 오가는 '대화'에 참여할 방법을 찾아야 한다. 그가 이야기하고 싶어 하는 주제를 말하지 못한다면, 그가 보고 싶어 하는 장면을 보여주지 못한다면, 그가 듣고 싶어 하는 이야기를 들려주지 못한다면, 상대는 당신이 하는 말을 전부 무시할 것이다.

타깃 오디언스를 어떻게 정의할까?

본격적인 이야기를 시작하기에 앞서 내가 경영대학원에서 쫓겨났다는 사실부터 알리는 것이 좋겠다. 통계학 수업에서 D⁻ 학점을 받았다. 낙제하지 않았던 이유는 경영대학원을 그만두고 역사학과로 전과했기 때문이다. 따라서 내가 가르치는 모든 내용은 이론이 아니라 체험에서 비롯된 것임을 알아야 한다. 이제부터 나올 이야기는 내가 실제로 또 온라인으로 직접 고객을 상대하고 상품을 판매하며 최전선에서 겪어온 경험을 바탕으로 한다.

먼저 타깃 오디언스가 누구인지 파악해야 한다. 나는 '타깃 오디언스'보다 특정 그룹이나 하위 집단을 의미하는 '틈새시장'이라는 용어를 선호한다. 많은 경우 틈새시장이라고 하면 사람들은 키워드 수치를 말한다. "내 틈새시장에서 이것을 10만 번 검색했어" 또는 "내 틈새시장에서 100만 조회수가 나왔어" 같은 식으로 말이다. 여기서 한 가지 이해하고 넘어가야 할 사실이 있다. 당신에게서 상품을 구매하는 대상은 사람들이다. 키워드 수치가 구매를 하는 게 아니다. 좀 더 자세히 말하자면, 한 번에 한 사람씩 당신에게서 구매를 한다. 이 사람들이 누구이고, 어떤 공통점을 가졌기에 같은 집단에 속했는지를 파악해야 한다.

틈새시장을 정의하는 방법은 두 가지다. 하나는 인구통계를 따라 나이, 성별, 지역과 같은 특징을 살피는 것이다(43세 백인 남성). 이는 숫자를 기반으로 한다. 문제는 인구통계가 너무도 광범위하다는 점이다. 내게서 상품을 구매하는 사람들은 보통 40세에서 65세 사이로 그중 60퍼센트가 여성, 40퍼센트가 남성이며 미국, 호주, 영국, 캐나다, 그리고 전 세계에 조금씩 분포한다고 정리할 수는 있지만, 여전히 상품을 판매하기에는 기준이 너무 넓다. 흥미롭게도 인구통계에 초점을 맞추는 사람이 많지만, 이 정보만 활용한다면 누구에게 무엇도 판매하기 어려울 것이다.

　나는 사이코그래픽스 Psychographics 심리통계; 소비자 개인의 특성과 라이프스타일을 평가한 분석—옮긴이를 선호한다. 사이코그래픽스는 고객이 어떤 생각을 하는지 분석한다. 이들의 동기는 무엇인가? 어떤 사고방식과 열망을 지녔는가? 나는 사이코그래픽스를 먼저 활용한 후 인구통계를 바탕으로 틈새시장의 특성을 다시 정리해나간다.

　사이코그래픽스는 내가 이해해야 할 대상이다. 프레드는 어떠한 문제를 안고 있다. 어떤 관심사와 욕구, 목표가 있다. 세일즈 카피에서는 바로 이런 것들이 중요한 요소다. 내가 당신의 문제를 안다면, 당신의 관심사를 이해하고, 욕구가 무엇이고 목표는 무엇인지 안다면, 당신과 어떻게 소통해야 할지 알 수 있다. 당신의 관심을 사로잡을 만한 작은 선물을 어떻게 제시해야 하는지 알 수 있다. 당신의 감정과 소통할 방법을 알 수 있다. 당신이 맞이하게 될 다양한 상황을 이해하고 그에 어울리는 세일즈 메시지를 제시할 수 있다.

　이런 정보를 이용해 메시지를 좁혀나갈 수 있다. 오디언스를 이해하는 일은 누구를 포함할지보다 누구를 배제할지 파악하는 것에 가깝다. 나는 약간만 관심을 보이는 사람들 10만 명에게 사지도 않을 상품의 세일즈 카피를 노출하느라 큰돈을 쓰기보다, 내가 구체적인 세일즈 메시지를 전달할 수 있는 집약된 1만 명의 사람을 선호한다.

타깃 오디언스를 정의하기 위해선 세 단계로 파고들어야 한다. 가장 먼저 틈새시장의 개념이다. 틈새시장은 사실 아주 광범위하다. 한 가지 예가 바로 부동산 시장이다. 부동산은 너무 광범위한 시장이라 광고를 진행하기도 까다롭고 의미 있는 세일즈 카피를 쓰기가 어렵다.

두 번째로는 하위 틈새시장sub-niche이라는 고객층을 살펴야 한다. 넓은 시장을 구성하는 더 좁은 틈새를 의미한다. 방금 말한 사례로 들어보자면, 하위 틈새시장을 부동산 투자자로 생각할 수 있다. 이 하위 틈새시장 내에는 여러 유형의 부동산 투자자가 있다. 나만 해도 다양한 하위 틈새시장에 속한다. 플리퍼부동산을 단기 보유하며 수리한 후 매도해 차익을 노리는 사람—옮긴이인 적도 있고, 매수 후 장기 보유한 적도 있으며, 부동산을 담보로 돈을 빌려준 적도 있다.

우리의 프레드를 찾아내기 위해 좀 더 깊이 들어가야 한다. 바로 우리가 집중적으로 공략할 초틈새시장micro-niche이다. 하위 틈새시장은 광범위한 틈새시장의 일부이고, 초틈새시장은 그 하위 틈새시장의 일부다. 부동산 예시에서는 집을 매수한 후 한 달에서 두 달 사이에 매도해 차익을 남기는 플리퍼가 되겠다. 여기서 초틈새시장 고객 프레드가 등장한다. 이를테면 플리퍼 프레드는 다른 부동산 중개인, 부동산 투자자, 주택 구입자와는 니즈가 상당히 다르다. 플리퍼 프레드를 이해한다는 것은 고객을 그만큼 깊이 이해한다는 뜻이므로, 세일즈 카피가 한 단계 크게 도약할 수 있다.

왜 이렇게 대상을 좁혀나가야 하는 걸까? 첫 번째로 타기팅이 쉽기 때문이다. 페이스북에 광고하거나 구글 애드워즈를 이용할 때, 웹사이트에서 미디어를 구매하거나 뉴스레터에서 광고면을 구매하는 등 타기팅을 하려면 누구에게 당신의 광고를 보여주고 싶은지를 알아야만 한다. 또한 틈새시장에 대한 이해가 깊어진 만큼 고객을 찾기도 더욱 쉬워진다. 더 많은 고객에게 접근할 수 있고 당신의 완벽한 타깃에 부합하지 않는 사람들을 배제할 수 있다. 이렇게 해서 돈을 더 많이 벌 뿐만 아니라 광고 비용도 절약할 수 있다. 대상을 좁혀나가면 잠재고객이 쓰는 용어와 친숙해지기 때문에 의사소통도 쉬워진다. 잠재고객을 구매 고객으로 바꾸는 마법의 언어를 세일즈 카피에 쓸 수 있는 것이다. 현재 잠재고객이 쓰는 언어로 말할 때 이들은 당신이 자신들의 목소리를 듣고 이해하며 자신들을 존중한다고 생각한다. 고객이 사용하는 단어, 고객이 듣고 싶어 하는 말로 직접 겨냥하는 메시지가 좋은 메시지다.

틈새시장은 좁을수록 좋다. 흔히들 하는 말과 달리 사람들 100만 명에게 효과가 있는 메시지를 제시하기란 어렵다. 이런 메시지는 광범위하고 형식적이며 일반적인 제안에 가깝다. 그러한 제안으로 100만 명에게 닿고 광고도 잘 전달할 수 있다면 그렇게 하라. 하지만 보통은 넓고 얕은 시장보다 좁고 깊은 시장에서 훨씬 좋은 성과를 낸다.

아바타를 어떻게 정의할까?

당신의 고객 아바타 프레드F.R.E.D.는 두려움Fears, 결과Results, 기대Expectations, 욕구Desires의 앞 글자를 합친 약자다. 나는 오랜 시간 연구하며 아바타를 더욱 잘 설명하고 표현할 방법을 찾았다.

당신의 아바타에 이름을 붙이는 것이 좋다. 백지 상태에서 카피를 쓰거나 퍼널 스크립트와 같은 도구를 이용할 때는 머릿속에 특정한 인물이 있는 편이 수월하다. 100만 명에게 판매할 수도 있지만, 결국 한 번에 한 명씩 구매한다는 말을 명심하길 바란다. 집단이 아니라 한 사람과 소통해야 한다. 앞의 부동산 예시에서는 '플리퍼 프레드'였다. 만약 틈새시장이 정원사라면 '그린섬green thumb'원예에 재능이 있는 사람을 뜻하는 말—옮긴이이라고 하는 게 어떤가? 운동 관련 용품을 판매하는 내 친구는 자신의 아바타를 '카우치 포테이토'온종일 소파에 앉아 감자칩을 먹으며 텔레비전을 보는 사람—옮긴이이라고 부른다. 실제로 그의 고객들이 스스로를 카우치 포테이토라고 하기 때문이다. 그는 이들이 개과천선하도록 도와준다. 당신의 고객은 자녀를 둔 엄마인가? SF광인가? 어떤 사람들인가? 이들은 누구인가? 이들의 이름은 무엇인가? 이름을 붙여줘야 한다. 나중에 바꾸더라도 특정한 인물 한 명이 있어야 한다.

이름을 지은 후에는 구글에 검색해보라. 이미지 검색 결과에 어떤 사진들이 나오는지 살피고 그중 하나를 골라 출력한다. 세일즈 카피를 쓰려고 할 때 그 사람에게 말을 한다고 상상하면 된다. 이것만으로도 훌륭한 카피를 뽑아내는 실력이 상당히 오른다.

상대가 무엇을 원하는가?

처음 세일즈를 시작할 당시 나는 '사람들이 필요로 하는 것을 판매할 필요가 있어. 이 사람들에게 뭐가 필요할까?'라고 고민했다. 정작 내가 배운 사실은 본인에게 필요한 것을 사는 사람이 아무도 없다는 점이다. 다들 살을 빼야 한다고 생각하지만 체중을 감량하려고 어떠한 행동을 취하지는 않는다. 사람들은 자신이 원하는 것을 구매한다. 결국 이게 핵심이다. **사람들은 자신에게 필요한 것이 아니라 자신이 원하는 것을 구매한다.**

사람들이 원하는 것을 판매해야 한다. 그들에게 필요한 것이 아니라 그들이 원하는 것을 당신이 팔기를 '원해야' 한다. 이를 불편해하는 사람도 있다. 사람들에게 필요한 것을 절대 판매하지 말라는 소리가 아니라, 카피에서는 사람들이 원하는 것에 대해서만 이야기해야 한다는 뜻이다. 사람들에게 무엇이 필요하다고 말해선 안 된다. 아이에게 이제 잠을 잘 시간이라고 타이르듯 메시지를 전달했다가는 "흥, 너나 잘해. 난 밤새 설탕을 퍼먹으면서 넷플릭스를 볼 거야"라는 반응만 불러일으킬 것이다. 이것이 이들이 원하는 것이니까!

사람들에게 무엇이 필요한지 말하지 말라. 사람들이 원하는 것들을 이야기하라. 당신이 판매하는 상품이나 서비스에는 사람들에게 필요한 것을 넣어도 된다. 하지만 카피를 쓸 때는 사람들이 원하는 것만 말하고, 설명하고, 보여주고, 다뤄야 한다. 이 차이를 이해하는 것이 중요하다. 내가 이를 가르치면 많이들 이렇게 반응한다. "윤리적이지 않은 것 같은데요. 사람들에게 필요한 것을 팔지 않으면 고객은 판매자가 약속한 결과를 얻지 못할 것 아닙니까." 내가 하고자 하는 말은 사람들이 원하는 것을 판매하되 사람들에게 필요한 것도 상품에 포함하라는 뜻이다.

프레드를 다음 단계로 이끄는 PQR2

PQR2(피큐알투)는 오디언스의 마음속으로 들어가는 비밀 코드다.

- 문제 Problems
- 의문 Questions
- 걸림돌 Roadblocks
- 결과 Results

이런 장면을 상상해보길 바란다. 프레드는 절벽 꼭대기에 서서 반대편 절벽을 바라보고 있다. 당신의 고객도 바로 여기에 서 있다.

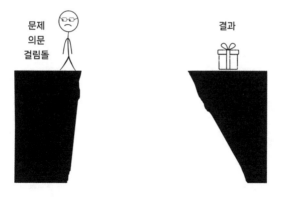

프레드는 건너편으로 가고 싶다. 두 절벽 사이의 간극을 어떻게 극복할까? 바로 당신의 세일즈 카피가 다리 역할을 해준다. 프레드가 서 있는 곳에 무엇이 있는가? 그는 자신에게 어떠한 문제가 있음을 안다. 의문도 있다. 걸림돌도 있다. 실제로 겪는 사안들이 그의 발목을 잡는다. 프레드는 자신의 문제, 의문, 걸림돌을 완벽히 안다. 자신이 원하는 결과가 무엇인지도 알지만 그 결과는 맞은편 절벽에 있다. 프레드는 저쪽 절벽으로 가고 싶어 하는 상태다.

그가 절벽을 건널 수 있도록 도와주는 것은 당신의 세일즈 카피다. 상품도, 서비스도, 소프트웨어도 아니다(이 구분이 중요하다).

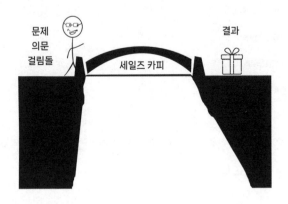

마음이 '먼저' 움직여야 건너편 절벽을 향해 몸을 움직일 수 있다. 그리고 그의 마음을 움직이는 것은 당신의 세일즈 카피다. 그의 문제, 의문, 걸림돌은 첫 번째 절벽에 굳건하게 뿌리내렸다. 그가 원하는 결과는 건너편에 있다. PQR2가 바로 당신의 틈새시장을 정의한다. 이 문제, 의문, 걸림돌, 결과를 바탕으로 오디언스를 하위 틈새시장 또는 초틈새시장으로 좁혀나갈 수 있다.

이번에는 다른 시각에서 한번 살펴보자. 우리는 프레드가 어디 있는지 안다. 프레드는 PQR2만 생각하는 중이다. 대다수의 사람은 결과를 원하면서도 문제에만 사로잡힌다. 문제에 발이 묶여 꼼짝도 못하는 것이다. 첫 번째 절벽에는 채찍이 있다. 건너편에는 당근이 있다. 프레드의 세계에서는 채찍의 힘이 당근의 힘보다 세다. 그냥 봐도 3대 1이다. 이쪽에는 문제, 의문점, 걸림돌이 있고 저쪽에는 이상적인 결과가 있다.

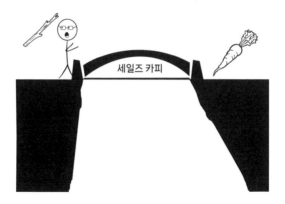

세일즈 카피

프레드가 저쪽 절벽으로 이동하도록 당신은 세일즈 카피란 다리를 놓는다. 그에게 의문점이 있다면 당신이 이를 해소하는 답변을 전해준다. 그가 걸림돌을 만났다면 이를 없애는 방법을 보여준다. 그의 생각은 온통 문제와 의문, 걸림돌에 매몰되어 있기 때문이다. 당신이 문제를 해결하고 대답을 제시하고 걸림돌을 없앨 수 있다는 사실을 알아야 그가 앞으로 나아간다. 그제야 그는 결과를 얻을 수 있다고 믿기 시작한다. 그제야 그는 현재 있는 곳에서 저곳으로(그리고 구매까지) 갈 마음이 생긴다!

어떤 형태의 세일즈 카피든 프레드가 절벽을 건너가도록 도울 수 있다. 영상 세일즈레터든, 장문의 세일즈레터든, 콘텐츠 영상이든, 기사든 말이다. 당신의 일을 세일즈 카피라이팅이라고 생각해도 좋고, 콘텐츠 제작이나 마케팅이라고 봐도 좋다. 그게 무엇이든 고객이 지닌 문제, 의문, 걸림돌에 맞춰 제시해야 한다. 이것들을 해소해준 뒤 프레드에게 당신이 판매하는 상품으로 원하는 결과를 얻을 수 있다는 점을 보여줘야 한다.

앞서 이야기한 콜드, 웜, 핫 트래픽을 기억하는가? PQR2 개념은 콜드 트래픽과 몇몇 웜 트래픽에 적용된다. 정말 획기적인 세일즈 카피를 뽑아 돈을 벌고 싶다면 콜드 트래픽을 노려야 한다. 당신의 아바타를 속속들이 이해한다면 콜드 단계에 있는 고객들의 문제, 의문, 걸림돌을 주제로 소통을 할 수 있게 된다. 아바타가 지닌 문제, 의문, 걸림돌, 결과에 초점을 맞추면 프레드의 관심을 100퍼센트 사로잡을 수 있다. 프레드는 다른 건 생각하지 못한다. 그의 머릿속은 문제, 의문, 걸림돌, 결과 이 네 가지 이야기로만 가득 차 있다.

그럼 이제 고민해야 할 문제는 프레드의 머릿속에 어떤 생각이 자리하는지 어떻게 알 수 있느냐다. 당신의 타깃 아바타가 지닌 문제, 의문, 걸림돌, 결과를 어디서 그리고 어떻게 찾을까?

프레드의 PQR2를 파악하는 법

1. 직접 상호작용한다. 큰 행사에 참석해서 사람들이 무엇에 불평을 토로하는지 귀 기울인다. 이들이 어떤 문제를 경험하는가? 어떤 점에서 불만스러워하는가? 무엇에 고통을 느끼는가? 이들이 어떤 질문을 던지는가?

2. 자신을 들여다본다. 일반적으로 우리 자신이 현재 타깃 오디언스이거나 과거에 타깃 오디언스에 속했던 경우가 많다. 당신이 겪는 문제는 무엇인가? 어떤 것이 궁금한가? 무엇이 당신을 가로막는가? 어떤 결과를 바라는가? 프레드가 어떤 감정을 느끼고, 무엇에 발목이 잡혔고, 어떤 문제를 걱정하며 잠 못 드는지 자기 자신을 보면 그 해답을 얻을 수 있다.

3. 포럼에 참여한다. 인터넷 세상에서 포럼은 여전히 활성화되어 있다. 당신의 타깃 오디언스라는 특정 구성원이 참여하는 포럼을 찾는 것을 게을리하거나 쓸모없는 일로 치부해서는 안 된다. 이런 포럼을 적극적으로 찾아나서며 이들의 문제, 의문, 걸림돌, 결과를 파악해야 한다.

4. 당신의 웹사이트 내 고객 센터를 활용한다. 아직 없다면 만들어야 한다.

누구에게든 뭐라도 팔고 싶다면 말이다. 고객 센터는 문제, 의문, 걸림돌을 파악하기 좋은 창구다. 나는 고객 센터 페이지에서 100만 달러 상품의 아이디어를 얻은 적도 있다. 당신은 특정한 의문점뿐만 아니라 트렌드도 파악할 수 있다. 이를테면 2주간 같은 문제를 언급하는 고객 다섯 명을 발견할지도 모른다. 이는 새로운 상품 아이디어를 찾은 것이나 마찬가지다.

5. 인기 제품을 참고한다. 전자책, 종이책, 실물 상품, 인기 제품 등 특정 제품을 분석해 사람들의 문제, 의문, 걸림돌과 이들이 찾는 결과가 무엇인지 파악할 수 있다.

6. 질의응답 사이트를 살핀다. 이런 사이트는 사람들이 어떤 의문을 갖고 있는지 파악하기 좋은 장소다. 가령 동물 행동에 관한 비즈니스에 몸담은 내 친구 수잔에 따르면, 동물에 관한 질문·문제는 지난 20년간 그리 변하지 않았다. 그에 대한 답변은 달라졌을지라도 타깃 오디언스가 하는 질문은 늘 같다.

7. 설문조사를 한다. 요즘 사람들의 생각과 이들이 지닌 문제에 관한 최신의 답을 알 수 있어 나는 설문조사를 무척 좋아한다. 당신의 틈새시장이 지속적으로 변화한다면 설문조사가 특히나 유용하다.

8. SNS를 활용한다. 페이스북 그룹과 X(트위터)로 사람들의 문제, 의문, 걸림돌, 바라는 결과를 파악할 수 있다. 요즘 추세를 확인하려면 해시태그를 살핀다.

당신에게 필요한 것을 찾는 도구 활용법

1. 질의응답 사이트. 여기서 '부동산 플리핑'을 입력하고 엔터를 눌러보라. 그럼 이런 질문들이 등장할 것이다. 부동산 플리핑은 수익성이 좋은가요? 부

동산 플리핑이 뭔가요? 요즘에도 부동산 플리핑으로 돈을 벌 수 있나요? 계약금 없이도 부동산 플리핑을 시작할 수 있나요? 의욕을 잃지 않는 비결이 있을까요? 해외에서 플리핑을 하는 사람도 있나요? 파트너를 어떻게 끌어 모을까요? 투자 대상을 어디서 찾아야 하나요? 외국에서도 가능한가요? 부동산 플리핑에서 가장 중요한 게 뭔가요? 이걸 배우기 가장 좋은 곳은 어디인가요? 투자자는 어떻게 찾나요?

여기서 당신의 타깃 틈새시장에 속한 잠재고객이 무엇을 묻는지 배운다. 그런 뒤 이러한 질문을 바탕으로 콘텐츠, 헤드라인, 화두, 이야기의 서문을 만들 수 있다.

2. 설문조사. surveymonkey.com 같은 사이트로 설문조사를 진행하는 데 별 흥미가 없을 수도 있다. 기쁜 소식은, 그렇다면 하지 않아도 된다는 것이다. 아주 편리한 방법이 있다. 다른 사람들이 진행한 설문조사를 찾아 그 결과를 살피면 된다. 구글에 들어가 '설문조사'라는 단어를 덧붙여 키워드 검색을 해보라. '플립 부동산 설문조사'처럼 말이다. 프레드의 머릿속에 어떤 생각이 들었는지 파악하는 데 도움이 되는 데이터를 얻을 수 있을 것이다.

3. SNS. 또 다른 방법은 페이스북에서 사람들에게 묻는 것이다. 당신이 할 수 있는 가장 현명한 선택이라고 본다. 그룹에게 물어봐라. 페이지에 질문을 남겨라. 당신의 프로필 페이지에도 질문을 적는다. 사람들에게 가장 어려운 게 무엇인지 또는 가장 궁금한 것이 무엇인지 물어라. 사람들은 어떤 걱정과 의문점, 걸림돌이 있는지 당신에게 공유할 것이다. 사람들에게서 대답을 얻어내는 한 가지 재치 있는 방법은 SNS 게시물에서 밈을 활용해 관심을 끄는 것이다. SNS는 설문조사를 하기 좋은 장소다.

4. 구글 검색. 키워드에 FAQ, 실수, 질문, 톱 10과 같은 단어를 덧붙여 검색한다. 유용한 자료를 굉장히 많이 얻을 수 있다. 상위 검색 결과를 살핀다면

사람들이 무엇을 궁금해하는지 파악할 수 있다.

5. 인기 제품. '퍼널 해킹' 또는 '오디언스 해킹'과 비슷한 과정이다. 현존하는 상품의 어떤 점을 유심히 살펴야 할까? 책이라면 목차를 봐야 한다. 각 장에 어떤 내용이 담겼는지 살핀다. 색인에서 키워드나 용어, 어쩌면 당신이 미처 생각지 못한 아이디어를 발견할 수도 있다. 다른 사람의 퍼널이나 웹사이트에 등장하는 세일즈 카피도 참고할 수 있다. 또한 피드백을 참고한다면 시장이 어떻게 반응하는지도 알 수 있다. 아마존에서 별 다섯 개 리뷰는 아마도 "이 제품 최고예요" 같은 식으로 적혀 있을 것이다. 별 하나 리뷰를 확인하면 사람들이 어떤 점에 불만을 갖는지 배울 수 있다. 이것이야말로 사람들이 원하는 것을 제대로 파악할 수 있는 정보다. 사람들은 핵심을 원한다. 자신의 질문에 대한 답을 원한다. 가치를 원한다. 단계별로 정리된 정보를 원한다. 사람들은 콘텐츠를 원한다.

결국 이 모든 내용이 가리키는 점은, 그리고 당신이 카피에서 중요하게 생각해야 하는 요소는 사람들이 진정으로 원하는 것이 무엇인가다. 프레드는 첫 번째 절벽에 서 있다. 그는 맞은편 절벽으로 건너가고 싶어 한다. 프레드는 자신이 현재 느끼는 감정이 아닌 다른 감정을 느끼고 싶어 한다. 지금 이 감정을 덜어내고 다른 감정을 느끼길 바란다. 그는 두려움 때문에 PQR2에 사로잡혀 있다. 그는 두려움이나 스트레스, 고통 또는 지루함을 느끼고 있다. 이것이 그가 처한 현실이다. 대부분의 사람이 경험하는 현실이다. 프레드는 다른 감정을 느끼고 싶어 한다.

당신이 돈에만 치중한다면 프레드의 감정을 바꿀 수 없다. 비즈니스를 하는 사람 대부분은 돈에 초점을 맞춘다. 하지만 핵심은 돈이 아니다. 프레드는 두려움을 벗어나 안심하기를 원한다. 그는 무탈하고 안전한 상태를 느끼고 싶다. 스트레스에서 평온함으로 가고 싶은 것이다. 잔뜩 지쳐버린 상태에서 벗어나 '음, 너무 좋은데'라고 말할 수 있는 상태로 가고 싶은 것이다. 고통에서 편안함으로, 지루함에서 즐거움으로 나아가고 싶은 것이다.

한편 세일즈 카피에서 가장 간과되는 요소는 바로 재미다. 세일즈 카피에서 어떻게 재미를 더할지 생각해보길 바란다. 나는 2007년부터 짐 보트Jim Boat라는 크루즈 세미나 상품을 판매하고 있다. 세미나 주제는 늘 다르다. 전자책 마케팅을 다루기도 하고 세일즈레터 작성하는 법을 이야기할 때도 있다. 하지만 이 세미나를 홍보하는 가장 중요한 요소는 바로 재미다. 이 크고 멋진 보트에 올라 자신과 비슷한 수많은 사람과 함께 시간을 보내는 것이 얼마나 재밌는지 알린다. 짐 보트의 여정은 언제나 열대 섬에서 야자나무 아래에 앉아 작은 우산이 꽂힌 음료를 마시며 사람들과 즐거운 시간을 나누는 것으로 마무리된다!

상품을 파는 중요한 요소 중 하나가 재미다. 어떤 멋진 정보를 배울지는 물론 어떤 재미를 누리게 될지도 아바타에게 생생하게 보여주어야 한다. 재미 요소를 얕잡아 봐선 안 된다.

타깃 오디언스를 대상으로 PQR2를 어떻게 활용해야 할까? 다시 한 번 강조하겠다. 프레드는 자신의 머릿속에 오가는 생각에 100퍼센트 사로잡혀 있다. 매몰되어 있다. 그가 지닌 문제, 의문, 마주한 걸림돌, 원하지만 아직 얻지 못한 결과만 생각하고 있다. 뇌과학 용어로 이른바 '망상 활성계Reticular Activating System'라는 시스템이 있는데, 우리 뇌는 이 시스템으로 다른 것들은 모두 배제한 채 자신이 집중하는 대상에만 초점을 맞추고 인식한다.

무료든 유료든, 당신의 콘텐츠는 모두 같은 데 초점을 맞춰야 한다. 광고, 블로그 게시물, 영상, SNS 게시물, 라이브 비디오, 밈, 웨비나 등 전부 프레드의 PQR2를 중심으로 만들어져야 한다. 그의 문제, 의문, 걸림돌, 결과에 초점을 맞춰 헤드라인을 작성해야 한다.

당신에게 주어진 과제

프레드를 완성하라. 당신의 친구 프레드를 이제 본격적으로 파헤칠 시간이다.

먼저 프레드를 정의한다. 큰 틈새에서 하위 틈새 그리고 초틈새로 시장을 좁혀나간다. 틈새시장이 하나 이상 나올 수도 있다. 틈새시장을 다트 위의 점수판이라고 생각하면 된다. 다트를 던질 때 광범위한 틈새시장은 바깥 원이다. 하위 틈새는 안쪽 원이다. 초틈새는 정중앙이다. 당신이 좇는 대상이 누구인지를 파악해야 한다. 그러고 난 뒤 프레드의 가장 큰 문제 두 가지가 무엇인지 적어본다. 그 다음 이렇게 질문하라. 프레드가 가장 궁금해하는 의문점 두 개는 무엇일까? 또한 가장 큰 걸림돌 두 가지는? 마지막으로, 프레드가 가장 바라는 결과 두 가지는 무엇일까?

대다수의 사람처럼 이 과제를 건너뛰지 않길 바란다. 중간 수준의 성취를 달성하는 사람은 각 질문에 답을 두 가지 정도 적지만, 보통 이상의 성공을 거두는 사람은 다섯에서 열 가지의 답을 찾을 것이다. 가장 먼저 적는 답변 두 가지는 떠올리기 쉬운 것이므로 각 문항에 다섯에서 열 가지의 답변 리스트를 작성하길 바란다. 세 번째, 네 번째 답변부터는 고민이 시작될 것이다. 보통 다섯 번째 답변이 프레드와 연결되는 마법의 통로가 된다. 열 가지 답변을 완성할 때 비로소 프레드를 진정으로 이해하고 깊이 이어질 수 있다. 정서적인 울림을 전하는 답변이 나와야 한다. 프레드에 대한 통찰은 마법처럼 활용된다.

프레드의 PQR2를 활용한 헤드라인 몇 가지를 소개하겠다.

- 반드시 프로 부동산 플리퍼가 되어야 재미를 볼 수 있는 건 아닙니다
- 멋진 매물을 빠르게 찾는 새로운 비법
- 멋진 매물을 발 빠르게 찾는 새로운 방법을 지금 확인하세요
- 멋진 매물은 발 빠르게 찾고, 사업을 망칠 끔찍한 매물은 피하는 법
- 마침내! 멋진 플립 매물을 빠르게 찾는 진짜 비밀이 밝혀졌습니다
- 투자금 한 푼 없이 일주일 만에 멋진 매물을 찾는 방법!

내가 한 일이라곤 플리퍼 프레드의 문제, 의문, 걸림돌, 결과를 SECRET 6에서 언급한 헤드라인 템플릿에 적용한 것뿐이다. 순식간에 '우리가 조사한 내용을 어떻게 활용할까?'에서 '세상에! 꽤 괜찮은 카피를 쓰고 있잖아'로 넘어갔다. 이번에는 프레드의 PQR2를 바탕으로 **이메일 제목**을 만들어보자.

- 부동산 투자 비법
- 굉장한 매물, 두 가지 굉장한 아이디어를 공개합니다
- 플리핑 매물을 찾는 비결
- 굉장한 매물을 단기간에 찾으세요. 부동산 투자의 지름길 2가지
- 좋은 매물을 찾는 비법은 바로 이것입니다
- 하우스 플리핑의 비법은 바로 이것입니다
- 플리핑 성공으로 향하는 가장 빠른 길
- 훌륭한 매물, 이렇게 하면 찾을 수 있습니다
- 훌륭한 매물을 손쉽게 찾는 요령
- 엄청난 플리핑 리소스를 찾았습니다
- 좋은 매물을 구하고, 나쁜 매물을 버리는 더 나은 방법
- 당신을 위한 플리핑 체크리스트

어떻게 프레드의 PQR2를 이용해 **호기심을 자극하는 불릿**을 쓸까?

- 좋은 매물을 빨리 찾도록 도와드립니다
- 남들이 놓친 매물을 쉽게 찾을 수 있습니다
- 플리핑 거래에서 높은 수익을 내는 비밀을 알려드립니다
- 수익을 기대하기 어려운 매물을 피하는 3단계
- 플리핑 거래를 즐겁게 마치는 비결
- 어느 시장에서나 수익성 높은 매물을 찾는 방법
- 끔찍한 매수로 비즈니스를 망칠까 더는 걱정 마세요

호기심을 자극하는 불릿이 프레드의 이목을 사로잡는 것은 그가 사

용하는 언어로 그의 관심사와 두려움의 대상을 정확히 짚어내기 때문이다. 위의 문구를 읽어보면 상품이 어떻다는 내용은 조금도 찾아볼 수 없다. 크게 문제되지 않는다. 호기심을 자극하는 불릿이란 이렇게 써야 한다. 이에 관해서는「SECRET 9: 불릿 공식」에서 좀 더 자세히 다룰 예정이다.

프레드를 잘 알아야, 카피라이팅 능력을 터득하느라 몇 년을 낭비하지 않고도 멋진 세일즈 카피를 만드는 데 필요한 모든 요소를 갖출 수 있다. 프레드의 PQR2를 파악했다면 카피라는 왕국의 문을 여는 모든 열쇠를 손에 넣은 셈이다. 프레드를 이해하느냐가 성공의 열쇠다.

요약

- 누구보다 당신이 오디언스를 더욱 잘 알아야 한다.
- 인구통계만큼 또는 그보다 더 사이코그래픽스를 중요하게 생각해야 한다.
- 프레드의 PQR2를 파악하라.

불릿 공식

"카피는 쓰는 게 아니다. 누군가 '카피를 쓴다'고 말한다면 마음껏 비웃어라. 카피는 쓰는 게 아니다. 카피는 조립하는 것이다. 일련의 구성 요소를 조립해나가며 특정한 구조물, 고객이 와서 머무는 작은 욕망의 터전을 짓는 것이다."

유진 슈위츠

20세기 미국의 전설적인 카피라이터, 『획기적인 광고』 저자 어떤 카피에서나 세일즈 카피 불릿은 착실한 일꾼 역할을 한다. 카피 불릿이란 용어는 문서나 화면에서 보통 3개에서 12개 정도로 중요 항목을 표시한 '글머리 기호bullet point'에서 파생되었다. 아마존 사이트부터 장문 세일즈레터, 이메일 티저, 브로슈어까지 어디서나 찾아볼 수 있다. 불릿을 이용해 호기심을 유발하고 당신이 바라는 행동을 사람들이 해야 할 이유를 명시한다. 그 행동이란 주문, 가입, 유선 통화 등 다양하다. 불릿의 기능은 다음과 같다.

- 호기심을 일으켜 사람들에게 일종의 압력을 형성해 구매를 서두르도록 만든다.
- 사람들의 관심을 사로잡아 구체적인 욕구(그리고 필요)를 자극해 매출을 향상한다.
- 당신 메시지의 핵심 정보를 빠르게 전달하여 광고 효과를 극대화한다.

흥미롭게도 대부분의 사람이 불릿에 상품의 기능이나 특징만을 적는다. 예컨대 드릴을 판다면 "18볼트 충전에 1인치 비트까지 사용 가능합니다"라는 식이다. 무슨 대단한 정보처럼 말이다! 이러한 기능은 '제품 사양 설명서'에 적어야 한다. 문제는 사람들이 제품의 기능만 보고 구매하지 않는다는 점이다. 기능은 상품을 비교할 때 본다. **사람들은 혜택을 구매한다.** 이러한 기능을 이용해 어떤 것을 얻을 수 있는가? 기능과 혜택의 차이를 이해해야 한다. 기능은 이 상품이 '무엇이냐'라는 설명이다. 혜택은 '무엇을 제공해줄 수 있느냐'이다.

드릴을 예시로 들어보겠다. '18볼트 충전'은 제품의 기능이다. 이 기능이 제공하는 것은 단단한 목재도 버터처럼 뚫는 힘으로 5분마다 배터리를 충전하지 않고도 구멍을 여럿 내는 작업을 할 수 있다는 것이다. 1인치 비트까지 사용 가능하다(기능)는 이야기는 이 기계 하나로 웬만한 작업은, 특히나 가정에서 필요한 작업은 거의 다 할 수 있다(혜택)는 뜻이다.

다시 한 번 말하지만, 기능과 혜택의 차이를 이해해야 한다. 기능으로는 사람들의 지갑을 열 수 없다. 이 기능이 제공하는 혜택을 보고 사람들은 당신에게서 구매한다.

카피에 불릿을 수천 개나 넣을 필요는 없다. 카피에 따라 4개, 5개, 6개, 12개의 멋진 불릿으로 형편없는 불릿 50개를 대신할 수 있다. 불릿은 세일즈 카피에서 여러 기능을 수행한다. 세일즈레터 상단의 헤드라인 바로 아래 두세 개의 불릿은 사람들의 이목을 집중시킨다. 아마존 판매 페이지나 당신의 웹사이트 페이지, 이메일 어디든 제품 설명란에 불릿을 넣을 수 있다. 불릿은 카피에서 가장 큰 역할을 한다. 헤드라인으로는 고객의 관심을 끌고, 불릿은 이렇게 활용하면 된다.

- 영상에서 사람들이 보게 될 내용을 요약한다.
- 블로그 게시글 내용의 미리보기를 제공한다.
- 혜택을 나열한다.
- 카피를 계속 읽어야 할 이유, 구매해야 할 이유를 제시한다.
- 고객이 구매할 상품을 요약한다.
- 이 외에도 굉장히 다양한 역할을 한다!

불릿을 활용하는 법을 배우지 못하면 고객을 세일즈 프로세스의 다음 단계로 이끄는 호기심을 자극하지 못한다. 상품을 구매하게 만드는 압력을 형성하는 데 실패한다. 상품 판매에서 불릿을 어떻게 활용해야 하는지 짧은 이야기로 설명하겠다.

이 책의 「서론」에서 세일즈레터로 29달러짜리 전자책을 판매해 약 150만 달러 이상의 매출을 달성했다고 이야기했다. 세일즈레터로 매출을 증대하기 위해 나는 전자책의 각 페이지 내용에 부합하는 불릿을 적었다. '무슨 내용의 책이지?' 궁금해하며 불릿을 읽는 사람들에게 실제로 무언가를 제공하려고 아래와 같이 작성했다.

- 아마존 킨들에서 상품 준비, 운영, 판매까지 순식간에 진행하는 법!(온라인 1위 전자책 소매업체가 당신을 대신해 전자책을 판매해줍니다. 이렇게만 하면 됩니다!) (14쪽)
- 불티나게 팔리는 전자책을 만드는 동시에 그 과정에서 생각지 못했던 재미까지 누리는 *확실한* 비법! (23쪽)
- 책 한 권을 쓰는 데 몇 년까지 질질 끌리는 저자들이 많이 저지르는 실수 1가지. 이것만 피하면 며칠 만에 완성할 수 있습니다. (7쪽)
- 72시간 만에 진짜 전자책 한 권을 완성하는 단계별 설명! (103쪽)
- 단연 '최고의' 전자책을 빠르게 만들고 온라인에서 판매하는 법. (2쪽)

영상 제품에도 똑같이 적용했다. 불릿을 쓰고 그 옆에 영상에서 해당 내용이 등장하는 구간의 타임 스탬프를 명시한다. 즉, 불릿은 이러한 일을 한다.

- 사람들에게 어떠한 행동을 해야 할 이유를 제시한다.
- 호기심을 불러일으킨다.
- 이것이 어떤 상품이고 고객에게 무엇을 해줄 수 있는지 설명한다.

이런 이야기를 들어본 적 있을 것이다. "사람들이 구매하는 것은 드릴이 아니라 벽에 난 구멍이다." 기능과 혜택의 차이를 설명하는 이 유명한 말은 일부만 맞다. 우리는 이보다 좀 더 깊이 파고들어야 한다! 사람들이 원하는 것은 벽에 구멍을 내는 일이 아니다. 아직도 벽에 사진을 걸지 않았다고 뭐라 하는 아내의 잔소리에서 벗어나고 싶어 한다. 나무로 만든 새집에 멋지게 구멍을 뚫어서, 정글짐을 조립하는 데 필요한 구멍을 내어서 아이들을 행복하게 만들어주고 싶어 한다. 우리가 깊이 파고들어야 할 지점은 각각의 혜택이 지닌 '의미'다.

불릿을 작성할 때 내가 쓰는 공식이 있다. 이번 장에서 이미 등장했지만 아마 눈치 채지 못 했을 것이다.

기본적인 불릿 공식
_____라서 _____할 수 있습니다.

기능은 상품이 무엇이냐에 대한 설명이고 혜택은 그것이 무엇을 제공해줄 수 있느냐를 전달하는 것임을 명심해야 한다.

이제 드릴은 좀 지겨워졌으니 좀 더 흥미로운 주제로 바꿔보자. 렌치를 예시로 들어보겠다! 내가 아마존에서 내내 눈여겨보고는 있지만 구매까지는 하게 되지 않는 디월트Dewalt사의 29달러짜리 렌치 세트로 불릿을 적어보겠다. 내가 구매하지 않는 이유는 아마도 아직 이 제품과 정서적 유대감이 충분히 생기지 않아서인 듯하다! 다음은 실제 아마존 사이트에 올라온 불릿이다.

- 일체형 세트
- SAE(미국자동차공학회) 표준 사이즈
- 크롬 - 바나듐강 소재
- 렌치마다 사이즈가 표시된 각인

하품이 나오게 지루하다. 그리 매력적이지 않다. 내가 이 렌치를 갖고 싶은 마음이 들도록 도움의 손길을 더해볼까?

- 일체형 세트라서 렌치를 모두 한 곳에 정리할 수 있습니다.
- SAE 표준 사이즈라서 어디서나 제약 없이 사용할 수 있습니다.
- 견고한 크롬 - 바나듐강 소재라서 안심하고 오래 사용할 수 있습니다.
- 렌치마다 사이즈가 각인되어서 쉽게 원하는 치수의 렌치를 찾을 수 있습니다.

한눈에 봐도 차이가 크다. 혜택만 덧붙여도, 80퍼센트 사람들이 작성하는 평범한 불릿보다 더 나은 카피가 나온다. 하지만 99퍼센트의 사람들보다 카피라이팅을 잘하고 싶으니 이제 최고의 불릿 공식을 배워야 할 때다. 준비되었는가?

기능＋혜택＋의미
기능＝이것이 무엇인가
혜택＝이것이 무엇을 제공해줄 수 있는가
의미＝이것이 구매자/독자/잠재고객에게 어떤 '의미'를 지니는가
공식: _____ 라서 _____ 할 수 있습니다. 즉, _____ 입니다.

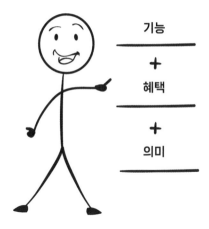

<table>
<tr><td>기능</td></tr>
<tr><td>+</td></tr>
<tr><td>혜택</td></tr>
<tr><td>+</td></tr>
<tr><td>의미</td></tr>
</table>

이제 불릿에 화력을 더해 이 제품만 있으면 손재주가 하나도 없는 아빠도 늘 꿈꿔왔던 멋진 기술자가 될 수 있다고 믿게 만들어보자. 집안에서 '남자가 하는 일'의 달인이 되는 것이다! 준비되었는가?

- 일체형 세트라서 렌치를 모두 한 곳에 정리할 수 있습니다. 즉, 잘못된 렌치를 들고 눈앞이 깜깜해질 일이 없습니다.
- SAE 표준 사이즈라서 어디서나 용도에 맞게 사용할 수 있습니다. 즉, 순식간에 할 일을 마치고 남은 시간을 편안하게 보낼 수 있습니다.
- 견고한 크롬 – 바나듐강 소재라서 안심하고 오래 사용할 수 있습니다. 즉, 앞으로 장비를 사는 데 많은 돈을 낭비할 일이 없습니다.
- 렌치마다 사이즈가 각인되어서 쉽게 원하는 치수의 렌치를 찾을 수 있습니다. 즉, 마모된 너트 앞에서 난감해할 일이 없습니다.

혜택과 의미를 언급하는 순간, 세일즈 카피 불릿(그리고 전반적인 카피)의 효과가 비약적으로 상승한다. 혜택과 의미를 생각하는 순간, 판매력의 한계가 사라진다.

이 장을 마무리하며 한 가지 덧붙이자면, 불릿을 쓸 때는 아이디어에 상승 동력이 지속되도록 해야 한다. 헤드라인 브레인스토밍과 비슷하다. 불릿을 쓰는 동안에도 머릿속에 다른 불릿 아이디어가 마구 떠오를 것이다. 당신이 판매하는 상품의 서로 다른 기능과 혜택, 의미에 집중할수록 더욱 멋진 불릿이 나온다. 러닝이나 운동을 할 때 워밍업 후 세 번째, 네 번째 또는 다섯 번째 세트에서 높은 신체 기능을 발휘하는 것과 같은 이치다. 첫 번째 불릿보다 다섯 번째, 여섯 번째, 또는 열 번째 불릿이 훨씬 멋질 것이다!

또한 불릿을 5개 또는 6개 작성해야 한다면 10개에서 12개를 쓰고 그중에서 가장 좋은 대여섯 가지를 고르는 것이 좋다. 다시 한 번 말하지만 아이디어에 탄력이 붙어야 좋은 불릿이 나온다. 마지막으로 아주 효과적인 불릿 스와이프 파일을 만들면 좋다. 당신의 이목을 사로잡는 불릿을 모아 파일로 만들 것을 강력히 권한다. 헤드라인으로 스와이프 파일을 만들 듯, 불릿 스와이프 파일을 만들어두면 빨리 브레인스토밍을 해야 하는 순간에 아주 요긴하게 쓰인다.

요약

- 불릿은 카피에서 호기심을 자극할 때 쓰는 착실한 일꾼이다.
- 5개의 훌륭한 불릿이 30개의 좋은 불릿을 능가한다.
- 항상 의미를 부여해야 한다. 남들보다 더욱 멋진 불릿을 만드는 비법 소스가 바로 의미다.

지갑을 여는 진짜 이유

"행동의 동기는 두 가지, 자기 이익과 공포다."

나폴레옹 보나파르트

"사람을 대할 때는 이 사실을 기억하라. 상대는 논리의 동물
이 아닌 감정의 동물이다."

데일 카네기

이번 비밀은 사람들에게서 감정적인 반응을 어떻게, 그리고 왜 불러일으켜야 하는지 다룬다. 결국 매출을 발생시키는 요소는 감정이다. 감정적 반응을 일으키기 위해서는 앞서 배웠던 불릿의 비밀에서 한 단계 더 나아가야 한다. 어떻게 해야 할까? 앞서 기능과 혜택과 의미에 대해 말했다. 기능은 이 상품이 '무엇인가'를 설명하는 문구다(18볼트 드라이브 모터, 1/2인치 드릴 비트, 30분 운동 DVD 등). 혜택은 그 기능이 '무엇을 제공해주는가'이다. 의미는 이 기능과 혜택이 합쳐져 어떤 '의미를 담는가'다. 이제 사람들은 18볼트 드라이브 모터가 더욱 강력한 힘을 발휘하고 오래 쓸 수 있다는 혜택을 제공한다는 사실을 안다. 작업을 하다가 당황하는 일은 생기지 않을 것이다. 하지만 마지막 단계가 무엇보다 중요하다. 사람들에게 결과를 알려주어야 한다.

의미가 감정을 만든다. 18볼트 드라이브 모터는 어떤 작업도 처리할 수 있는 파워를 갖추었다. 내 이상적인 잠재고객에게 이것은 무슨 의미일까? 실로 세일즈 카피에서 전달하는 모든 주장, 기능, 혜택에 이 같은 질문을 해야 한다. 집안에서 남자가 하는 일을 빨리 처리해주니 아내가 행복해진다는 의미가 될 수 있다. 순식간에 해야 할 일들을 해치우고 소파에 앉아 미식축구 경기를 시청하는 시간을 누릴 수 있다는 의미다. 아이들과 함께 작업을 마친 뒤 자녀들의 얼굴에 피어나는 미소를 볼 수 있다는 의미다. 이번 주말에는 배터리 충전을 기다리며 시간을 낭비하는 대신 자유 시간을 더 많이 누릴 수 있다는 의미다.

의미를 제시하여 당신의 상품, 서비스, 소프트웨어 등이 고객에게 무엇을 해주는지를 한 차원 높은, 정서적인 수준으로 전달할 수 있다. 이때 비로소 사람들은 상품을 구매한다. "사람들은 감정으로 구매하고 이성으로 구매를 합리화한다." 그렇다면 의미는 어떻게 찾아야 할까? 쉽다! 주장이나 기능, 혜택을 볼 때마다 스스로에게 이렇게 묻는다. '저게 왜 중요할까?', '저게 왜 강조될까?', '저게 왜 대단한 걸까?'

이쯤 되면 이런 생각이 들 것이다. '도대체 왜 드릴에 정서적으로 접근해야 할까?' 드릴을 많이 팔고 싶다면 사람들이 드릴에 정서적인 유대감을 갖도록 해야 한다. 이 드릴을 소유하면 멋질 것 같다는 기분이 들도록 해야 한다. 이 드릴이면 유능해질 것 같다는 기분이 들게 만들어야 한다. 터프가이 클럽의 일원이나 유명한 사람이 될 수 있을 것 같다는 느낌을 주어야 한다. 이 드릴이면 자녀를 사랑하는 아빠가 될 것 같다는 느낌을 받도록 해야 한다. 그렇게 한다면 더 많은 드릴을 팔 수 있을 것이다! 당신이 무엇을 판매하든 의미로 감정을 더하는 접근법을 상품에 적용해야 한다. 결국 상품을 파는 것은 감정이다. 감정의 영역까지 드릴로 뚫고 내려가 그 정서를 찾고 확장해야 한다.

이제 당신은 이렇게 말할지도 모른다. "너무 과장하는 것 같은데요." 과연 그럴까? 그럼 이 말도 과장일까? "드릴 앞쪽에 자석이 부착되어서 작업하는 동안 나사를 안전하게 보관할 수 있습니다. 즉 3미터 높이의 사다리에 올라가 작업을 하더라도 날카로운 나사가 누군가의 머리에 떨어질 걱정을 전혀 안 해도 된다는 뜻입니다. 이 한 가지 기능으로 누군가의 머리에, 어쩌면 자녀의 머리에 나사가 박히는 사고를 피할 수 있습니다."

여전히 과장된 소리라고 생각할지도 모르지만, 전혀 그렇지 않다! 상품의 기능마다 그에 연계할 수 있는 정서를 파고들어야 한다. '_____라서 _____할 수 있다'라는 불릿 공식처럼 정리하여 접근하면 된다. 이렇게 하면 상품을 입체적으로 보여줄 수 있다. 그제야 사람들에게서 이런 이야기가 나온다. "맞아, 나도 저런 '기분'을 느끼고 싶어. 내가 중요하게 생각하는 것이 바로 이거야. 상품이 파란색이든 로고가 적혔든 관심 없지만, 내 아이들이 안전하면 좋겠어. 내 아내가 행복하면 좋겠어. 내가 편안히 휴식을 취할 수 있으면 좋겠어. 남자가 해야 할 집안일을 얼른 마치고 스포츠 경기를 보다가 옷에 나초칩을 잔뜩 흘린 채로 잠들고 싶어."

이것이 드릴이 전하는 의미다. 이 정서적인 연결을 찾아내기만 한다면 매출이 껑충 뛸 것이다! 이를 행하지 않을 때 결과는 처참하다. 감정적으로 연결되지 못하면 다른 판매자들과 같은 처지에 놓인다. 고객은 상품, 코칭, 소프트웨어 등 당신이 판매하는 무언가를 가격으로만 평가할 것이다. 가격 말고는 아무것도 없기 때문이다. 당신은 고객에게 어떠한 감정을 조성하지 못했다! 하지만 이들에게 어떠한 감정을 조성하는 순간, 고객은 당신을 찾는다. 당신에게서 구매하도록 만들려면 그래야 하는 강력한 이유를 사람들에게 주어야 한다. **이유가 감정을 불러일으키기 때문이다.**

이제 짧은 이야기 하나를 들려주겠다. 내가 스튜 스미스라는 남자에게서 운동 코칭을 받기로 한 이유가 있다. 그가 이메일로 내게 운동 자료를 보냈다. 당시 나는 이미 오래전부터 운동을 해온 사람이었고, 운동에 관한 책을 많이 소장하고 있었다. 스튜는 운동에 관한 질문이 있으면 전화를 하라고 했지만, 나는 궁금한 게 생기면 공짜로 전화해서 조언을 구할 수 있는 사람들도 이미 있었다. 그럼에도 처음 내가 스튜와 계약한 데에는 "있잖아, 내 트레이너가 해군 특수부대원이라고. 엄청 멋지지!"라는 정서적 동기가 작용했다.

처음에는 "내 퍼스널 트레이너가 해군 특수부대원이야"라고 사람들에게 말하며 자아가 우쭐해지는 기분을 즐겼다. 실제로 한 번씩 이런 이야기를 하고 다녔다. 어쩌면 너무 자주 했는지도 모르지만 그만큼 멋지다고 생각했다. 그러다 보니 한 가지 흥미로운 일이 벌어졌다. 스튜와 계약해야겠다는 정서적인 이유가 얼마나 큰 동기로 작용했는지 현재 50대인 나는 웬만한 25세보다 훨씬 건강한 몸을 유지하고 있다(한 번도 쉬지 않고 턱걸이 33개, 팔굽혀펴기 100개, 윗몸일으키기 100개를 한다). 내 트레이너가 해군 특수부대원이라는 사실에 정서적으로 연결되었기에 나는 이렇게 생각하게 되었다.

- 운동을 게을리 하며 트레이너를 실망시킬 수 없다.
- 내 트레이너가 해군 특수부대원이라고 사람들에게 계속 말하고 다니려면, 다시는 미스터 포테이토 헤드 같은 몸으로 돌아가서는 안 된다.

가입/구매/클릭을 하는 정서적 이유는 잠재고객이 세일즈 퍼널 단계를 이동하는 데 지대한 영향을 미친다. 이 정서적 연결을 찾아 증폭해야 한다. 상품 또는 서비스를 사랑, 두려움, 혐오, 희망 등의 감정에 더 많이 연결할수록 더욱 큰 수익을 거둘 수 있다. 정서적 연결을 카피에 적용하는 일은 굉장히 간단하다. 요령이 있다. 이 상품이 '무엇이다' 또는 이것이 무엇을 '제공해줄 수 있다'라고 글을 쓴 뒤 마법의 문구 '즉, _____입니다'를 덧붙이면 된다.

- 즉, 당신은 편히 앉아 쉬게 될 것입니다.
- 즉, 당신은 가족과 더 많은 시간을 함께할 수 있습니다.
- 즉, 당신은 온종일 잡다한 일을 하며 토요일을 보낼 필요가 없습니다.

이렇게 하는 것이다. 이렇게 의미를 찾으면 된다. 이 의미에 정서를 더욱 깊이 연결할수록 더 많이 판매할 수 있다! 당신의 상품을 다음의 감정에 연계해보길 바란다.

- 가족, 자기 자신, 나라, 지역사회 등에 대한 사랑
- 혐오
- 실패, 실수, 죽음, 상실 등에 대한 두려움
- 자만심
- 자존심
- 충족, 평안, 완성 등에 대한 갈망
- 탐욕
- 자유

상품 또는 서비스를 사람들이 마음 깊숙한 곳에서 원하는 무언가에 결부한다면 이들과 정서적으로 훨씬 빠르게 연결될 수 있다.

이제 이 사실을 알았으니 당신에게 유리하게 활용해야 한다. 어느 상황에서나 이 정서적인 요소를 찾아낼 줄 알아야 한다. 상품의 기능을 설명하려는 순간, 고객이 "왜죠?"라고 묻는 모습을 상상하라. "그게 왜 중요하죠?" "제가 그걸 왜 신경 써야 하죠?" "그게 저에게 왜 중요하죠?" "그게 제게 무슨 의미죠?" 상대가 할로윈 자정에 설탕에 취해서 '왜요?' 병에 걸린

짜증나는 꼬마 아이와 비슷하다고 생각하면 된다. 쉴 새 없이 왜, 왜, 왜, 왜, 왜를 물어보며 자꾸 대답을 내놓으라고 성화를 부린다.

또 다시 두뇌 활동에 상승 동력을 만들어야 하는 순간이다. 어떠한 기능 또는 혜택이 이들에게 왜 중요한지 열 가지, 스무 가지, 서른 가지의 이유를 적는다. 사업에 성공하고 기막힌 카피를 만들어내기 위한 아주 중요한 일이다. 정서적 연결을 찾아야 한다. 이 훈련을 할 때 가장 먼저 나온 이유에서는 정서적 연결을 찾기 어려울 것이다. 쉬운 이유를 모두 적은 뒤 머리를 짜내려고 할 때부터 진짜가 나온다. 피상적인 수준을 거쳐 그 표면 아래로 파고들 때 진짜 감정을 건드리게 된다.

정서적으로 연결하면 구경꾼을 구매자로 전환할 수 있다. 구매자를 열혈 팬으로 바꿀 수 있다. 그리고 열혈 팬을 평생 고객으로 바꾸는 힘이 생긴다. 사람들의 지갑을 여는 진짜 비밀이 바로 이것이다. 당신이 무슨 생각을 하느냐가 아니라 '고객이' 무엇을 느끼느냐다.

요
약

- 사람들은 감정으로 구매하고 이성으로 구매를 합리화한다.
- 구매의 가장 중요한 정서적 동기는 두려움과 욕망이다.
- 상품 또는 서비스에 가능한 한 많은 이유를 결부해 잠재고객과 구매자와 정서적으로 연결되도록 노력해야 한다.

A/B 분할 테스트

도와줍쇼

"좋은 것은 위대함의 적이다!"

작자 미상

내 초기 멘토 중 한 명은 부동산 중개인으로 성공을 거둔 사람이었다. 그를 두고 거만하다고 하는 이들도 있었다. 그런 평가를 받은 이유 중 하나는 그가 아주 탁월한 것이 아니면 수용하지 않았기 때문이다. 그의 사무실 문에는 "좋은 것은 위대함의 적이다!"라는 문구가 걸려 있었다.

그 문장이 뇌리에서 지워지지 않는다. 그럭저럭 괜찮은 정도로는 결코 훌륭함에 이를 수 없다. 그럼 이 개념을 세일즈 카피라이팅에 어떻게 적용할까? 사람들은 어떤 세일즈 카피가 반응이 있을 때 부정이 탄다거나 두려운 나머지 더는 손대지 않으려고 한다. 그 세일즈 카피로 수익이 나기까지 노력과 수고가 들어갔으니 말이다. 만약 그 카피를 수정하면 '망가질까 봐', 효과가 사라질까 봐 (그리고 원래대로 되돌린다 해도 다시 반응이 오지 않을까 봐) 두려워한다!

가령 1달러를 들일 때마다 1.1달러나 1.2달러, 나아가 1.52달러의 수익을 거둔다고 가정해보자. 이 정도면 괜찮은 수준이고, 지금 이 상황을 망치고 싶지 않을 것이다(50퍼센트의 수익을 거두고 있으니 말이다). 하지만 이런 태도는 당신을 계속 가난하게 만든다. 25년간 카피를 쓰며 새로운 헤드라인과 카피가 기존의 것을 넘지 못했던 경우는 딱 한 번 봤다.

보통 A/B 분할 테스트split test라는 간단한 방법으로 더 나은 안을 찾을 수 있다. A/B 분할 테스트란 성과를 보이고 있는 무언가와 더 나은 성과를 낼 것으로 기대하는 무언가를 비교하는 시험이다. 이렇게 진행한다. A안과 B안, 두 가지 카피 시안이 있는 상황이다. 이 두 가지 안으로 일정 기간 테스트를 진행한다(가급적 총매출, 클릭, 구독 등과 같이 측정 가능한 결과를 도출하는 테스트가 좋다). 만약 B안이 A안보다 성과가 좋다면 B안이 새로운 A안이 된다. 새로운 챔피언이 탄생했고, 후에 이 새로운 A안과 다른 안으로 테스트를 진행한다. 이러한 A안을 '통제군'이라고 한다. A/B

분할 테스트는 지속적으로 최고의 카피를 찾고 고객 전환율을 높이는 도구다.

SECRET 6에서 헤드라인을 바꾸고 2분 만에 판매량이 제로에서 다섯 개로 늘었다는 이야기를 했다. 「서론」에서는 20페이지짜리 웹사이트를 한 페이지로 바꾼 후 매출이 250퍼센트 상승한 경험담을 들려주었다. 만약 내가 이 변화들을 시도하지 않았다면 어떻게 되었을까? 당신이 지금 이 책을 읽을 수 있었을까? 결코 그러지 못했을 것이다! 나는 여전히 트레일러에 살며 신문을 배달했을 것이다. 변화를 감행하지 않았다면 돈을 지금처럼 절대 벌지 못했을 것이다. 지금과는 완전히 다른 삶을 살았을 것이다. 그러니 현재 효과가 있다 해도 더 나은 카피를 만들기 위해 '반드시' 테스트를 해야 한다. 조금씩 점진적으로 향상해나가는 것이 엄청난 수익으로 이어진다.

100달러 제품 사례

당신은 100달러 제품을 판매하고 있고, 세일즈레터를 통한 고객 전환율이 1퍼센트인 상황이다. 다시 말해 당신의 웹사이트를 방문하는 100명 당 1명 꼴로 100달러 매출이 생긴다는 뜻이다(방문객 100명×1퍼센트 전환율 = 100달러 매출 1건). 한 건의 매출을 발생시키기 위해 방문객 100명을 웹사이트로 불러들이는 데 90달러를 들인다고 가정해보자(전자책 같은 상품을 판매해 배송비가 들지 않는다고 가정했다). 그럼 트래픽 비용으로 90달러를 쓴다는 것이다. 매출은 100달러다. 따라서 순수익은 10달러가 된다. 이제 테스트를 진행한다.

헤드라인을 테스트한 뒤 고객 전환율이 1퍼센트에서 1.2퍼센트로 상승했다. 겨우 0.2퍼센트 상승은 그리 대단해 보이지 않는다. 한편 이로써 웹사이트에 100명이 방문할 때마다 매출은 120달러가 되지만 트래픽 비용은 여전히 90달러다(비용은 오르지 않았다). 그러면 순수익이 10달러가 아닌 30달러이므로 무려 세 배 높아진 셈이다. 트래픽 비용도 동일하고, 광고 비용도 같다. 헤드라인 테스트만으로 수익을 세 배나 늘렸다.

몇몇 불릿을 테스트한 뒤 전환율이 0.1퍼센트 상승했다면? 제안을 테스트한 뒤 전환율이 0.15퍼센트 높아졌다면? 웹페이지 상단의 사진 하나를 테스트한 뒤 전환율이 0.25퍼센트 향상했다면? 이렇게 고객 전환율이 1.7퍼센트가 되어 매출이 170달러로 늘었다. 비용은 90달러로 달라지지 않았으니 순수익을 800퍼센트 향상한 셈이다(80달러 vs 10달러)!

테스트를 해야 한다는 사실을 이해하고 시도할 용기만 있다면 이 과정을 몇 번이나 반복할 수 있다. 재밌는 사실은 용기까지도 필요치 않다는 것이다! 새로운 헤드라인을 시도한 뒤 별 효과가 없을 때는 내리면 그만이기 때문이다. 첫 번째 버전만큼 성과를 내지 못한다고 당신이 루저 취급을 받지는 않는다. 기존의 챔피언을 다시 불러들이고 새로운 도전자를 계속 찾아나가면 된다!

지금 당장 테스트하라

예전에는 이런 테스트가 굉장히 복잡하고 전문적이었기에 소수의 사람들만 진행했다. 하지만 이제는 클릭퍼널스와 같은 놀라운 도구 덕분에 A/B 분할 테스트를 하기가 한결 쉬워졌다. 반드시 A/B 분할 테스트를 하길 바란다. 아래의 사항을 포함해 무엇이든 시험해야 한다.

- 헤드라인
- 제안
- 가격
- 보너스
- 이메일 제목
- CTA
- 구매 버튼 문구
- 색깔

이 외에도 많은 것을 테스트할 수 있다. 한편, 당신이 알아야 하는 한 가지 중요한 사항이 있다. **한 번에 한 개의 변수만 테스트한다.** 헤드라인을 테스트한다면 다른 헤드라인과 비교하되 웹페이지상 다른 모든 것은 기존과 같아야 한다. 구매 버튼 문구를 테스트한다면 이것만 테스트 대상이고 페이지 내 다른 모든 것은 그대로 유지한다. 두 개 이상의 변수를 동시에 바꾸는 순간, 테스트 결과는 무효가 된다.

테스트 과정을 자동화하는 도구를 활용하면 좋다. 어떤 사이트를 사용 중이든 A/B 분할 테스트 기능을 제공하는지 확인하길 바란다. 만약 제공하지 않는다면 직접 도구를 찾아나서야 한다. 구글에서 'A/B 분할 테스트 도구'를 검색하면 엄청난 양의 결과를 보게 될 것이다.

지금 시작하라! 한 번에 하나씩만 테스트해야 한다. 현재의 결과에 만족해서는 안 된다. 상상해보자! 대부분의 소매 비즈니스는 마진율 10퍼센트 정도로 운영된다. 간단한 테스트 하나로 당신의 웹사이트, 광고지, 홍보를 통한 전환율이 약간의 퍼센트나마 오르고 수익이 상승할 수 있다. 이것이 당신의 비즈니스와 가족에게 어떤 의미일까? 수익이 크지 않은 기업에는 아주 큰 차이로 다가올 것이다! 몇 가지 단순한 테스트만으로도 숨어 있던 수익을 찾아낼 수 있다. 테스트하지 않을 이유가 없다!

요
약

- 아직 테스트를 하지 않았다면 지금 당장 진행하라.
- 한 번에 한 가지 변수만 테스트한다.
- 구매나 클릭, 구독과 같은 고객 행동을 테스트한다.
- 테스트를 자동화하라. 가능하다면 수동으로 하는 상황은 피해야 한다.

시장조사

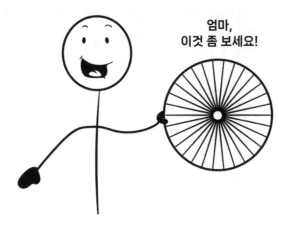

엄마,
이것 좀 보세요!

"당신이 할 일은 카피를 쓰는 게 아니다. 당신이 할 일은 방문객과 고객, 잠재고객을 파악해 이들이 현재 어떤 상황에 처했고, 어디로 나아가고 싶은지, 이들이 스스로 바라는 모습을 성취하는 데 당신의 솔루션이 어떤 도움을 줄 수 있고 또 줄 건지 이해하는 것이다."

조애나 위비 Joanna Wiebe

카피라이팅 교육 사이트 Copyhackers의 창립자

세일즈 카피를 쓰기 전에 적절한 조사부터 해야 한다. 왜일까? 그래야 메시지를 전달하고자 하는 타깃의 마음을 깊이 이해할 수 있기 때문이다. 그렇다면 어떤 조사를 해야 할까? 무엇을 알아야 할까?

고객이 무엇을 가장 원할까?

고객의 가장 큰 욕구가 무엇일까? 무엇이 이들을 두렵게 하는가? 이들이 당신의 상품에 갖는 반감은 무엇일까? 다음의 세 가지 사항을 알아내야 한다.

- 고객이 무엇을 원하는가?
- 고객이 지닌 두려움은 무엇인가?
- 당신의 상품 또는 다른 상품을 구매하는 데 어떤 걸림돌이 있는가?

이 세 가지를 이해하면 평범하게 세일즈 메시지를 작성하는 다른 사람들보다 훨씬 앞서게 된다. 고객이 시장에서 접하는 세일즈 메시지를 살

펴보길 바란다. 당신의 오디언스를 타깃으로 삼은 도서 중 가장 인기 있는 베스트셀러를 살펴본다. 뒤표지에 적힌 카피를 읽는다. 장별 제목도 살핀다. 타깃 오디언스의 지갑을 연 세일즈 메시지가 무엇인지 파악한다. 이 과정을 '퍼널 해킹funnel hacking'이라고 한다. 반응이 좋은 제안, 세일즈 카피, 상품을 살핀 뒤 당신의 상품과 서비스에 적용하는 것이다. 다른 사람의 아이디어를 훔치는 것이 아니라, 다른 사람들이 시장에 어떻게 접근하고 판매하는지 참고하는 것이다.

조사는 어디서 해야 할까?

내가 시장조사를 하려고 가장 많이 활용하는 곳은 아마존이다. 카테고리별로 베스트셀러를 모두 확인할 수 있는 플랫폼이라 고객이 어떤 제품을 구매하는지 알 수 있을 뿐 아니라 사람들이 어떤 코멘트와 리뷰를 달았는지도(또한 어떤 상품에 리뷰가 없는지도) 볼 수 있다. 나는 별 5개 리뷰를 읽으며 사람들이 무엇에 열광하는지 파악한다. 더욱 중요하게는 고객의 불만을 파악하고 내 제안에서 같은 실수를 저지르지 않기 위해 별 1개 리뷰도 확인한다.

　하지만 진짜 보물은 별 2개, 3개, 4개 리뷰에 숨어 있다. 왜일까? 상품에서 어떤 점은 만족을 하지만 어떤 부분에는 문제가 있다고 생각하는 사람들의 글이기 때문이다. 솔직히 말해 별 5개 리뷰를 쓰는 사람들은 그저 열광적인 팬층일 때가 많고, 별 1개 리뷰어는 삶에 불만이 가득한 잘난 척쟁이다. 별 2개, 3개, 4개 리뷰어들은 "이건 이래서 좋지만 이렇지 않아서 불만입니다"라고 설명을 적으므로 가장 유익하다. 이 사람들의 의견을 참고한다면 세일즈 카피를 쓰는 데 도움을 받을 수 있다.

스페인어로 말하는 법을 가르치는 제품을 판매한다고 가정해보자. 당신은 사람들이 어느 유명한 제품을 두고 이것이 일상적인 대화문을 가르치지 않는다고 불만을 터뜨린다는 사실 알게 되었다. 해당 제품은 교과서적인 내용만 가르친다. 그럼 이 피드백을 이렇게 활용할 수 있다.

- 당신의 제품이 어떤 내용을 담아야 하는지 힌트를 얻는다.
- 당신의 제품에 일상 대화문이 포함되었음을 강조한다.
- 이 관점에서 헤드라인을 이렇게 쓴다. "2주 만에 스페인어 일상 회화 배우는 법!"

조사를 하면 이런 것들을 배울 수 있다. 지금 시장에서 잠재고객들이 보는 세일즈 메시지를 깊이 파고들어 연구하고 이들의 반응을 주의 깊게 살펴야 한다.

구글도 자료를 조사하기 좋은 곳이다. 어떤 문제를 해결해야 할 때 나는 구글에 검색한다. 블로그에 들어가고, 광고를 보고, 사람들이 쓰는 키워드와 관련 제품도 살펴라. 블로그 게시물이나 기사에서 아이디어를 구하라. 사람들이 묻는 질문도 살핀다. 잠재고객의 시각을 배우는 데 몇 시간에서 어쩌면 며칠이 필요할 수도 있다. 당신의 일정에 따라, 그리고 당신이 오디언스를 얼마나 잘 파악하는지에 따라 일주일이 걸릴 수도 있다. 하지만 그 몇 시간, 며칠, 일주일은 당신의 어떤 시간보다도 가치 있는 시간이 될 것이다. 이런 조사에서 잠재고객이 사용하는 언어를 배우고 세일즈 카피로 이들에게 공감을 얻는 방법을 배울 수 있다.

조사하지 않을 때 닥칠 결과는 참혹하다. 잠재고객의 언어를 당신이 쓰지 않고 공감하지 못한다면 이들은 당신에게서 제품을 구매하지 않을 것이다. 당신의 세일즈 메시지는 타깃 오디언스에게 닿지 못할 것이다. 오디언스는 당신의 헤드라인에 시선도 주지 않을 것이다. 헤드라인을 보지 않는다면 카피도, 광고도 아무런 성과를 낼 수 없다.

몰입도 높은 조사로 당신은 잠재고객과 같은 문제와 욕구를 가진 일원이 될 수 있다. 시장에 어떠한 제품이 나와 있는지 살펴라. 특히 타깃 오디언스에게 인기가 높은 제품과 서비스의 세일즈 메시지와 피드백을 파악하라. 몰입도 높은 조사는 경쟁사들이 무엇에서 성공을 거두는지, 그리고 무엇에서 실패하는지를 파악하고 이를 직접 활용할 수 있게 해준다. 조사를 통해 시장을 이해할 때 자동적으로 당신의 제안은 더욱 훌륭하면서도 독창적인 솔루션으로 자리매김할 수 있다.

나는 내 제품에 달린 피드백을 보며 아주 큰 깨달음을 얻었다. 2년에 가까운 기간 동안 내 파워포인트 교육 DVD는 아마존에서 1위를 유지했다. 상품을 수천 개나 판매했다. 피드백을 읽던 중 내 DVD가 스내그잇 Snagit이라는 화면 캡처 및 녹화 프로그램의 홍보물 같다는 코멘트가 몇 개 눈에 들어왔다. 이런 생각이 들었다. '도대체 무슨 소리를 하는 거지? 다양한 슬라이드로 파워포인트 프레젠테이션을 만드는 법을 보여주며 스내그잇을 좀 썼던 것뿐인데. 고객이 스내그잇을 구매하든 말든 나와는 상관없다고. 이걸 어디서 구매할 수 있다는 안내 문구도 없는데!'

사람들이 집중하지 않는다는 사실을 여실히 보여주는 사례다(대단히 놀랄 일도 아니다)! DVD를 구매해 시청은 했지만, 내가 스내그잇으로 만든 시연용 슬라이드에는 관심을 기울이지 않았다. 고객들은 앞부분을 건너뛰고서 최종 프레젠테이션을 완성하는 장면만 봤고, 하필 내가 스내그잇을 멋지게 활용하는 모습이 담겼던 것이다! 하지만 영상을 처음부터 시청했다면 내가 직접 프레젠이션을 작성하는 모습을 확인했을 것이다.

나는 이러한 혼란을 전혀 겪지 않았지만, 그래도 세일즈 카피에서 장황한 부분을 덜어내고 일부 수정해 메시지가 좀 더 분명해지도록 손봤다. 만약 내 경쟁사가 이런 상황을 먼저 알았더라면 "다른 교육 영상과 달리 저희는 어떤 제품을 홍보하지 않습니다. 멋진 파워포인트 프레젠테이션을 만들 때 알아야 할 모든 내용을 담았고, 다른 제품 소개는 전혀 없습니다"라며 내 제품의 피드백을 유리하게 활용했을 수도 있다. 물론 이런 식의 저격은 말도 안 되는 소리고, 내가 다른 제품을 홍보하지도 않았지만, 경쟁사가 관심만 기울였다면 나를 충분히 매장시킬 수 있었다. 경쟁사의 피드백을 왜 확인해야 하는지 알려주는 좋은 사례다. 한편, 자기 제품의 피드백도 확인하며 세일즈 카피를 개선해나가야 한다.

조사하기에 좋은 또 다른 창구는 고객이 자주 묻는 질문(FAQ) 게시판과 이메일 문의다. 이 둘은 금광이나 다름없다. 부정적인 피드백이나 불만 사항을 읽고 싶어 하는 사람은 없지만, 그로써 훨씬 돈을 많이 벌 수 있다면 해야만 하는 동기는 충분한 셈이다.

카피를 쓰기로 마음먹었다면 계획 단계에 오디언스 조사가 포함되어야 한다. 이런 태도로 접근해야 한다. '세일즈레터, 엽서, 이메일을 써야 하는데, 몇 시간 정도 조사할 시간을 가져야 해. 책을 판매한다면 베스트셀러를 조사해야 하고, 소프트웨어 제품을 소개하는 세일즈레터를 쓴다면 소프트웨어 시장을 조사해야 해.' 조사를 카피라이팅 과정의 일부로 삼아야 한다. 워드프로세서를 열고는 뭘 써야 할지 고민하며 깜빡이는 커서를 노려보느니 조사부터 하길 바란다! 마인드셋이 제대로 갖춰진다면 엄청난 카피가 나올 것이다.

앞서 말했다시피 카피라이팅은 결국 상승 동력을 끌어올리느냐의 싸움이다. 카피를 쓰기 전에 카피라이팅 엔진을 워밍업해야 한다. 다른 사람들의 글과, 관련 상품을 구매한 고객의 피드백을 읽으며 시동을 건다. 이 훈련으로 카피라이팅 마인드셋을 장착하고 나면 글쓰기를 시작하기도 한결 쉬워진다. 세일즈 카피를 쓰기 전 진행해야 하는 조사에 대해 내가 전할 수 있는 최고의 조언은 이렇다.

- 무조건 하라. 사람들을 사로잡은 세일즈 카피에 담긴 단어, 감정, 아이디어를 파악하라.
- 사람들의 반응을 이해하라. 리뷰를 확인할 수 있는 아마존과 같은 사이트는 금광이나 다름없다.

당신의 것과 유사한 제품을 조사하는 데 몇 시간만 들이면 세일즈 카피를 만들 준비를 마칠 수 있다. 그 결과로 멋진 세일즈 카피가 '훨씬' 빠르게 탄생한다.

요약

- 조사하지 않고 세일즈 카피를 쓰기 시작해서는 안 된다.
- 조사를 통해 더 좋은 카피를 쓰는 데 필요한 언어와 정보를 얻을 수 있다.
- 워밍업부터 하지 않고 키보드 앞에 앉아 딱딱하게 굳은 머리로 카피를 쓰는 건 바보나 하는 짓이다.

고객 중심의 대화

"단순함은 궁극의 정교함이다."

레오나르도 다 빈치

"단순하게 만들어라. 기억에 남게 만들어라. 시선이 가게 만들어라. 재밌게 만들어라."

레오 버넷

오디언스와 소통할 때면 자신이 얼마나 똑똑한지 보여주고 싶어 하는 사람들이 있다. 업계 전문용어와 어려운 말을 섞어 쓰면서 말이다. 자신이 이 분야에 전문적인 지식을 갖추었음을 오디언스에게 알려주고자 한다. 이런 성향은 상품을 가리지 않고 튀어나온다. 드릴을 판매한다면 전압과 토크에 대해 말하기 시작한다. 코칭 프로그램이라면 25년의 경력을 내세우며 대단한 지식이 있다고 드러낸다. 소프트웨어를 판매하는 사람은 기가바이트가 어쩌고 하며 발음하기도 어려운 단어들을 늘어놓는다.

하지만 자신의 똑똑함을 보여주는 진정한 방법은 고객이 이해하는 언어로 소통하는 것이다! 고객이 정신이 하나도 없고, 혼란스럽고, 집중력을 발휘하기 어려울 때조차도 당신의 말을 이해하게 만들어야 영리함이 입증된다. 고객에게 초점을 맞출 때 가능한 일이다. 고객 위주의 카피는 영악한 화법이나 냉소적인 말투, 아는 사람만 아는 농담 등 오해의 소지가 조금이라도 있는 용어는 모두 피한다. 어려운 단어나 업계 전문용어를 쓰거나 아무 설명도 없이 두문자어를 언급하며 자신이 똑똑하다는 것을 보여주려 하지 말라. 이런 화법은 사람들을 혼란스럽게 하고 이내 당신에게서 등을 돌리게 만든다.

세일즈를 하며 배운 것 중 하나는 사람들은 혼란스러울 때 항상 '노 No!'라고 답한다는 점이다. 혼란에 빠진 사람은 결코 지갑을 열지 않는다. 1000명 중 한 명은 다를 수도 있지만 그래서는 돈을 벌 수 없다. 당신이 판매하려는 제품이 고객에게 많은 감정을 불러일으킨다면, 즉 두려움을 느끼고, 타인의 시선을 의식하며, 바가지를 쓸까 봐 경계하거나, 실수를 할까 봐 걱정하는 고객의 감정을 건드리는 상품을 판매한다면, 의사소통을 아주 분명하게 하는 것이 중요하다. 당신이 사람들에게 전하는 말에 각별히 주의를 기울여야 한다.

나는 모기지 비즈니스에서는 우리가 공지해야 할 내용을 듣고 싶어 하지 않는 고객에 맞춰 복잡한 금융 이야기를 전달하는 법을 배웠다. 예컨대 대출 기관이 바뀔 확률이 아주 높지만 대출 원금은 그대로일 것이고 금리 또한 변동이 없을 거라는 정보를 고객에게 알려야 했다. 이때 나는 2페이지 분량의 약관을 이렇게 설명했다. "대출금을 상환해야 할 기관이 바뀔 겁니다. 고객님께서는 매달 누구 앞으로 수표를 써서 어디로 보내야 하는지만 신경 쓰시면 됩니다." 사람들의 불안을 낮추는 데 무척이나 효과적인 화법이라, 모기지 기업의 부회장이 내게 대출 담당 직원들을 대상으로 고객에게 정보를 고지하는 방법을 교육시키라고 했다. 이 경험으로 나는 타깃 오디언스가 좋은 의사결정을 할 수 있도록 이들이 이해하는 언어를 사용하는 법을 배웠다. 그들의 언어를 쓰지 않으면 듣는 사람은 바보가 된 것 같은 기분을 느낀다.

- 바보가 된 듯한 기분이 들면 사람들은 당신에게 지갑을 열지 않는다.
- 놀림을 받거나 무시당한다고 느끼면 사람들은 당신에게 지갑을 열지 않는다.

- 본인 수준보다 너무 높다고 느끼면 사람들은 당신에게 지갑을 열지 않는다.
- 중언부언하며 혼란스럽게 만들면 사람들은 당신에게 지갑을 열지 않는다.

때문에 당신은 타깃 오디언스가 쓰는 언어를 사용해야 한다.

- 그들이 이해하는 쉬운 단어로 말해야 한다.
- 단문으로 전달해야 한다.
- 당신의 생각을 순서대로 잘 정리해야 한다.

이렇게 할 때 타깃 오디언스에게 더 큰 만족감을 줄 수 있고 당신이 원하는 결과를 이들에게서 유도해낼 수 있다. **어려운 말을 피해야 한다.**

혼란을 야기할 수 있는 글을 쓰는 나의 비밀 전략은 세상 이치에 밝은 아내에게 먼저 보여주는 것이다. 아내는 119 신고 접수자로 7년간 일한 뒤 경찰서 접수처에서 5년 근무했다. 그녀는 수많은 일을 직접 보고 경험하며 인간에 대해 누구보다 착실하게 배웠다. 좋은 소식은 아내가 대학을 졸업하지 않았다는 것이다. 소프트웨어가 작동하지 않으면 아내는 큰 소리로 나를 사무실로 불러 고쳐달라고 한다. 이런 점 덕분에 아내는 카피 피드백을 전해줄 고문 역할에 적임자다. "이것 좀 보고 어느 부분이 이해가 잘 안 가는지 알려줄 수 있어? 좀 이상하다 싶은 부분 좀 알려줄래?" 그런 곳을 짚어내는 데 아내는 탁월한 재능을 보인다. 나는 어머니에게도 같은 부탁을 한다.

당신은 아는 그 무언가를 잘 모르는 사람을 찾아 세일즈 카피를 보여주고 이해가 되는지 물어봐야 한다. 만약 상대가 이해했다면 지금 제대로 하고 있는 것이다. 세일즈 카피의 피드백을 전해주는 훌륭한 고문 역할을 수행하기 위해서 상대가 반드시 타깃 오디언스에 속해야 하는 것은 아니다. 도리어 타깃 오디언스가 아닌 편이 낫다.

지금까지의 이야기를 한마디로 요약하자면 이것이다. 당신의 이상적인 잠재고객에게 직접 와닿는 세일즈 카피를 만들어라. 이때 한 집단이 아니라 한 사람을 대상으로 카피를 써야 한다. 주변 사람 중 타깃 오디언스를 완벽하게 대표하는 사람(SECRET 8에 등장한 프레드를 기억하는가)에게 쓰는 글이라고 생각하는 것이다. 좀처럼 아이디어가 나오지 않을 때 특히나 효과가 좋은 방법이다.

실제 경험담을 하나 들려주겠다. 친구 조지는 내 오디언스를 대표하는 인물이다. 세일즈레터나 영상 세일즈레터, 어떤 종류의 카피든 아이디어가 떠오르지 않을 때면 곧장 난 이렇게 적는다. "안녕, 조지. 네가 알면 좋을 소식이 하나 있어." 조지를 대상으로 삼는 것은 이메일 티저를 쓰는 데 큰 도움이 된다. 나는 메일을 지나치게 장황하게 쓰는 편이라, 다섯 줄이면 되는 내용을 50페이지나 작성하기 때문이다. 이메일 티저가 너무 길어진다 싶으면 전부 삭제한 뒤 조지에게 메일을 쓴다.

제목: 내가 멋진 소프트웨어를 하나 발견했어

안녕, 조지. 좀 전에 굉장한 소프트웨어를 하나 발견했어. 네가 _____에 관심이 있잖아. 이 소프트웨어 꽤 괜찮더라고. 이런 거, 이런 거, 이런 거 가능하니깐 한번 확인해보길. 링크 첨부할게. [링크] 조만간 보자고. 그럼 이만. 짐.

특정인을 대상으로 쓴 메일 형식이 99퍼센트의 경우 다른 어떤 것보다 뛰어난 성과를 낸다. 수백만 명이 당신의 세일즈 메시지를 읽더라도 당신이 메시지를 전달하는 대상은 한 번에 한 사람이라는 사실을 명심하길 바란다.

요
약

- 사람들은 혼란스러울 때 항상 '노!'라고 답한다.
- 메시지를 직접적이고 단순하게 전달한다.
- 어려운 용어는 피하고 사람들에게 바보가 된 것 같은 기분을 느끼게 하지 않는다.
- 당신이 얼마나 똑똑한 사람인지를 보여주는 게 아니라, 당신이 그들을 얼마나 도울 수 있는지를 보여줘야 한다.

추천사가 없을 때 유용한 전략

"자기 제품이 세계 최고라거나 가장 싸다는 이야기를 하도
듣다 보니, 이제 사람들은 이런 말을 걸러서 듣는다."

로버트 콜리어 Robert Collier

세일즈레터의 달인이자 성공학의 고전 『성취의 법칙』의 저자

"지금 주어진 것으로 당신의 위치에서 할 수 있는 일을 하라."

시어도어 루스벨트

드디어 완성했다. 갖은 노력 끝에 책을 집필하고, 소프트웨어를 만들고, 서비스를 고안하고, 문에 코칭 비즈니스 팻말을 내걸었다. 하지만 아직 추천의 글을 단 하나도 받지 못했다. 이 점을 극복하지 못할 대단한 핸디캡으로 생각하는 사람들이 있다. 추천의 글, 피드백, 유명인의 홍보글, 리뷰 등이 들어간 세일즈 카피를 많이 봤지만, 자신은 적을 것이 하나도 없는 듯하다며 굉장히 신경 쓴다.

추천사가 비즈니스 동력을 마련하고 세일즈 메시지의 효과를 높이는 데 분명 도움을 준다. 하지만 적어도 세일즈 카피와 세일즈 프로세스에서 당신이 정말 걱정해야 할 것은 **증거**다. 대부분의 사람은 당신의 세일즈 카피를 읽고 결국 이렇게 생각할 것이다. '좋아, 다 좋은데, 내가 왜 당신 말을 믿어야 하지? 내게도 효과가 있을까? 다른 사람들에게 효과가 있었을까? 진짜 이게 나한테 필요한가?'

추천사가 필요하다고 생각하는 이유도, 추천사가 없다고 초조함을 느끼는 이유도 사실 증거가 부족하기 때문이다. 세일즈 카피에서 추천사는 보통 당신의 주장과 제안 아래에 자리한다. 따라서 당신은 헤드라인으로 잠재고객을 끌어당기고, 멋진 불릿으로 이들의 호기심을 자극한다. 상품 정보까지 제공하고 나면 고객은 그 순간 구매할지 고민하기 시작한다. 바로 이때 많은 사람이 이렇게 반응한다. '좋아, 다 좋은데, 이미 다 들어본 것들이라고. 내가 왜 당신 말을 믿어야 하지?'

당신이 전달하는 메시지에 중요한 의미가 있고, 고객에게도 분명 이득이 있을 거라는 증거가 필요하다. 상품에 국한된 추천사 말고도 활용할 수 있는 증거 요소는 많다. 이상적으로는 당신의 제품이나 서비스, 소프트웨어 등을 사용한 사람이 남긴 결과 중심적 추천사가 있을 것이다. 대단한 효과를 경험한 사람이 "직접 써봤어요. 이런저런 결과를 경험했어요. 굉장했고, 내 삶을 바꿔놓았어요. 이게 그 증거예요"라고 이야기해주는 것이다.

결과 중심적 추천사가 당신이 원하는 추천사 유형이다. 하지만 건강, 금융, 뱅킹, 투자 등과 같은 분야에서는 특히 주의해야 한다. 이런 식의 추천사가 지켜야 하는 조건들이 있다. 명시해야 할 경고 문구와 고지 의무 사항이 있다(직접 찾아볼 수 있다). 정부 기관에서는 건강 또는 금융 업계에서 어떠한 주장을 하는지에 특히나 엄격하다. 즉, 결과 중심적 추천사는 신중히 접근해야 하고 절대로 지어내서는 안 된다.

또 다른 추천사 유형으로는 당신과 당신의 회사에 관한 것이 있다. 추천사를 받기가 상대적으로 쉽다. 함께 일했던 거래처나 당신을 아는 사람에게 웹사이트에 올릴 당신 또는 당신 회사에 대한 추천사를 부탁하면 된다. 당신을 친구나 동료에게 어떤 사람으로 소개하겠는지 묻고 사이트에 게시해도 되는지 허락을 구한다. 아주 간단한 일이다.

그 다음으로는 유명 인사의 홍보글이 있다. 유명 인사는 당신의 틈새 시장에서 알려진 사람이면 된다. 내가 2001년 전자책을 출간해 온라인 사업 무대에 올랐을 때, 게릴라 마케팅Guerilla Marketing에 관한 책을 여러 권 저술한 제이 콘래드 레빈슨Jay Conrad Levinson에게 추천사를 받았다. 내 전자책을 보낸 후 그에게 몇 마디 전해줄 수 있을지 부탁하자 그가 홍보글을 써준 것이다. 굉장한 일이었다! 모르는 사람에게 제품을 한번 봐줄 수 있을지 물어서 잃을 게 전혀 없다. 그러니 타깃 오디언스가 알 만한 사람들에게 보내서 홍보해줄 수 있는지 물어보길 바란다. 보통은 거절하겠지만, 한두 명만 승낙하더라도 당신의 삶을 바꾸기에는 충분하다!

유명 인사의 홍보 다음으로 활용할 수 있는 것은 당신이 사람들에게 전하는 메시지를 뒷받침하는 통계자료다. 찾아보면 온갖 주제로 수많은 연구와 통계가 있다. 구글에서 주제를 입력한 뒤 '통계' 또는 '연구'를 붙여 검색하면 된다. 한 가지 예시를 들어보겠다. 내가 쓴 『혼자서도 할 수 있는 집 매도Selling Your Home Alone』의 세일즈 메시지를 뒷받침할 증거 자료가 필요한 상황이다. 그래서 당신은 구글에 '집주인 직거래 매매 통계'를 검색한다. 부동산중개인협회National Association of Realtors에 따르면 직거래 매매 중 열에 아홉은 실패하거나, 중단되거나, 30일 내로 부동산 중개인의 손에 넘어간다. 당신은 이 정보를 증거 자료로 활용해 이렇게 쓸 수 있다. "통계에 따르면 주인 직거래 매매 중 열에 아홉은 실패합니다. 그 아홉 명 중 한 명이 되지 마세요. 당신에게 이 책이 필요한 이유입니다!" 이러한 통계자료를 당신이 주장하고자 하는 바를 뒷받침할 증거로 삼아야 한다.

인용문도 증거 자료로 활용할 수 있다. 당신이 판매하는 상품이나 사람들에게서 이끌어내고 싶은 행동에 적용 가능한 인용문을 찾아라. 이 인용문을 적절한 상황에 활용해 신뢰를 쌓고, 당신이 파는 물건을 구매하는 게 현명한 결정이라는 생각을 심어주는 것이다.

추천사가 없다고 해도 당신의 세일즈 카피에 활용할 수 있는 증거 요소가 이렇게 다양하게 마련되어 있다.

짧은 이야기를 하나 들려주겠다. 내 첫 책인 『혼자서도 할 수 있는 집 매도』의 추천사를 받기 위해 내가 한 일 중 하나는 혼자서 집을 매도하려는 사람들에게 무료로 책을 제공하는 것이었다. 이렇게 말하며 책을 건넸다. "제 책입니다. 도움이 될 것 같아서요. 만약 제 책이 정말 도움이 되었다면 추천사를 써주실 수 있을까요? 혹시 궁금한 점이 있다면 언제든지 알려주세요." 딱 이렇게만 말했다. 결과는 어땠을까? 책을 주며 부탁을 했을 뿐인데도 수많은 추천사를 받았다.

이 비밀을 실제로 어떻게 적용할까? 추천사가 없다고 해서 주눅들 필요 없다. 결과 중심적 추천사가 없다면 앞서 설명한 다양한 선택지를 이용하면 된다. 당신의 주장을 입증해줄 증거를 찾기 위해 하나 이상의 방법을 찾고 시도해보길 바란다. 추천사를 받는 가장 빠른 방법은 사람들에게 각각 다른 자료를 주고 제품이나 당신이란 사람 또는 제품이 속한 분야의 전반적인 주제에 대해 추천사나 홍보글을 써줄 수 있는지 묻는 것이다.

추천사가 없다고 발목이 잡혀서는 안 된다. 잔뜩 불안해하며 한심한 소리를 늘어놓는 사람들이 있다. "나는 이런 것들이 하나도 없으니 상품을 팔 수 없겠어." 사실이 아니다. 추천사가 매출을 늘리는 데 도움이 될까? 그럴 가능성이 물론 높다! 하지만 상품을 많이 팔려면 일단 조금이라도 팔려야 한다. 조금이라도 판매를 발생시키려면 먼저 어떻게든 상품을 시장에 출시해 고객에게 제시해야 한다!

요약

- 추천사가 없다고 거기에 얽매이면 안 된다.
- 당신에게서 구매하겠다고 결정하는 데 불안감을 느끼지 않도록 고객에게 증거를 제시해야 한다.
- 증거는 유명 인사 홍보글, 통계자료, 세일즈 메시지를 뒷받침하는 인용문까지 다양하다.
- 무료로 상품을 제공하는 대가로 솔직한 후기를 요청한다.

실패하지 않는
세일즈 공식 3가지

"팔리지 않으면, 문제는 제품이 아니라 당신에게 있다."

에스티 로더Estee Lauder

미국 화장품 브랜드 에스티로더 설립자

SECRET 8에 등장한 '프레드', 당신의 아바타를 이해하는 것이 무척 중요하다.

- 어떤 문제를 갖고 있는가?
- 어떤 의문을 갖고 있는가?
- 가로막는 걸림돌은 무엇인가?
- 원하는 결과는 무엇인가?

프레드를 이해하지 못하면 이제부터 소개할 공식을 활용할 수 없기 때문이다. 따라서 조사부터 해야 한다. 한두 시간 제대로 조사를 하며 프레드를 이해한 뒤에 이 세 가지 공식을 따른다면 한 번 또는 두 번을 넘어 남은 평생 지속될 성공을 거두게 될 것이다. 이 공식은 20쪽 분량의 세일즈레터에도, 1분짜리 영상 세일즈레터 광고에도, 10분짜리 세일즈 토크 **sales talk 구매를 유도하는 설득—옮긴이**에도 적용된다. 세일즈 메시지라면 어디에나 적용할 수 있다.

세일즈 메시지를 구성하는 법

공식 1 **문제/동요/해결.** 어디에나 적용할 수 있어 내가 가장 좋아하는 공식이다. 세일즈 메시지를 세 단계로 구성하는 것이다.

a. 고객이 마주한 문제를 정의한다.
b. 동요시키고, 악화하고, 고통스럽게 만든다.
c. 당신의 제품 또는 서비스를 솔루션으로 제시하며 문제를 해결한다.

중요한 것은 악화해야 한다는 점이다. 훨씬 심하게 악화시킨다! 여기서 마법을 부리는 주인공은 '동요'다. 이 공식은 우편이든, 메일이든 20쪽 분량의 세일즈레터에도, 한 페이지짜리 레터에도 적용할 수 있다. 어디서나 효과를 발휘한다. 사람들이 어떤 문제를 안고 있는지 인지했다면 이제는 이들을 그냥 가만히 두어서는 안 된다.

첫 번째 사례: 반려견 훈련

○ **문제를 언급한다**: 당신의 반려견이 다른 사람을 물 듯이 짖거나 행동한다면, 하루빨리 통제해야 합니다.

○ **동요시킨다**: 통제하지 못하면 자칫 고소를 당할 수 있습니다. 반려견이 어린아이를 다치게 할 수도 있습니다. 잠깐의 사고로 남은 평생을 경제적 부담은 물론 죄책감까지 짊어지고 살 수도 있습니다. 반려견이 아무리 착하고 순하다 해도 제대로 훈련시키지 못한다면, 당신은 평생 재정적인 어려움을 겪게 될지도 모릅니다.

○ **해결책을 제시한다**: 다행스럽게도 이를 해결할 방법이 있습니다. 〈강아지를 훈련시키는 완벽 가이드〉는 공격성 문제는 물론 배변 훈련, 재주 습득까지 모두 다루어 반려견을 더욱 행복하고 건강한 가족 구성원으로 만들 수 있습니다.

이렇게 하면 된다. 이메일을 보내 고객을 사이트로 유도하려는 영상 세일즈레터든, SNS 게시물이든, 페이스북 라이브든, 어디에서나 활용할 수 있다. 이것이 바로 문제/동요/해결 공식이다.

두 번째 사례: 부동산 플리핑

○ **문제를 언급한다:** 부동산 플리핑을 꿈꾸는 사람은 비단 당신만이 아닙니다.

○ **동요시킨다:** 설상가상으로 한 번씩 플리핑 세미나가 열릴 때마다 당신처럼 좋은 매물을 구하기 위해 수많은 사람이 몰려듭니다. 즉 매물을 찾기가 어려워질 뿐 아니라, 시장에 유입된 풋내기들이 더 많은 돈을 들고 달려드는 바람에 매물을 찾았다 해도 수익성이 점점 더 낮아진다는 뜻입니다. 계약을 성사하기도 전에 이미 수익성이 없는 매물이 되고 말 겁니다.

○ **해결책을 제시한다:** 다행스럽게도 이를 해결할 방법이 있습니다. 〈숨은 플리핑 매물 탐정〉이 아직 시중에 나오지 않은 좋은 매물을 찾는 법을 알려 드립니다. 꽁꽁 숨어 있는 매물을 누구보다 발 빠르게 찾고, 자금을 구하고, 계약을 성사시키는 방법이 모두 담겼습니다.

세 번째 사례: 부부 상담

○ **문제를 언급한다:** 배우자와의 대화가 예전 같지 않나요? 요즘에 조금 이상하다고만 생각하고 넘길 수도 있습니다.

○ **동요시킨다:** 하지만 진짜 문제는 따로 있습니다. 다시 관계를 회복하지 못한다면 통계상 이혼으로 끝날 확률이 굉장히 높습니다. 그러지 않더라도, 당신은 사랑하는 연인 또는 가장 친한 친구가 아닌 그저 불편한 룸메이트와 하루하루를 불행하게 지내게 될 것입니다. 아이 때문에, 또는 집 대출금 때문에 어쩔 수 없이 같이 사

는 관계가 되는 것이죠.

○ **해결책을 제시한다**: 다행스럽게도 해결책이 있습니다. 〈부부관계 회복 가이드〉에는 관계를 회복하고, 솔직한 대화를 나누고, 서로를 감사히 여기는 법이 모두 담겼습니다. 처음 서로에게 느꼈던 그 불씨를 다시 살릴 수 있도록 해줍니다. 배우자와 이 세상을 함께 헤쳐나가는 한 팀이 될 수 있습니다. 결혼 전 서로에게 느꼈던 그 감정을 되찾으세요.

이렇게 문제/동요/해결 공식이 완성되었다. 어떤 상품에도 활용할 수 있고, 콜드 트래픽을 대상으로 특히나 효과가 좋다.

공식 2　**혜택×3.** 긍정적인 메시지를 전달하는 방법으로, 고객의 문제가 아닌 욕망에 초점을 맞추고 싶을 때 활용하라. 혜택, 혜택, 그리고 혜택을 나열한 뒤 고객에게서 이끌어내고 싶은 행동을 말하면 된다.

반려견 훈련
(공격성을 잠재우는 것이 아니라 반려견에서 멋진 재주를 가르치는 접근

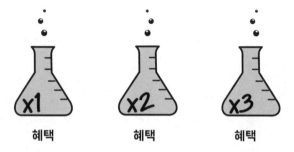

혜택　　혜택　　혜택

이다. 멋진 재주를 선보일 줄 아는, 훈련이 잘 된 반려견과 함께한다면 더욱 즐거울 것이다.) 강아지를 훈련시키고 싶다면, 멋진 재주를 가르치고 싶다면, 또는 반려동물과 좀 더 즐거운 삶을 영위하고 싶다면, 〈일주일 만에 반려견에게 가르칠 수 있는 재주 10가지〉 강좌를 확인해보시길 바랍니다. 이 강좌를 통해….

부동산 플리핑

좋은 매물을 누구보다 발 빠르게 찾고 싶다면, 찾아 헤매지 않아도 새로운 매물이 꾸준하게 들어오도록 하고 싶다면,『플리퍼 파라다이스』를 한번 살펴보시길 바랍니다. 이 책을 통해….

부부 상담

배우자와의 관계에서 불꽃을 되살리고 싶다면, 처음 결혼했을 때의 감정을 다시 느끼고 싶다면, 또는 세상에서 가장 친했던 친구를 되찾고 싶다면,『부부관계 회복 가이드』가 필요한 때입니다. 이 책을 통해….

두 번째 공식은 이처럼 간단할 뿐 아니라 핫, 웜 트래픽에 보통 효과가 좋다.

공식 3   비포/애프터/브리지. 이 공식은 신경언어 프로그래밍Neuro Linguistic Programming, NLP(언어로 행동을 유도하는 실용심리학 연구 분야)의 개념을 일부 차용해 만들었다.

| 비포 | 애프터 | 브리지 |

a. **비포로 시작한다.** 현재 상태를 이야기한다. 고객은 보통 문제, 의문, 걸림돌, 행복을 가로막는 요인을 경험하고 있다.

b. **애프터를 제시한다.** 미래가 어떻게 달라질지 상상하게 만든다. NLP에서는 '미래 연상 기법Future Pacing'이라고 한다. "부정적인 요소가 사라진 당신의 삶, 환경, 비즈니스, 결혼 생활 등을 떠올려보세요." 고객의 문제가 해결되거나 의문이 해소되고, 걸림돌이 사라진 그림을 제시할 때 고객은 불행에서 행복으로 감정 상태가 달라진다. 이 행복한 감정을 당신의 상품에 연결해야 한다.

c. **브리지(다리를 놓는다).** "행복에 이르는 길이 여기 있습니다. 이 제품입니다. 이 서비스입니다. 이 방법입니다. 이렇게 하면 현재의 위치에서 원하는 목적지로 갈 수 있습니다."

반려견 훈련

○ **비포로 시작한다:** 반려견이 말을 듣지 않습니다. 갑자기 달아나 거리로 나갈까 봐, 그러다 도로에 뛰어들어 차에 치일까 봐 걱정되기 마련입니다. 다른 강아지와 싸우는 일이 생길 수도 있습니다. 어쩌면 이웃에 사는 어린아이를 물어 심각한 법정 공방에 휘말릴지도 모릅니다.

∘ **애프터를 제시한다:** 반려견이 당신의 말을 잘 들으면 얼마나 좋을지 상상해보세요. 주인을 무서워해서가 아니라 사랑해서 따르는 모습을요. 목줄 없이도 나란히 산책하고 온갖 재주를 부리는 반려견과 함께하는 시간이 무척 즐거울 겁니다. 다른 사람에게 공격성이나 잘못된 행동을 내보일까 봐 걱정하지 않아도 됩니다. 반려견과 깊은 유대를 나누며 행복한 삶을 함께할 수 있습니다.

∘ **브리지:** 그 방법이 여기 있습니다. 〈반려견 훈련 비법〉으로 (혜택), (혜택), 그리고 (혜택)을 누릴 수 있습니다. 이렇게 하면 됩니다.

부동산 플리핑

∘ **비포로 시작한다:** (당신의 아바타가 매물 찾는 방법을 궁금해하는 상황이다.) 지금 당신은 이런 상황입니다. 남들보다 빨리 매물을 찾는 법을 모릅니다. 매일같이 광고를 들여다보고, 생활 정보 사이트를 체크하고, 발품을 팔며 집주인 직거래 매물을 찾아 헤매고 있죠. 문제는 남들도 다 그렇게 한다는 것입니다.

∘ **애프터를 제시한다:** 함께 비즈니스를 하고 싶다고 쉴 새 없이 전화가 이어지는 부동산 투자자의 삶을 상상해보길 바랍니다. 당장 조달할 수 있는 자금원이 넘치는 나머지 원하는 계약은 무엇이든 할 수 있습니다. 가장 좋은 매물은 당신이 취하고 나머지는 다른 투자자들에게 넘겨 계약 건마다 중개 수수료도 받을 수 있습니다.

∘ **브리지:** 어떻게 하면 이렇게 될 수 있을지 알려드리겠습니다. 〈플리퍼 파라다이스〉로 (이것도) 가능하고 (저런 것도) 가능합니다. 다시 말하자면…

부부 상담

○ **비포로 시작한다:** 아마도 지금 이런 상황에 처해 있을 겁니다. 배우자와 아주 좋지도 않지만 그렇다고 아주 나쁘지도 않은 그저 그런 관계일 겁니다. 배우자를 마주치면 대화도 나누고 포옹도 하고, 한 번씩 사랑도 나누죠. 하지만 전반적으로 예전과 뭔가 달라진 것만 같고, 둘이 왜 함께 사는지조차 모르겠다는 생각이 들기 시작할 겁니다.

○ **애프터를 제시한다:** 배우자를 볼 때마다 처음 만났을 때의 그 감정이 되살아난다면 어떨까요? 연애 시절의, 데이트를 하던 때의 그 감정을 다시 느낄 수 있다면 어떨까요? 함께 있는 시간이 그 어떤 시간보다 소중해질 겁니다. 퇴근 후 집에 먼저 온 당신은 배우자가 언제 올까 애타게 기다리겠죠. 얼른 주말이 와서 함께 시간을 보내고 이런저런 것들을 함께하고 싶다고 생각할 겁니다.

○ **브리지:** 그저 꿈만 같은 이야기가 아닙니다. 당신도 이렇게 될 수 있습니다. 바로 이렇게 하면 됩니다. (그러고는 당신의 상품, 서비스 등으로 원하는 바를 이룰 수 있다고 설명하면 된다. 이 공식은 모든 트래픽 온도에 효과를 발휘한다!)

이렇게 세 공식을 모두 설명했다. 어디서 사용할 수 있을까? 상품을 판매하고 싶다면 어디서든, 어떤 목적으로든 활용할 수 있다. 블로그 게시글, SNS 게시글, 이메일 티저 어디든 적용할 수 있다. 세일즈 프로세스를 시작하고 싶은 곳 어디서나 효과를 발휘한다.

- 이 세 가지 세일즈 공식은 확실히 효과가 있다!

- 사람들의 심리를 움직여 무언가를 구매하도록 유도한다.

- 각각의 공식을 실험해본 뒤 당신의 오디언스에게 가장 잘 맞는 공식을 찾아라.

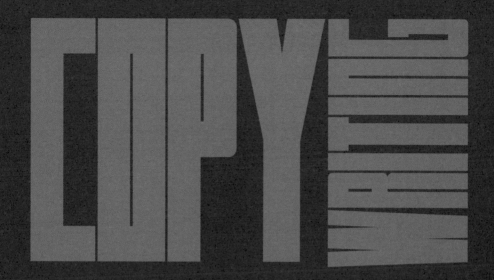

PART 3

전략 실행하기

어중간해선 돈을 벌 수 없다

효과적인 세일즈레터 형식

"원하는 것을 얻도록 충분히 많은 사람을 돕는다면, 당신도
삶에서 원하는 것을 무엇이든 얻을 것이다."

지그 지글러 Zig Zigler

세계적인 자기계발 연설가이자 세일즈맨, 『세일즈 클로징』 저자

세일즈레터를 놓고 이런 질문이 생길 수도 있다. "어떤 형식이 제일 좋을까요? 영상 세일즈레터? 장문 세일즈레터? 단문 세일즈레터?" 분량이 중요하다고 생각하는 사람도 있다. 이 질문에 개인적인 의견을 들려주고 이어 전문적인 답변을 전하겠다.

개인적인 의견

영상 세일즈레터로 시작하는 게 좋다. 그 이유가 뭘까? 이는 어떤 아이디어를 실험하거나, 상품을 판매하거나, 새로운 퍼널을 시작할 때 제안을 가장 빠르게 제시하는 방법이다. 나는 페이지를 이렇게 구성한다.

- 헤드라인으로 시작한다. 뻔한 소리 같은가? 하지만 「SECRET 6 헤드라인 템플릿」에서 설명했듯이 헤드라인은 세일즈 카피에서 가장 중요한 요소다.
- 영상을 삽입한다.
- 영상 바로 아래에 구매 버튼을 넣는다.

이렇게 끝낼 때도 있지만 어떤 경우 아래의 사항을 덧붙인다.

- 구매 버튼 아래에 호기심을 자극하는 멋진 불릿을 4~6개 작성한다.
- 환불 보증 제도를 명시한다.
- 고객이 무엇을 얻게 될지 요약한다.
- 다시 한 번 구매 버튼을 삽입한다.
- 클로징 카피를 넣는다.

- 추신을 더해 영상 세일즈레터에서 소개한 주요 혜택을 다시 한 번 언급한다.

자동으로 재생되는 영상에 불편함을 느끼는 사람들도 있다. 실로 이에 반감을 품은 사람들이 계속 늘어가는 추세고, 크롬 브라우저는 기본적으로 음량이 켜진 영상의 자동 재생을 제한한다. 보통은 영상 아래 구매 버튼을 넣고 그 뒤에 상품이나 소프트웨어, 서비스에 관한 정보를 담은 불릿을 3개에서 6개 정도 나열하면 된다. 이 둘의 순서를 변경해 영상 아래 불릿을 넣고, 그 아래 구매 버튼이 오게 할 때도 있지만 나는 주로 영상 바로 아래에 구매 버튼을 넣는 편이다. 환불 보증 제도와 고객이 무엇을 얻게 될지를 요약하는 내용도 넣는다. 말 그대로 요약에서는 고객이 이런저런 것들을 얻게 될 거라고 (글머리 기호를 써서) 나열한다. 그리고 다시 한 번 구매 버튼을 넣는다. 마지막으로 클로징 카피를 적고 추신을 더한다. 추신의 내용은 영상 세일즈레터에서 소개한 주요 혜택을 다시 언급하는 정도다. 나는 200~300달러 이하 상품의 영상 세일즈레터를 보통 이렇게 만든다. 왜 이런 패턴으로 구성할까?

- 빠르다. 적절한 도구와 지식만 갖추면 영상 세일즈레터는 하루 만에 완성할 수 있다.
- 사람들이 이해하기가 쉽다. 영상 세일즈레터로 트래픽을 불러온 후 사람들이 어떻게 반응하는지 살피고, 세일즈 카피의 목적에 따라 매출, 옵트인, 클릭 등의 결과를 지켜본다.

그렇다면 장문 세일즈레터의 시대는 끝난 걸까? 누가 뭐라 하든 장

문 세일즈레터가 끝났다는 말을 믿지 않길 바란다. 나는 지금도 장문 세일즈레터를 활용한다. 효과적이기 때문이다.

영상 세일즈레터 아래에 왜 장문의 카피를 써야 할까? 가격이 높은 아이템을 판매하고, 구매 결정을 내리기까지 고객에게 더 많은 정보가 필요할 때는 장문 세일즈레터를 써야 한다. 경험상 한 시간 분량의 영상 세일즈레터를 보고 싶어 하는 사람은 없었다. 한 시간짜리 웨비나에는 참여해도 그 정도 분량의 영상은 보지 않는다. 때문에 장문 카피로 사람들에게 더 많은 정보를 제공해야 할 때가 있다. 고가의 상품, 특히나 전문적인 상품인 경우 고객은 자세한 정보가 필요하다. 충분한 데이터를 제공해 고객이 결정을 내릴 수 있도록 해야 한다.

장문 카피를 쓸 때도 역시 헤드라인으로 시작한다. 세일즈 영상도 넣는다. 그런 뒤 구매 버튼을 삽입하고, 그 아래 장문 세일즈레터를 적는다. 장문으로 쓰니까 영상은 넣지 말아야 하는 법은 없다. 한편 장문 세일즈레터의 내용과 영상 세일즈레터의 내용이 겹쳐도 무방하다. 실제로 이 두 개가 완전히 똑같은 경우도 있다. 장문 세일즈레터에 영상 내용을 그대로 받아 적은 것이다. 어쩌면 영상 세일즈레터를 만드는 데 사용한 대본을 그대로 실은 것일 수도 있다.

같은 페이지에 영상 세일즈레터와 장문 세일즈레터를 둘 다 넣는 이유는 무엇일까? 사람들은 둘 중에 하나만 확인하기 때문이다. 또한 회사에 있거나, 영상의 소리를 듣지 못하는, 또는 듣고 싶지 않은 상황일 수도 있다. 이 경우에는 카피만 읽을 것이다. 장문 세일즈레터를 출력해서 읽는 사람도 있다. 또한 글을 선호하는 사람이 있고, 영상을 선호하는 사람이 있다. 어떤 이들은 둘 다 확인할 것이다. 실제로 영상을 다 본 후 장문 세일즈레터까지 확인하고 구매를 할지 말지 결정하는 사람도 있다.

그럼 단문 세일즈레터는 언제 사용할까? 보통 가격이 상대적으로 낮은 상품을 판매할 때 사용한다. 15달러에서 20달러 상품을 판매하는 데 30분짜리 영상 세일즈레터나 30쪽 분량의 세일즈레터는 필요하지 않다. 이런 상황에서 너무 긴 메시지는 도리어 상품을 과대 포장하는 모양이고, 사람들이 의심스럽게 생각할 수 있다.

실물 제품과 같이 많은 설명을 덧붙이지 않아도 되는 것에는 짧은 세일즈레터나 세일즈 영상을 사용할 수 있다. 제품을 손에 들고 "한번 보세요. 이런 게 있습니다. 이런 기능이 있고요. 당신이 얻게 될 혜택은 이와 같습니다. 왜 구매해야 하는지 지금부터 설명하겠습니다"라는 식으로 영상을 찍으면 된다. 가격이 높지 않고 설명이 많이 필요치 않은 제품에는 단문 세일즈레터가 적절하다. 카피가 길면 사람들은 이렇게 생각한다. '너무 부풀려서 이야기하는데. 좀 미심쩍어.'

핵심을 말하자면, 99.99퍼센트의 경우 나는 영상 세일즈레터를 1번으로 선택한다.

전문적인 답변

영상, 장문, 단문 세일즈레터 중 무엇이 가장 효과가 좋은지 테스트하길 바란다. 한 가지 주의 사항을 전하자면, '완전 전문가'라는 사람들의 이야기를 경계해야 한다. 이들은 대체로 어디에는 반드시 특정 방법을 택해야 한다고 말한다. 그러나 영상 세일즈레터, 장문 세일즈레터, 단문 세일즈레터를 비교해서 시험해보기 전에는 누구도 뭐가 나은지 말할 수 없다. 당신의 특정한 오디언스에게 적합한 세일즈 카피를 작성하는 일은 과학인 동시에 예술로 접근해야 하는 과정이다. 판매를 하다보면 자신에게 잘 맞고 성과도 나오는 패턴을 발견하기 마련이다. 소위 전문가들은 자신의 방식이 항상 결과를 약속한다고 생각한다. 때문에 다른 사람들에게도 그 방법이 절대적이라고 말하는 것이다.

사례를 하나 들려주겠다. 빨간색 헤드라인이 더는 먹히지 않는다고 말하는 한 인터넷 구루가 있었다. 당시에는 다들 헤드라인을 빨간색으로 적어야 한다고 생각하던 때였다. 하지만 그는 이렇게 말했다. "빨간색 헤드라인은 더는 통하지 않습니다. 파란색으로 써야 합니다." 그 말에 따라 다들 헤드라인을 파란색으로 바꿨다. 그랬더니 어떤 일이 벌어졌는지 아는가? 많은 이의 고객 전환율이 떨어졌다. (나를 포함해) 몇몇이 빨간색 헤드라인과 파란색 헤드라인을 비교 테스트했고, 대체로 세일즈 메시지에서는 빨간색 헤드라인이 파란색보다 더 높은 성과를 거둔다는 것을 발견했다. 방문객이 수천 명, 수만 명, 수십만 명이 되자 헤드라인 색이 가져온 차이가 상당히 커졌다. 그 이론을 실험하지 않았던 사람들은 돈을 잃었다. 이게 더 낫다는 다른 사람의 말을 그대로 믿었던 탓이다.

패턴과 공식을 배우는 것은 좋다. 하지만 무엇이 효과가 있을지 알아내려면 당신의 오디언스, 트래픽, 제안에 어떤 방식이 가장 좋은 결과를 내는지 다양한 것들을 이리저리 실험해보는 수밖에 없다. 전에 해봤는데 좋은 결과를 냈다고 한 가지 패턴에 빠지는 것도 경계해야 한다. '괜찮은 정도'에 만족해 더 좋은 결과를 내지 못하는 순간이다. 나 또한 이 점을 항상 경계한다. 늘 같은 방식만 고집하고 테스트를 하지 않는다면 더 벌어들일 수 있는 돈을 날리는 셈이다.

한 가지 사례를 더 들자면, 상향판매upsell고객에게 기존보다 좀 더 비싼 상품이나 서비스를 구매하도록 유도하는 기술—옮긴이 또는 '단 한 번의 제안one-time offer, OTO'(세일즈 퍼널의 일부로 고객 1인당 매출을 전반적으로 높이기 위해 첫 판매 이후 제공하는 제안)이라는 게 있다. 내가 꾸준히 사용하는 세일즈 테크닉이다. 나는 같은 제품을 10년간 팔며 OTO에 무관심했다가 어느 날 한번 진행한 적이 있는데, 그 즉시 수익이 30퍼센트 상승했다. 이를 확인하고는 자동차 문에 내 머리를 찧고 싶었다. 내다버린 지난 10년의 시간이 떠오르며, 더욱 벌 수 있었는데 놓쳤던 돈이 머릿속에서 계산되었다(무려 98만 달러나 되는 금액이었다).

결론은, 여러 세일즈레터 형식을 시험하며 무엇이 더 효과적인지 봐야 한다는 것이다. 앞서 나온 형식에 따라 영상 세일즈레터부터 시작해볼 것을 추천한다. 이런저런 방식으로 테스트해야 가장 효과적이며 좋은 성과를 내는 게 무엇인지 확실히 알 수 있다.

___
요
약

- 확신이 없을 때는 우선 영상 세일즈레터로 시작한다.

- 최선의 방법을 찾기 위해서는 장문, 단문, 영상 세일즈레터를 모두 테스트해서 비교해봐야 한다.

- 한 가지 절대적인 방법을 주장하는 사람을 조심하라. 무엇이든 확실히 알려면 직접 시험해보는 수밖에 없다.

- 한 가지 방식에, 특히나 과거 '좋은' 성적을 거두었던 방식에 고착하려는 마음을 경계해야 한다.

세일즈레터의 요소
13가지

세일즈레터

"광고의 유일한 목표는 판매다. 판매에 따라 광고의 수익성
이 결정된다."

클로드 홉킨스

다양한 광고 및 조사 기법을 창조한 현대 광고의 아버지

굉장한 세일즈레터를 빠르게 작성하고 싶은가? 그렇다면 세일즈레터의 13가지 요소를 배워야 한다. 이 13가지 요소는 차곡차곡 쌓는 레고 블록이다. 다만 세일즈레터는 아래에서 위가 아니라 위에서 아래로 만들어나간다. 13가지 요소에만 집중하면 세일즈레터 하나를 처음부터 끝까지 작성하는 데 그리 부담을 느끼지 않을 것이다. 당신이 해야 할 일은 각각의 요소를 순서대로 만드는 것이다. 세일즈 메시지를 작성하는 거대한 프로젝트를 수행한다고 생각하기보다, 작게 나누어진 13단계를 하나씩 해나간다고 생각해야 접근하기가 쉽다. 파트타임으로 비즈니스를 운영하는 사업가라면 각 요소를 하나하나 시간이 날 때마다 해결하면 된다.

세일즈레터를 작성하는 일은 돌을 하나씩 놓으며 개울을 건너는 것과 비슷하다. 돌 하나를 딛고, 다음 돌로 걸음을 옮기고, 또 그다음 돌로 걸음을 옮기는 과정이다. 돌 하나를 빼먹으면 사람들은 물에 빠져 구매라는 강 건너편까지 도달하지 못할 것이다!

옛날에 양동이로 물을 길러와 불을 끄던 모습을 떠올려보길 바란다. 물을 한가득 실은 소방차가 도착하면, 사람들 10~20명이 일렬로 서서 물을 채운 조그만 양동이를 옆으로 전달했다. 이 중에 한 명이 쓰러지거나 줄에서 이탈하면 전 과정이 멈추고, 건물은 완전히 불타버린다. 세일즈레터의 각 요소들이 정해진 순서에 따라 나란히 서서 물 양동이를 옆으로 전달해주는 역할을 한다.

요소 1　헤드라인

가장 먼저 소개할 헤드라인 패키지는 프리pre 헤드라인, 헤드라인, 서브sub 헤드라인으로 구성된다. 예시는 이렇다.

> 퍼널 해커 여러분께
>
> **비싼 카피라이터를 고용하지 않고도 (10분 만에) 세일즈레터, 스크립트, 웨비나 슬라이드를 작성하는 법!**
>
> (당신이 글쓰기를 싫어해도, 카피라이팅은 조금도 배우고 싶지 않아도, 충분히 할 수 있습니다!)

헤드라인의 목표는 타깃 오디언스의 관심을 사로잡는 것이다. 실제 편지라면 당신의 이름을 적어 '~가 보내는 글'이라고 쓰고 내용을 적었을 것이다.

> **짐 에드워즈가 보내는 글**
>
> ○ **내용**: 클릭 하나로 세일즈 카피 문제를 모두 해결하는 방법

위의 헤드라인 패키지로 내가 무엇을 했는가? 사람들의 관심을 사로잡고, 누가 쓴 글인지 밝히고, 몇 단어만으로 이 글이 무엇에 관한 내용인지 전달했다. 영상 세일즈레터에서 가장 중요한 것은 당신의 첫 마디다.

> 멋진 세일즈레터를 써야 합니까? 안녕하세요. 저는 짐 에드워즈입니다. 앞으로 몇 분 동안 멋진 세일즈 카피를 순식간에 써 내려가는 방법을 보여드리겠습니다.

영상 세일즈레터나 스크립트에서 헤드라인은 처음 몇 문장이다. 첫 시작에는 관심을 끈 뒤 이후 자신이 누구인지 밝히고, 앞으로 어떤 내용이 나올지 설명한다.

요소 2   충격적인 발언

두 번째 요소는 충격적인 발언이다. 대부분의 고객은 약간의 최면 상태에서 세일즈레터를 접한다. 당신이 무슨 말을 하는지, 무엇을 보여주는지, 어떤 글이 적혀 있는지 거의 집중하지 못한다. 대부분 '페이스북 확인해야 하는데', 'X에 뭐 올라온 거 없나 궁금하네', '저녁 메뉴는 뭘로 하지' 같은 생각에 빠져 있다. 이렇듯 주의를 분산시키는 생각이 사람들의 뇌를 장악하고 있다. 이때 당신은 충격을 주어 사람들이 하고 있는 일을 멈추고 당신에게 집중하도록 해야 한다. 충격적인 발언이나 이미지로 할 수 있다. "제 알몸을 좀 보여드릴게요. 트렌치코트를 열어 보이겠습니다" 같은 말을 해야 한다는 뜻이 아니다. 물론 어떤 사이트에는 이런 식의 접근이 먹힐 것이다! 하지만 여기서 말하는 충격적인 발언이란 사람들이 진실이라 믿는 무언가에 반하는 내용을 전하거나 의심스러운 사실을 폭로하는 것이다. '알고 계셨습니까?' 화법을 사용하면 된다.

> 알고 계셨습니까? 세일즈레터를 쓰겠다고 달려든 사람들 대부분이 엄청난 실패를 경험합니다. 심지어 파산하고 집을 잃는 사람들도 있습니다!
>
> 알고 계셨습니까? 특수부대에 지원했다가 거절당하는 가장 흔한 이유는 범죄 전과가 아니라 훈련받기엔 너무 뚱뚱한 몸입니다.
>
> 알고 계셨습니까? 책을 쓰기로 마음먹은 사람들의 99퍼센트가 끝내 글을 완성하지 못하고, 남은 평생을 마치 20킬로그램짜리

무거운 체인을 목에 두른 듯 엄청난 후회에 빠져 삽니다.

세상에나, 이 사람 이야기 좀 들어봐야겠는데!

한 가지 팁을 주자면, SECRET 14에서 추천사가 없는 경우 자료 조사를 해야 한다고 말한 것을 기억하는가? 이 조사를 하다보면 '알고 계셨습니까' 문구에 쓸 수 있는 굉장한 정보를 마주하게 된다. 부동산 직거래를 주제로 내가 쓴 책을 예시로 들어보겠다(좀 전에 구글에 '부동산 직거래 매매 통계'를 검색했다).

알고 계셨습니까? 부동산 직거래에서 집주인 열에 아홉은 완전한
실패를 맛보고 30일 안에 중개인에게 매물을 맡깁니다.

알고 계셨습니까? 부동산 직거래에서 집주인은 중개인보타 평균
5만 9000달러나 낮은 금액에 집을 팝니다.

'이런, 젠장!' 이게 바로 레터를 읽거나 본 사람들에게 나와야 할 반응이다. 하던 일을 멈추고 당신의 말 한 마디 한 마디에 귀를 기울이도록 만들어야 한다.

요소 3 문제 정의

문제를 정의할 때는 SECRET 15에서 소개한 '문제/동요/해결' 공식을 활용한다. 다른 공식도 있을까? 물론 있다. 이 공식이 가장 쉬운 방법일까? 그렇다. 가장 큰 수익을 가장 빨리 내는 방법인가? 틀림없다. 여기서 사람들

이 마주한 문제를 아주 정확하게 알려주어야 한다.

당신이 지금 직면한 문제는 바로 이것입니다. _____

공란만 채워 위의 문장을 그대로 활용할 수 있다. 아주 정확하게 명시해야 한다. 군인들을 대상으로 한 피트니스 틈새시장을 예시로 보여주겠다.

당신이 지금 직면한 문제는 바로 이것입니다. 사회에서 앉아 지내는 시간이 많아지다 보니 청년들은 몸을 건강하게 가꾸고 유지하는 법을 모릅니다.

작가 틈새시장을 예시로 들면 이렇다.

당신이 지금 직면한 문제는 바로 이것입니다. 대부분의 사람은 책을 쓰기가 무척 어렵고 너무 오래 걸린다고 생각한 나머지, 본인이 작가가 될 수 있을 거라는 상상조차 하지 못합니다.

요소 4 동요

문제가 무엇인지 알려주었지만, 이것으로는 충분하지 않다. 이 문제를 고통스럽게 만들어야 한다. 고통스러울수록 해결책이 간절해지고, 자신의 시간과 돈, 집중력을 쏟아 문제를 해결하려고 나서기 때문이다. 문제 단계로 끝내면 사람들은 이렇게 대꾸할 것이다. '글쎄, 난 그렇게 뚱뚱하지 않은데.' '언제 기회가 생기면 책을 완성할 거야.' 이렇게 말하고서 소파에 머리를 기대고는 텔레비전을 보며 과자를 정신없이 입에 쑤셔넣을 뿐 절대로 책을 쓰지 않는다.

"고통스럽지 않으면 구매하지 않는다!"

이제 고통을 가중할 단계다. '즉, _____입니다'라는 문구로 문제를 악화하는 것이다. 이는 「SECRET 9: 불릿 공식」에서 감정을 동요시킬 때 쓰는 문구와 같다는 사실을 눈치챘을 것이다. 다만 여기서는 긍정적인 감정을 자극하는 대신 영혼을 고통에 빠뜨리려 한다!

> 즉, 당신에게는 군대에 입대해서 나라를 위해 봉사할 기회가 결코 주어지지 않을 것입니다.
>
> 즉, 평생 살찐 카우치 포테이토로 살며 잠재력을 발휘하지 못할 것입니다.
>
> 즉, 당신이 마음속에 품은 이야기를 세상에 들려줄 수 없고, 당신이 세상을 떠날 때 그 이야기도 함께 소멸한다는 것입니다.

'오, 이런! 아프네. 뜨끔하군. 좋아, 내 관심을 끄는 데 성공했어. 맞아. 그렇게 살다 죽기는 싫어. 나를 좀 도와달라고!' 이런 반응이 나와야 한다. 몇 페이지 분량으로 쓸 필요는 없다. 술집에서 싸움을 벌이듯 상대가 무슨 일인지 알아채기도 전에 원투 펀치를 날리는 것과 비슷하다! 정타를 날리면 주의를 사로잡을 수 있다. 또 다시 주먹을 날릴 필요는 없다.

요소 5 해결책 제시

바로 전 단계에서 잔뜩 겁을 준 문제를 해결할 상품 또는 서비스를 소개할 차례다. 정타를 날려 고통을 잔뜩 안겨준 후에는 이렇게 말하라. "다행스럽게도 이를 해결할 방법이 있습니다. _____을 소개합니다."

> 다행스럽게도 이를 해결할 방법이 있습니다. 『체력 시험 서바이벌 가이드』를 소개합니다. 누구나 체력 시험을 통과하도록 도와주는 책입니다.
>
> 다행스럽게도 해결책이 있습니다. 〈7일이면 전자책〉을 소개합니다. 누구나 일주일 만에 백지에서 종이책 또는 전자책 한 권을 완성하고 출간하는 법을 알려주는 놀라운 강좌입니다.

이렇게 하면 된다. "_____을 소개합니다"라고 말하며 해결책을 제시한다.

> 제 새로운 코칭 프로그램을 소개합니다.
> 모든 세일즈 카피를 대신 써주는 놀라운 소프트웨어를 소개합니다.
> 앞으로의 부동산 투자 인생을 뒤바꿀 책 한 권을 소개합니다.

어떤 상품이든 효과를 볼 수 있다.

요소 6　불릿으로 호기심 자극

해결책을 소개했다면 이제는 제품의 기능/혜택/의미 불릿을 활용해 당신의 해결책에 호기심과 욕망이 일도록 만들어야 한다(지금까지 배운 내용이 전부 이어지고 있지 않은가?). 불릿은 몇 개가 필요할까? 탄탄한 불릿 6개나 8개 또는 10개면 대부분의 경우 충분하다. 불릿 100개를 읽고 싶어 하는 사람은 없다. 핵심만 보고 싶어 한다. 방대한 불릿 리스트를 쓸 일이 전혀 없다는 뜻일까? 그건 아니다. 하지만 실제 세일즈 카피의 세계에서는 탄탄한 불릿 10개가 평범한 불릿 50개보다 낫다. 좋은 불릿을 빠르게 쓰고 싶다면 「SECRET 9: 불릿 공식」을 다시 한 번 읽어보길 바란다.

요소 7　당신의 신뢰성에 대한 설명

당신을 소개하고 이 해결책을 제시할 만한 자격이 있음을 설명한다. 여기서도 마찬가지로 어떤 형식을 따르느냐에 따라 카피가 한 문장이 될 수도 있고, 한 페이지 가득 학력과 자격 요건, 어떻게 지금 이 자리에 오게 되었는지 등을 적을 수도 있다. 세일즈 메시지의 목적에 따라 달라진다.

　　고액 상품을 판매하는 세일즈레터는 카피가 구매 결정에 중대한 영향을 미치고, 사람들은 누가, 무엇을, 어디서, 언제, 왜 해결책을 가져다줄 것인지, 그리고 당신이 해결책을 제시할 만한 자격을 얼마나 갖추었는지 알고 싶어 한다. 반면, 완벽한 푸시업과 풀업 강좌를 개발한 어느 운동 코치는 1분짜리 해설식 광고infomercial광고처럼 보이지 않도록 상세한 정보를 제공하는 광고─옮긴이에서 "해군 특수부대 출신이 개발한"이라고 소개하여 신뢰성을 확보했다. 이 네 단어가 피트니스 제품으로 1억 달러 매출을 달성하는 데 필요한 신뢰를 충분히 제공했다.

　　결론은 이렇다. '왜 당신인가?'라는 질문에 답을 해야 한다.

요소 8　증거

증거는 '왜 내가 당신을 믿어야 하는가?'라는 질문의 답이다. 추천사와 홍보글을 지금 꺼내야 한다. (통계자료, 인용, 정부 조사 등) 지금 가진 것은 무엇이든 활용해 증명해야 한다. 이렇게 말하면 간단하다. "그렇다고 제 말을 곧이곧대로 믿어서는 안 됩니다. 이걸 한번 보시죠." 자연스럽게 증거 자료를 제시할 수 있다.

　　아직 소개하지 않은 증거 유형이 사진 또는 그래픽이다. 이미지는 가장 훌륭한 자료이지만 규제가 가장 엄격한 자료이기도 하다. 왜 그럴까? 사진은 한눈에 효과를 보여줄 수 있지만 조작하기도 쉽다. 체중 감량 제품을 생각해보면 알 수 있다. 비포와 애프터 사진은 그 효과가 상당하다. 하지만 이런 사진들 다수가 조작되었다. 한 가지 비밀을 알려주자면 비포의 (뚱뚱한) 사진은 사실 '애프터' 사진이다. 즉, 날씬했던 예전 사진과 현재 살집이 있는 사진을 바꿔서 보여주는 것이다. 얄팍한 술수다! 이런 수는 쓰지 않길 바란다. 수입을 증명할 때는 계좌 거래 내역서 사진을 보여주면 된다. 특히나 부동산 투자 세일즈 카피에는 수표 사진이 항상 등장한다. 비즈니스를 함께한 사람들의 사진을 보여주기도 한다.

　　내가 전해줄 수 있는 가장 중요한 조언은 항상 진실만을 말하고 이를 증명하라는 것이다. 누군가 "저기요, 이거 법원에서 증명할 수 있어야 해요!"라고 한다면 정말 그렇게 할 수 있는지 생각하길 바란다.

▌요소 9▐ 제안 요약과 가격 제시

여기서는 정확히 사람들이 무엇을, 어떻게, 언제 얻게 되며, 가격은 얼마인지 알려준다.

코칭 예시

- ○월 ○일에 시작하는 6회 코칭 프로그램입니다.
- 일주일에 1회 제공됩니다.
- Q&A 시간이 예정되어 있습니다.

드릴 예시

- 18볼트 드릴
- 보너스 드릴 피스 20개와 드라이버 세트 제공
- 3~4일 내 배송 완료

무엇을 받게 되는지, 언제, 어떻게 받는지, 그리고 얼마에 제공되는지를 정확히 알려주어야 한다.

잠시 가격에 대해 이야기해보자. 가격을 전달할 때 굉장한 할인가를 제시해야 한다고 말하는 사람들도 있다. 어떤 경우 고객들은 할인가에 꿈쩍도 하지 않는다. 특히 직접 판매나 웨비나를 통한 판매가 아닐 경우에 그렇다. 예컨대 당신이 실시간으로 판매하는 게 아니라면, 문자 광고나 웹페이지에서 "보통은 399달러에 판매되지만 오늘은 2.5달러에 구매하실 수 있습니다!"라고 해봤자 아무런 효과가 없을 것이다. 저 문장을 다 읽기도 전에 사람들의 헛소리 탐지기가 작동되기 시작할 것이다.

할인가를 제시하는 좋은 사례들을 보려면 아마존에 들어가보라. 사실상 거의 모든 제품에서 정가에 줄이 그어지고 할인가가 적혀 있다. 보통 할인율이 10~30퍼센트 정도다. 무슨 색깔로 가격을 제시하고 정가에 어떤 식으로 줄을 긋는지 등을 두루 살펴봐야 한다. 이렇게 전할 수 있다. "일반적으로는 이 가격이지만 지금은 이 가격에 제공됩니다." 사람들에게 굉장히 좋은 가격에 물건을 구매한다는 느낌을 줘야 하는데, 바로 이 단계에서 그렇게 할 수 있다.

경고: 가격으로 흥한 자는 가격으로 보통 망한다. 당신이 파는 상품을 사람들이 구매하는 이유가 단지 저렴한 가격이라면 돈을 벌기가 어렵다. 가치를 기반으로 가격을 책정해야지, 상품 가격만으로 승부를 결정짓도록 책정해서는 안 된다. 업계에서 가장 저렴한 물건을 파는 사람은 수익을 거의 남기지 못한다(일회성 고객을 장기 고객으로 전환하는 굉장한 마지막 back-end 세일즈 퍼널이 있지 않은 이상 말이다)!

요소 10   보너스와 매력적인 제안

보너스나 특별 할인, 서비스 등 추가로 제시할 게 있다면 이 단계에서 공개한다. 제안에 더 많은 가치를 더하는 단계다. 보너스 자료나 일대일 컨설팅 등 고객이 제안을 받아들일 때 굉장한 이익을 얻는다고 느끼도록 만드는 무언가를 추가로 제시하는 것이다. 당신이 제시하는 보너스의 가치를 확립하고 이것이 왜 귀중한지 보여주어야 한다.

내가 깊이 존경하는 인터넷 마케팅 교육가 말콘 샌더스가 해준 이야기의 울림이 20년이 지난 지금까지도 마음속에 남았다. 2001년 2월, 콜로라도주의 볼더에 있는 한 호텔 로비에서 그는 이렇게 말했다. "짐, 세상에서 가장 쉬운 일은 '몇십 센트의 가격으로 몇 달러를 파는 것'이죠." 제안의 효과를 높이기 위해서 당신이 제시하는 것의 가치가 상품가의 10배가 될 때까지 보너스를 계속 더해야 한다는 말이다. 멋진 충고였다. 그 뒤 이어진 말론의 말은 내 인생을 통째로 바꿔놓았다. 참석자들이 행사가 열리는 회의실로 바삐 들어가는 동안 로비에서 립톤 티백이 달린 찻잔을 들고 내게 이야기를 하는 그의 모습이 아직도 선연하다. 그가 엄청난 지혜를 내게 전해주는 동안 그곳에는 우리 둘 밖에 없었다.

"짐, 제안을 정말 멋지게 만들고 싶다면 경쟁사의 고유 강점unique selling proposition, USP를 당신 제안에 무료 보너스로 넣으세요."

다시 말해, 경쟁사를 특별하게 만드는 요소가 무엇인지 파악하고 이를 당신의 제품을 구매하는 고객에게 무료 보너스로 제공하라는 뜻이다. 이렇게 하면 고객들은 당신과 경쟁사를 두고 어디서 구매할지 비교하는 대신, 당신의 제품을 구매할 것이다. 다른 곳에 가서 또 사느니 당신에게서 구매하면 자신이 원하는 것을 모두 얻을 수 있다고 생각하기 때문이다!

이 새로운 아이디어를 내가 어떻게 적용했는지 말하겠다. 당시 나는 모기지 교육 상품을 판매하고 있었고 성과도 나쁘지 않았다. 내 경쟁 업체들은 모기지 소프트웨어 계산기를 판매했다. 때문에 나는 한 모기지 계산 소프트웨어 판매권을 취득해 내 제품의 '무료' 보너스로 제공하기 시작했다. 사람들에게 우리 제품에 무료로 포함되었으니 다른 곳에서 계산기를 살 필요가 없다고 홍보했다. 매출이 크게 뛰었고, 이후로도 계속 성공 가도를 달렸다.

주의: 보너스를 늘리겠다는 생각으로 별 쓸모도 없는 것만 자꾸 얹어

서는 안 된다. 전략적으로 접근하길 바란다. 보너스를 활용해 제안을 무척이나 매력적이고 합당하게 만들어 이것을 사지 않는 건 말이 안 된다는 생각이 들게 해야 한다.

요소 11 환불 보증 제도

고객이 느끼는 위험 부담을 없애주는 단계다. 환불 보증 제도에 대한 설명은 한 문단이 될 수도 있고 한 문장으로 끝낼 수도 있다. "30일 이내 무조건 환불 보장"이라고만 적어도 된다. 고객이 누릴 혜택을 하나씩 다시 한번 짚어주며 환불 제도를 안내할 수도 있다.

> 30일 이내 무조건 환불이 가능할 뿐 아니라, 체력 시험을 통과하는 법을 제대로 알려주지 않거나, 향후 2주간 몸매를 가꾸는 데 도움이 되지 않았다면, 몸과 마음을 완벽히 준비하는 플랜을 제공하지 못했다면, 돈을 받지 않겠습니다. 고객님의 돈을 무조건 다시 드리겠습니다. 눈치 보실 필요가 없습니다.

어떤 식으로든 고객이 느낄 부담을 없애주어야 한다.

요소 12 CTA(행동 요구 문구)

상품에 관해 고객이 알아야 할 내용은 모두 공지했다. 이제 이들의 행동을 유도할 차례다. 구매 버튼에 "이 버튼을 누르면 바로 구매하실 수 있습니다!"라는 문구를 넣을 수도 있다. 이 단계에서 지금 당장 구매해야 할 또 다른 이유를 고객에게 전해줄 수도 있다. "오늘 구매하시면 특별 마케팅 테스트의 일환으로 10퍼센트 추가 할인을 받으실 수 있습니다." 분량이 긴 세일즈레터라면 고객이 얻게 될 것들을 짤막한 불릿 형식으로 다시 한번 요약한다.

- DVD가 제공됩니다.
- 일대일 코칭이 제공됩니다.
- 온라인 트레이닝 코스를 바로 이용하실 수 있습니다.
- 버튼만 누르면 자동으로 실행되는 소프트웨어가 제공됩니다.
- 오디오북이 제공됩니다.
- 제가 만든 플랜과 템플릿이 제공됩니다.

어떤 상품을 판매하는지, 어떤 유형과 어느 정도 길이의 세일즈 카피를 어떤 플랫폼에서 제시하는지에 따라 다르게 접근해야 한다.

요소 13 추신

세일즈레터의 마지막 요소는 추신이다. 아래와 같이 주요 혜택을 다시 정리하고, 지금 바로 사야 할 이유를 설명한 뒤 구매를 촉구한다!

> 추신. 이 제품은 49달러에 판매될 예정입니다. 출시 기념 특별가 29달러는 "끝나기 전에 지금 바로 구매하세요"라는 제안이오니, 서두르시길!

솔직하게 말씀드립니다. 지금 이 제안을 모른 척한다면, 일주일 후 전자책 한 권이 당신의 손 안에 있을까요? 아마 아닐 겁니다!

여전히 꿈만 꿀 뿐, 책 쓰기는 아직도 시작을 못 했을 것이고, 전자책으로 돈을 벌지도 못했을 겁니다. 생각해보세요. 대부분의 사람에게 필요한 것은 가이드와 격려입니다. 이 책을 지금 구매한다면 오늘로부터 일주일 후 전자책을 한 권 갖게 될 겁니다! 일주일 만에 돈을 벌고 사람들에게 불로소득을 자랑하고 싶지 않습니까?

지금입니다! 지금 바로 구매하세요! 분명 만족할 겁니다. 여기를 클릭하세요!

10페이지 분량의 세일즈레터든, 한 페이지 분량의 이메일이든 어디에나 적용할 수 있는 13단계 세일즈 메시지 공식을 살펴봤다. 종이에 글

을 쓰든, 웹페이지에 게시하든, 영상으로 소개하든 정해진 순서를 따라야 한다. 13단계 프로세스를 거쳐 사람들이 거부감을 느낄 요소를 모두 제거했다. 상품을 구매할지 말지를 결정하는 심리적 과정을 차례대로 다루며 고객이 지닌 문제를 모두 해결했다. 각 단계는 몇 페이지 분량이 될 수도 있고, 몇 문단, 몇 문장, 또는 몇 단어만 적을 수도 있다. 매출을 늘리고 싶다면 모든 요소를 순서대로 해결해야 한다.

요약

- 세일즈레터는 돌을 하나씩 놓으며 연못을 건너는 과정과 같다. 중간에 돌이 하나라도 없으면 발을 헛디뎌 물에 빠지고 만다.
- 이 프로세스는 한 페이지 분량의 레터에도, 영상에도, 20페이지 분량의 레터에도 효과가 있다.
- 사람들의 지갑을 열고 싶으면 가치를 추가로 쌓아올려 제시해야 한다는 점을 명심하길 바란다.

이메일 티저

이메일

"좋은 광고는 한 사람이 다른 한 사람에게 전달하는 글이다.
수백만 명을 노리면 누구의 마음도 움직일 수 없다."

페어팩스 M. 콘Fairfax M. Cone

사업가이자 전 미국광고대행사협회 이사

이메일 티저란 무엇인가?

이메일 티저teaser는 고객 한 명 또는 이메일 리스트에 있는 다수의 고객에게 보내는 메일이다. 본인의 리스트에서 고객을 찾기도 하고, 또는 제휴 파트너나 친구에게 전달해 그들의 고객이나 구독자에게 발송할 수도 있다. **이메일 티저의 유일한 목적은 수신인이 링크를 클릭해 웹페이지로 오게 만드는 것이다.**

훌륭한 이메일 티저를 작성하는 능력이 당신의 비즈니스에 굉장한 차이를 불러온다. 좋은 소식은, 생각보다 단순한 작업이라는 것이다. 링크를 적어 웹페이지로 사람들을 유도한다는 이메일 티저의 목적을 이해하고 나면 삶이 한결 편해진다! 대부분의 사람은 이메일 티저로 상품을 판매하려는 실수를 저지른다. 그렇게 해선 안 된다! 상품 판매는 세일즈레터나 영상 세일즈레터가 할 일이다. 이메일 티저의 목표는 하나다. 사람들이 웹사이트 링크를 클릭하게 만들어 다음의 행동을 유도하는 것이다.

- 세일즈 메시지를 읽는다.
- 세일즈 영상을 시청한다.
- 당신의 콘텐츠를 수용한다.
- 블로그 게시물을 읽는다.
- 콘텐츠 영상을 시청한다(이 영상을 통해 세일즈 웹사이트로 유도한다).

이메일 티저의 유일한 목표는 클릭을 하면 무엇을 보게 될지 사람들에게 알려주고, 클릭을 유도하는 것이다. 이것만 이해하면 나머지는 정말 단순하다.

훌륭한 이메일의 요소

첫 번째 요소는 제목이다. 제목은 세일즈 메시지에서의 헤드라인과 목적이 같다. 결론은, 제목이 엉망이면 아무도 당신이 보낸 이메일을 열어보지 않는다는 것이다. 즉, 아무도 당신의 메일을 읽지 않는다. 아무도 메일을 읽지 않으면 당신은 돈을 한 푼도 벌 수 없다. 아주 단순하다. 그러니 제목을 고민해야 한다! 내가 최고로 꼽는 제목은 짧고, 간결하며, 대부분 의문문으로 제시된다. 내 운동 코치 스튜가 체력 테스트를 주제로 쓴 예시를 살펴보자.

- 다음 체력 시험에 통과하지 못할까 봐 걱정하고 계십니까?
- 체력 시험에 통과하지 못했나요?
- 체력 시험을 앞두고 있습니까?

타깃 오디언스라면 메일을 열어볼 만한 제목이다. 솔직히 말해 이 제목에 관심을 보이지 않는 사람들은 어차피 상품을 구매하지 않을 이들이다. 수많은 사람에게 보내진 무성의한 이메일 티저를 받았다는 기분이 들지 않도록 수신인 개개인의 이름을 적는 것이 좋다. 그래서 나는 수신인의 이름을 넣어 "안녕하세요, 크레이그. 안녕하세요, 밥. 안녕하세요, 메리" 같은 인사말로 메일이 시작되는 이메일 소프트웨어를 쓴다. 이렇게 하기 어렵다면 "여러분, 안녕하세요" 또는 "친애하는 퍼널 해커 여러분, 안녕하세요"와 같이 적는다. 사람들에게 집단의 일원이자 한 명의 사람으로 인정받는다는 느낌을 주어야 한다. 시작에 앞서 인사말도 항상 넣어야 한다. 그저 본론부터 들이밀어선 안 된다.

그런 뒤 충격적인 발언으로 놀라게 한다. 최면 상태의 사람들을 깨우는 것이다.

안녕하세요, 크레이그.
- 당신이 좋아할 만한 멋진 영상이 있습니다.
- 굉장한 소식이 있습니다.
- 깜짝 놀랄 만한 일이 있습니다.
- (굉장한 주제)에 관한 멋진 무료 웨비나가 마련되어 있습니다.

사람들의 정신을 깨울 질문 형식으로 티저를 시작할 수 있다.

- 책 쓰기에 도전했던 사람들 대부분이 실패했다는 사실을 알고 계셨습니까?
- 다음 체력 시험에 탈락하면 어떻게 될까요?
- 책을 써보려던 사람 100명 중 99명이 실패한다는 사실을 알고 계셨습니까?

사람들의 관심을 끌었다면 서너 개의 불릿으로 호기심을 자극한다. 그런 뒤 링크를 클릭하라고 말한다.

제목: 작가가 되고 싶습니까?
안녕하세요, 크레이그.
책 쓰기에 도전했던 사람 100명 중 99명이 실패했다는 사실을 알고 계셨습니까?

맞아요. 충격적이죠. 이들이 실패하는 가장 큰 원인은 바로 이것입니다.

팔리는 콘텐츠를 만들 줄 모른다.

어떻게 구성해야 할지 모른다.

어떻게 출판해야 할지 모른다.

좋은 소식은 바로 이 문제들을 빠르고 쉽게 해결할 방법을 알려주는 멋진 영상이 있다는 겁니다!

영상을 확인하고 싶다면 여기를 클릭하세요.

[링크]

그럼 영상에서 만나요.

감사합니다.

짐.

이렇게 하면 된다. 100개의 이메일 중 99개의 목표는 사람들이 링크를 클릭하도록 유도하는 것임을 명심하길 바란다. 내가 이메일 리스트에 있는 고객에게 보낸 티저 가운데 가장 큰 성공을 거둔 것은 고작 몇 줄짜리였다.

제목: 굉장한 감동이었습니다

안녕하세요, 크레이그.

정말 예상치 못한 일이었습니다.

새 리뷰가 올라왔는데, 굉장해요!

꼭 보셔야 합니다.

> [링크]
> 그럼 후기 페이지에서 만나요.
> 짐.

    이게 전부였다. 누군가 내 상품에 작성한 리뷰 페이지로 사람들을 유도하는 메일이었다. 이게 다였지만, 사람들은 호기심에 휩쓸렸다. 다만 이런 메일을 보낼 때 조심하지 않으면 자칫 오해를 불러일으킬 수 있다. 당신을 잘 모르는 사람들에게는 이렇게 메일을 보내선 안 된다(좀 전에 말했다시피 위 메일은 내 이메일 리스트에 있는 사람들에게 보낸 것이다). 훌륭한 이메일 티저를 만드는 요소는 다음과 같다.

- 관심을 사로잡아 메일을 열게 하는 멋진 제목
- 수신인의 이름을 적은 인사말
- 충격적인 발언
- 호기심을 자극하는 2~4개 불릿이나 문장
- 사람들에게 어떤 행동을 원하는지 구체적으로 명시하는 CTA
- "그럼 그곳에서 만나요. 감사합니다, 짐"과 같이 당신의 이름을 적은 친근한 클로징

    이거면 된다. 거의 모든 상황에 적용할 수 있다. 다른 방식으로 써도 될까? 물론이다. 앞서 설명한 방식은 속성으로 티저를 작성하는 방법일까? 그렇다. 간결하게 쓴다면 당신의 삶이 한결 쉬워질 것이다. 둘 중 하나를 군이 선택해야 한다면 긴 메일보다는 짧은 메일을 택해야 한다. 명심하라. 당신이 판매하는 상품이 아니라 사람들이 얻게 될 '혜택'을 강조해야

한다.

당신의 메시지를 읽는 이들의 40퍼센트에서 60퍼센트가 모바일 기기를 이용한다면 내용을 간결하게 하는 것이 더욱 중요하다. 이들은 줄줄이 이어지는 글을 읽고 싶어 하지 않는다. 기본적인 내용을 전달하고 이들의 흥미나 호기심을 자극한다면 당신의 세일즈레터, 비디오 등을 확인하기 위해 클릭할 것이다. 짧고 다정한 글로 전달해야 한다.

마지막으로 한마디 더 하자면, 이메일은 사적인 의사소통 방식이다. 상대방의 편지함으로 전달되기 때문이다. 상대방은 당신에게 친근감을 느낀다. 때문에 짧은 메시지로 친구에게 전하듯 친숙한 언어를 사용한다면 결과가 더욱 좋다. 친구에게 10페이지짜리 세일즈레터를 메일로 보내는 일은 없음을 명심해야 한다.

요약

- 99퍼센트의 경우 메일의 유일한 목적은 타깃 오디언스에게서 클릭을 유도하는 것이다.
- 짧고 간결하게, 클릭 유도에 중점을 둔다.
- 관심을 사로잡고 호기심을 자극해 클릭을 유도한다.
- 수많은 사람에게 메일을 보낼지라도 그 메일을 받는 사람은 개인임을 기억한다.
- 친구나 동료에게 보내는 메일처럼 쓴다.

초고 작성하기

"프로 예술가는 알지만 아마추어는 모르는 한 가지 비밀: 독창성은 과대평가되었다. 세상에서 가장 창조적인 사람들이 특별히 창의적이진 않다. 이들은 그저 재배열에 더 능할 뿐이다."

제프 고인스Jeff Goins

베스트셀러 작가, 『예술가는 절대로 굶어 죽지 않는다』 저자

가장 쓰기 어려운 글은 초고다. 카피를 만들기 가장 완벽한 시간이란 없다. 언제나 카피 작성보다 급한 일이 있다. 카피를 쓰려고 자리잡고 앉아서는 10분 내로 완성하자고 생각한다. 컴퓨터를 켜고 문서 작성 프로그램을 연 후 깜빡이는 커서를 바라본다. 깜빡. 깜빡. 깜빡. 이런 생각이 들 것이다. '도대체 어떻게 백지에서 세일즈 메시지, 헤드라인, 세일즈레터, 영상 세일즈 스크립트를 쓰라는 거지? 이게 가능한 일이냐고.'

이에 대한 대답은 작은 조각으로 나누어서 생각하고 쓰라는 것이다. SECRET 17의 내용을 떠올려보면, 세일즈레터는 여러 조각을 이어놓은 것에 불과하다. '세일즈레터를 써야 해'라고 생각하지 말라. 당신이 완성해야 하는 무언가를 만드는 데 필요한 조각을 하나씩 해결해나가면 된다.

세일즈레터에는 우선 헤드라인이 필요하다. 그런 뒤 불릿 몇 개가 등장하고 이후 도입글이 나온다. 그런 뒤 '문제/동요/해결' 공식을 따른다. 그후 상품의 설명을 적고 혜택을 명시한 불릿을 넣는다. 그런 뒤 당신이 누구인지 짤막하게 소개한다. 당신의 말을 뒷받침할 증거를 제시한다. 당신의 제안을 매력적으로 만들 보너스는 어떤 게 있을까? 이후 가치를 전달하고, 가격을 알린 뒤 할인가를 제시한다. 이제 CTA를 분명하게 명시한다. 당신의 환상적인 제안을 요약하고 레터를 마무리할 때다. 다만 지금껏 설명한 내용을 요약하고 고객들에게 행동을 유도하는 추신을 잊어선 안 된다.

요소가 많지만 거대한 뭉텅이가 아닌 여러 부분으로 나눠서 생각하면 접근하기가 훨씬 쉽다. 이메일도 마찬가지다. 제목과 인사말을 적고, 문제/동요/해결 공식과 더불어 고객에게 해결책을 제시할 링크를 넣으면 된다. 영상 세일즈레터도 똑같다. 시선을 사로잡는 무언가를 제시한 후 문제/동요/해결 공식과 해결책을 넣고, 해결책에 대한 멋진 불릿 5개, 지금 바로 구매해야 하는 이유 세 가지, CTA로 진행하면 된다.

가장 어려운 글은 초고이다. 당신 자신과 창의력에 시동을 걸기 위해 스와이프 파일을 활용해야 하는 것도 이 때문이다. 스와이프 파일은 좋은 카피를 쓰는 데 필요한 모델이 되어준다. 텅 빈 백지를 바라보고만 있어선 안 된다. 당신이 예전에 썼던 세일즈레터와 다른 사람들의 헤드라인, 불릿, CTA를 참고해 이를 어떻게 적용할지 생각한다. 스와이프 파일을 이용해 카피라이팅 마인드에 시동을 걸어야 한다.

백지에서 시작하기보다 우선 뭐라도 적은 뒤 고쳐 쓰는 편이 100배는 쉽다. 종이나 모니터에 일단 글을 적고 나면 머릿속에서 이리저리 수정하고 조합하기 시작한다. '이 내용을 적어야 해. 이건 빼야겠어. 이 부분은 여기로 옮기고 저건 저쪽으로 옮기고. 아, 환불 보증 제도도 적어야지. 여기에 사진도 넣고. 이런, 이건 이쪽에 와야 하는구나.'

어떤 유형이든 세일즈 카피는 결국 여러 조각을 조합하는 일임을 명심하라. 세일즈레터는 헤드라인 패키지와 스토리, 불릿, 환불 보증 제도, CTA의 조합이다. 다른 요소도 들어갈까? 물론이다. 하지만 핵심 구성요소부터 접근하면 장문의 세일즈레터를 쓰는 것도 두려워하지 않게 된다. 세일즈 카피를 쓸 때는 초고를 최대한 빨리 완성하는 것이 성공의 비결이다.

요약

- 초고를 가능한 한 빨리 쓴다.
- 백지에서 시작하기보다 스와이프 파일의 도움을 받아 글을 완성하라.
- 글을 쓰는 것보다 초고를 완성한 후 수정해나가는 작업이 100배쯤 쉽다.

스토리

"독자에게 어떠한 효과를 불러일으키고 싶은지 결정하라."

로버트 콜리어

"말을 물가로 데려갈 수는 있지만 물을 마시게 할 수는 없다"라는 말을 들어본 적이 있을 것이다. 이게 사실이다. 실로 치와와에게 배변을 유도하기 위해 밖에 데려다 놓을 수는 있어도 소변을 보게 만들 수는 없다. 당신이 원하는 행동을 유도하기 위해 특정 지점으로 누군가를 데리고 갈 수는 있지만 그 행동을 억지로 하게 만들 수는 없다. 다만 당신이 판매하는 상품을 좀 더 '갈망하도록' 만들 수는 있다.

따라서 질문은, '구매하고 싶은 콘텐츠를 만드는 동시에 고객이 구매할 필요가 없을 정도로 너무 많이 공개하지 않으려면 어떻게 해야 할까?'가 된다. 디지털 기기와 상품을 판매하는 사람에게는 더욱 중요한 문제다. 사실 무언가를 판매하는 사람이라면 누구에게나 중요한 질문이다. 당신이 해야 할 일은 사람들이 당신에게 구매를 하는 지점까지 이끌되 좀 더 '갈망하게' 만들어야 구매가 더욱 빨리 이뤄진다.

여기서는 아마 어디서도 들어보지 못했을 한 가지 특별한 내용을 설명하고자 한다. "스토리가 팔린다"는 말을 들어본 적이 있을 것이다. 하지만 내가 느끼기에 스토리는 사람을 갈망하게 만들고, 세일즈 카피가 이 갈망을 해소할 방법을 알려준다. 지금 이 말을 잠시 생각해보길 바란다. 스토리는 사람을 '갈망하게' 만든다. 그리고 세일즈 카피가 사람들에게 이 갈망을 해소할 방법을 알려준다.

스토리의 네 가지 유형

생각해보면 블로그나 SNS의 콘텐츠, 세일즈레터나 영상 세일즈레터에 사용하는 카피 스토리에는 차이가 없다. 다만 당신의 의도가 다를 뿐이다.

첫째로, 스토리는 당신의 삶이나 비즈니스, 주변 사람들 등 당신이 전달하고자 하는 내용을 담은 실제 이야기가 될 수 있다.

둘째로, 다른 사람이 어떻게 성과를 냈는지를 다루는 사례연구가 있다. 처음과 중간, 끝이 있는 스토리다. 가령, 내가 어떤 상황이었고, 불행했고, 어떤 제품으로 이런 것을 해서 어떠한 결과를 얻었다는 식이다. 삼막극의 형식이다. 영웅 이야기와 비슷하다. 이런 상태였고, 어떤 문제가 있었고, 이것으로 문제를 해결하여 지금 내 삶은 이렇다의 형식이다.

셋째로, 예시도 스토리가 될 수 있다. 무엇이 잘 되었고, 무엇을 어떻게 적용했고, 무엇을 실행했고, 이런 과정으로 어떠한 결과를 얻었다는 점을 사람들에게 보여준다.

넷째는 **콘텐츠의 세 가지 M**이라고 부르는 것으로, 당신의 삶을 바꿀지도 모를 굉장한 비법이다. 가치 있는 콘텐츠를 전달할 방법은 누구나 알고 싶어 한다. 문제를 완벽히 해결하지는 못해도, 자신이 판매하는 상품에 대한 니즈를 형성하고, 지금 당장 구매해야 한다는 조바심을 높이는 콘텐츠다.

- 첫 번째 M은 잘못된 **통념myth**을 해소한다는 뜻이다. 사람들이 믿는 통념 중 그른 것이 많다. 이 잘못된 통념을 바로잡는 것으로 블로그 게시글, 기사, 비디오, 웨비나까지 수많은 콘텐츠를 제작할 수 있다. 실로 잘못된 통념을 짚어내고 이것이 틀렸음을 설명하는 책이 무수히 많다.
- 두 번째 M은 **오해misconception**를 의미한다. 사람들이 믿는 허위 사실로, 무언가에 대한 부정확한 개념을 가리킨다. 그릇된 신념을 포함해 오해를 바로잡고 정확한 의견을 전달하고 명확하게 이해시킬 수 있다.
- 세 번째 M은 **실수mistakes**를 가리킨다. 사람들이 잘못하는 행동을 지적하는 것이다. 누구든 실수를 저지르고 싶지 않기 때문에 세 가지 M 중

에서 가장 강력한 힘을 발휘한다. 어렸을 때부터 우리는 과제에서 실수를 저지르면 나쁜 성적을 받았고, 시험에서 실수를 저지르면 낮은 점수를 받았으며, 실수를 하면 한심한 사람처럼 보인다고 배우며 자랐다. 성인 중에 남들 앞에서 한심한 사람처럼 보이고 싶은 이는 없으므로 실수를 피하기 위해서는 무엇이든 한다.

당신의 상품으로 그 어떤 해결책을 제시하지 않고도 잘못된 통념, 오해, 실수를 주제로 한 스토리를 만들어낼 수 있다. 한편, 콘텐츠의 세 가지 M을 바탕으로 만든 스토리는 당신이 비밀 이야기를 하는 듯한 느낌을 사람들에게 전해줄 수 있다.

(앞서 스토리에는 네 가지 유형이 있다고 말했지만) 한 가지 보너스를 주자면, 사람들을 더욱 '갈망하게' 만드는 다섯 번째 방법이 있는데, 바로 '미래 연상 기법'을 바탕으로 스토리를 만드는 것이다. 사람들이 어떤 행동을 취할 때 삶이 어떻게 달라질지 설명하는 이야기다. 당신의 상품, 서비스, 소프트웨어 등등이 어떠한 결과를 얻는 데 어떤 도움을 줄 수 있는지 보여준다. 사람들이 무언가를 했을 때 삶이 어떤 모습일지 스토리로 상상하게 만드는 것이다. 예시를 하나 들어보겠다.

"작가로 이름을 올린 당신만의 책이 출간된다면 어떨지 상상해보길 바랍니다. 당신의 손 안에 완성된 책 한 권이 쥐어지는 겁니다. 많은 사람에게 보여주고요. 사람들이 당신의 책을 스륵 훑어보죠. 표지에 작가로 적힌 당신의 이름도 읽어보죠. 표지 디자인도 그 어떤 뉴욕 타임스 베스트셀러 책들과 크게 다르지 않습니다. 이제 고용을 결정하는 고용주에게 책을 건네는 모습을 떠올려봅시다. 면접에서 당신의 이력서와 함께 책을 건네는 겁니다. 무역 박람회의 명함을 내미는 사람들 속에서 당신은 직접 사인한 책을 나눠줍니다. 직접 쓴 책을 사람들에게 내미는 삶이 어떨지 생각해보세요. 당신에 대한 신뢰가 얼마나 올라갈지요. 비즈니스가 어떻게 달라질까요? 자기 자신이 얼마나 자랑스러워질까요? 자신이 직접 쓴 책이 있다는 것은 당신과 당신의 비즈니스에 상당히 중요하고 가치 있는 일이 될 거란 점만은 분명합니다."

내가 무엇을 했는지 보이는가? 페이스북과 블로그 게시글, 라이브 영상으로도 쓸 수 있는 스토리를 전달했다. 글 안에는 이미지와 감정 등 모든 것이 담겨 있다. 다만 책을 어떻게 써야 하는지 그 방법은 언급하지 않았다. 아직 책을 내지 않은 사람들에게 자신의 책을 갖는 것에 대한 또는 다음 책을 내는 것에 대한 '갈망'을 느끼게 한 것 외에는 아무것도 하지 않았다.

가르쳐주는 것과 파는 것의 차이를 생각해보길 바란다. 가르쳐주는 것은 스토리와 콘텐츠다. 파는 것은 세일즈 카피다. 하나를 바탕으로 다른 하나를 만들어나갈 수도 있고, 이 둘을 함께 활용할 수도 있다. 세일즈 레터에 스토리를 녹여 사람들을 '갈망하게' 만들 수 있다. 이 둘을 블로그 게시글과 비디오, 웨비나에 함께 사용할 수도 있다. 다만 사람들을 갈망하게 만드는 요소는 스토리와 콘텐츠라는 사실을 이해해야 한다. 판매는 이 갈망을 해소할 방법을 알려주는 것이다.

(무료 또는 유료) 콘텐츠에서 판매를 하는 네 가지 방법

첫 번째 방법은 가치 있는 무언가를 무료로 제공한 뒤 자연스럽게 추가 구매를 유도하는 것이다. 몇 년 전, 신문 광고란에 '무료로 보트를 드립니다'라는 세일즈 스토리가 실렸다는 이야기를 들었다. 정말일까 의심스러웠지만 진짜일 수도 있겠다고 생각했다. 한 남자가 연락을 했더니 곧장 판매자가 토요일 아침 여덟 시에 나타났다. 판매자는 연락해온 구매자에게 보트를 보여주며 사실이라고 말했다. "네, 무료입니다. 그냥 가져가시면 됩니다." 구매자는 "좋습니다. 제가 가져가죠"라고 답했다. 그러자 판매자가 이렇게 말했다. "한 가지 더요. 보트를 실을 수 있는 트레일러가 있어요. 필요하시면 트레일러를 판매하겠습니다. 그리고 보트에 장착할 선외 모터도 필요하시다면 판매할 수 있어요." 와우, 한번 생각해보자. 보트는 무료가 맞지만 보트를 타려면 운반할 트레일러와 모터가 필요한 상황이다.

무언가를 무료로 제공할 수 있다. 고객이 무척이나 기뻐하겠지만 이로써 당신이 판매하는 무언가가 필요한 상황을 만들 수 있다. 다른 사례를 하나 더 들려주겠다. 최고의 세일즈 트레이너인 존 칠더스John Childers는 사람들에게 자신을 스피킹(연설) 코치라고 소개한다. 그는 세상에서 가장 비싼 가격에 스피킹 교육을 제공한다. 내가 그에게 교육을 받았을 때 수강료가 2만 5000달러였다. 존은 이런 방식으로 자신의 수업을 판매했다. 수강생들이 먼저 5000달러를 지불하고 교육을 받은 뒤, 이후 연사로 나간 자리에서 벌어들인 수입의 50퍼센트를 그에게 지불해 나머지 2만 달러를 채우는 식이다. 그게 조건이었다.

존은 훌륭한 트레이너였다. 무료로 무언가를 제공해 판매를 발생시킨다는 이 원칙은 존을 보며 절실히 깨달았다. 그의 스피킹 교육은 사실 연사로 초빙된 자리에서 어떻게 돈을 벌 수 있는지를 다뤘다. 그는 연사로 초대받은 행사장 뒤편에서 판매할 수 있는 고가의 상품을 만드는 법을 무료로 알려주었다. 자신만의 프로그램을 구성하는 방법도 보여주었다. 어떤 마이크를 써야 하고, 어떻게 세팅해야 하며, 어떻게 사용하는지도 자세히 설명해주었다. 상품을 녹음하는 데 필요한 소프트웨어도 알려주었다. 행사장 한켠에서 상품을 판매해 어느 정도의 돈을 벌 수 있는지도 보여주었다.

그는 진짜 콘텐츠를 제공했다. 한편, 그가 보여준 대로 상품을 만들어 판매하기 위해서는 그의 스피킹 교육을 듣고 무대 위에서 어떻게 연설해야 상품도 팔 수 있는지를 배워야 했다. 그는 훌륭한 콘텐츠를 무료로 가르쳐준 뒤 배운 바를 실제로 활용하기 위해서는 다음 단계를 구매하도록 설계해 사람들을 '갈망하게' 만들었다.

당신이 말을 타고 싶거나 카우보이가 되고 싶다면? 좋다! 내가 말을 타는 방법을 무료로 가르쳐주고 안장과 고삐도 무상으로 제공하겠다. 그리고 이제 당신에게 말 한 마리를 파는 것이다.

정리하자면, 당신이 판매하는 상품의 니즈를 자연스럽게 형성하는 무언가를 제공하거나 가르치는 것이다. 하지만 당신이 무료로 제공하는 것이 무척이나 가치 있고 훌륭한 것이라 사람들은 '이건 뭔가를 팔기 위한 미끼에 불과하군'이란 생각을 하지 못한다. 이들은 '와, 이거 정말 좋잖아. 나도 그렇게 하고 싶어. 내가 지금껏 배운 것을 활용하려면 저 사람의 상품을 당연히 구매해야 하잖아'라고 생각한다.

두 번째 방법은 무엇을 해야 하는지, 왜 그렇게 해야 하는지를 알려주고, 그것을 하기 위해 필요한 수단/방법을 판매하는 것이다. 예시는 바로 책을 쓰는 법이다. 나는 책을 쓰는 과정을 아래와 같이 자세하게 설명한 웨비나 교육 코스를 만들었다.

| 1단계 | 타깃 오디언스를 정의한다. |

| 2단계 | 책을 쓰기보다 책에 담길 콘텐츠를 '제작'하기가 더욱 빠르다는 사실을 이해한다. |

| 3단계 | 전화 인터뷰로 콘텐츠를 만든다. |

| 4단계 | 프리랜서 구인 플랫폼에서 디자이너를 고용해 표지를 만든다. |

| 5단계 | 전화 인터뷰를 문서화한다. |

| 6단계 | 문서를 가볍게 수정한다. |

| 7단계 | 구인 플랫폼에서 책으로 만들어줄 사람을 구한다. |

| 8단계 | 크리에이트스페이스CreateSpace(종이책)와 아마존 킨들(전자책)에서 출간한다. |

이 단계만 따르면 책을 한 권 완성할 수 있다. 아래는 자기 이름으로 책을 출간해야 하는 이유와 책이 어떤 도움을 주는지를 나열한 것이다.

· 당신에 대한 신뢰도를 높여준다. 당신에게 권위를 부여한다.
· 무역 박람회에서 사람들을 만날 때 명함 대용으로 사용할 수 있다.
· 홍보비로 상쇄할 수 있는 투자다.
· 고객을 세일즈 퍼널로 유입시키는 초기 제안으로 활용할 수 있다.
· 컨설팅 고객, 스피킹 고객 등 더 많은 무언가를 불러오는 도구로 활용할 수 있다.

이제 책을 쓰는 방법을 알았으니, 선택하면 된다. 이 단계를 직접 거치거나, 아니면 모든 단계를 대신 처리해주는 소프트웨어를 이용해 시간을 아끼거나. 바로 〈킨들 책 3시간으로 완성하는 비법〉이라는 소프트웨어를 쓰면 된다. 내가 뭘 했는지 눈치 챘는가? 초고속으로 책 한 권을 쓰는 데 필요한 모든 단계를 알려주었다. 웨비나에서 45분이면 전부 가르쳐줄 수 있는 내용이고, 실제로도 수십 번이나 교육을 진행했다. 교육을 마칠 즈음에는 누구나 단계별로 전 과정을 대신 처리해줄 소프트웨어를 구매하고 싶은 마음이 들 것이다.

세 번째 방법은 모든 단계를 가르쳐 상품이 필요한 지점까지 데려오는 것이다. 이를테면 책, 소프트웨어, 서비스, 코칭 판매를 위한 세일즈 퍼널을 어떻게 구축하는지 가르친다. 수업에서 세일즈 퍼널에 필요한 모든 도구와 페이지, 구성을 제공하고 상품인 프로그램도 2주간 무료로 사용하게 해준다. 퍼널을 구축하며 고객이 해야 하는 일은 페이지에 카피를 쓰는 것뿐이다. 그런 뒤 어떤 상품의 세일즈 카피에도 활용 가능한 템플릿을 제공하는 '퍼널 스크립트'라는 도구를 알리는 것이다.

또는 케이크 맛이 나는 체중 감량 보조제를 판매한다고 생각해보자. 이 보조제를 이용해 훌륭한 저칼로리 간식, 스무디, 쿠키 등 맛있는 음식을 만드는 레시피를 다양하게 소개한다. 당신의 틈새 오디언스를 타깃으로 한 시연 영상을 SNS에 올릴 수도 있다. 레시피를 개발하고 맛있는 간식을 만드는 당신의 모습을 보며 말 그대로 허기가 지는, 즉 갈망이 생긴 사람들이 당신의 보조제를 구매할 것이다.

콘텐츠로 사람들을 '갈망하게' 만드는 네 번째 방법은 무언가를 직접 하는 법 또는 고생스러운 과정을 알려주는 것이다. 그런 뒤 이를 대신 해주는 도구나 간편한 해결책을 판매하면 된다. 이는 무척이나 효과가 좋은 방법이라 사람들을 속이는 것처럼 느껴질 정도다. 삽과 사다리를 가지고 우물을 파는 법을 보여주는 것과 비슷한 논리다. 우물을 만드는 모든 과정을 하나씩 가르쳐준 뒤 마지막에 이렇게 말한다. "축하합니다! 이제는 우물 파는 법을 완벽히 습득하셨군요. 괜찮다면 딱 5분 동안만 '굴삭기'라는 기계에 대해 설명하겠습니다. 한 번에 흙을 2.3미터 퍼낼 수 있습니다. 흙이나 돌에 깔려 다치거나 심지어 죽음에 이를 수 있는 위험을 감수하며 손으로 하면 1~2주 동안 해야 하는 작업을 이 멋진 기계로 2시간 만에 완료하는 모습을 보여드릴 수 있습니다. 한번 보시겠습니까?"

또 다른 예시는 HTML이나 CSS로 웹사이트를 만드는 법을 알려주는 것이다. 무료 HTML 에디터를 이용해 헤더 태그, 문단 태그, 행갈이, 밑줄, 볼드체, 이탤릭체를 작업하는 법을 상세하게 알려준다. 그런 뒤 클릭퍼널스로 이 모든 작업을 간편하게 끝낼 수 있다고 말한다. "참고로, 메일 자동 답장 기능과 결제 처리, 상향판매 등 필요한 모든 기능을 자동으로 통합할 수 있습니다. 또한 텍스트 에디터에 직접 코드를 입력하는 대신, 그 시간에 퍼널 전체를 제작하고 트래픽을 유도해 매출이 발생하는지 확인할 수 있습니다."

제대로 구성한다면 사람들에게 방대한 콘텐츠를 무료로 전달해주는 동시에 그들이 당신의 상품을 더욱 갈망하게 만들 수 있다.

요약

- 콘텐츠 마케팅에서 활용하는 스토리와, 세일즈레터 및 세일즈 비디오에서 활용하는 스토리에는 차이가 없다.
- 제대로 구성만 한다면 방대한 콘텐츠를 무료로 제공하면서도 당신의 상품을 구매하고 싶도록 만들 수 있다.
- 스토리는 사람들을 '갈망하게' 만들고 세일즈 카피는 그 갈망을 해소할 방법을 알려준다.

사랑받거나 미움받거나

> "모든 상품에는 저마다의 개성이 있고, 그것을 찾는 것이 당신
> 의 역할이다."
>
> 조 슈거맨

이번에 알려줄 비밀은 꽤 흥미롭다. 의도적으로 당신의 페르소나 또는 개성을 만들어가는 과정이기 때문이다. 사람들은 모르는 회사보다 캐릭터나 페르소나가 있는 기업에 좀 더 쉽게 지갑을 연다. 이름이 없는 기업이든 유명한 기업이든 대변인을 내세우는 것도 이 때문이다. 왜 지갑을 열까? 기업이나 로고에서는 관계성을 느낄 수 없지만, 사람에게는 어떠한 관계성을 갖거나 적어도 어떤 식으로든 감정을 느낄 수 있기 때문이다. 맥도날드의 마스코트 광대 로널드 맥도널드부터, "당신을 위해 모텔 6의 불을 켜두겠습니다"라는 광고 슬로건을 유행시킨 톰 보뎃Tom Bodett, "고기는 어디 있지?"라고 말하는 웬디스 마스코트까지 이에 해당한다.

페르소나를 확립하는 가장 빠른 방법은 당신의 입장이나 관점, 의견을 명확히 보여주고, 이를 당당하게 드러내는 것이다. "사랑받거나, 미움받거나. 어중간해서는 돈을 벌 수 없다"라는 말도 여기에서 나왔다. 누가 처음에 한 말인지는 아무도 모른다. 다만 어중간한 곳에 위치한 사람들은 조금도 돈을 벌지 못한다는 것은 사실이다. 모든 이의 요구를 들어주려다 보니 정작 어떤 특정 집단을 사로잡지 못한다. 미국 정치를 봐도 약 200년

의 역사 동안 양당제로 이어지고 있다. 정당의 이름은 몇 차례 바뀌었고, 두 정당의 위치도 몇 차례 달라졌지만, 결국 우리 아니면 그들의 형태를 취한다. 사람들도 이렇게 사고한다.

옳고 그름을 말하는 게 아니라 현실을 이야기할 뿐이다. 그들 편이 거나 우리 편이거나 둘 중 하나다. 지금 이 단계에서의 목표는 사람들을 당신의 편으로 끌어당기는 것이다(사람들에게 사랑받는 것이다). 사람들에게 어느 쪽인지 결정하라고 종용한다면 몇몇은 어떤 이유로든 당신을 싫어한다고 말할 것이다. 당신의 목소리가, 수트 스타일이 마음에 안 든다고 할 것이고, 너무 뚱뚱해서, 너무 몸매가 좋아서, 너무 키가 커서, 너무 작아서 등의 이유를 들 것이다. 콧수염이 싫다고 하는 사람도 있을 것이다. 이유야 어떻든 당신을 싫어하는 사람들은 당신에게 주목하고 지갑을 연다. 정말 이상한 일이 아닐 수 없다.

내 당당한 태도가 싫다면서도 내게서 계속 상품을 구매하는 사람들이 있다. 사적으로 모르면서도 나를 싫어하고, 그리고 내 상품을 구매한다. 이들은 나를 싫어하는 일을 즐기는 사람들이다. 내 상품을 사서 이리저리 뜯어본 뒤 나를 싫어할 이유를 발견하고는 만족감을 느낀다. 날 좋아하는 고객들처럼 말이다. 나를 좋아하는 사람들은 나와 좀 더 친해지고 싶어서 내 상품을 사고, 내 서비스에 돈을 지불하고, 나와 함께 크루즈를 타기 위해 돈을 쓰며 월간 코칭에 참여한다.

당신도 이렇게 될 수 있다. 하지만 결과를 얻으려면 사람들이 당신에게 호감을 느끼는지 비호감을 느끼는지 결정하도록 해야 한다. 콘텐츠와 세일즈 카피를 이용해서 말이다. 생각을 분명히 밝히고 메시지, 방법, 의견, 당신이 좋아하는 사람과 싫어하는 사람을 일관되게 유지해야 한다. 특정인의 이름을 입에 올리며 별로라고 말하지 않더라도 어떠한 행동에 대해서는 말할 수 있다. 방식이나 체계를 이야기하면 된다.

자신의 입장이 있어야 한다. "이건 옳고, 이건 잘못되었습니다. 이건 좋고 저건 나쁩니다. 이건 효과가 있지만 저건 별로입니다." 사람들은 리더를, 자신을 위해 새로운 길을 열어줄 누군가를 원한다. "조니, 이렇게 하다간 손을 데일 수 있어. 가스레인지 위에 손을 대지 마" 또는 "샐리, 이 작은 토끼는 솜털같이 부드러워서 쓰다듬으면 기분이 엄청 행복해질 거야"라고 말해줄 누군가를 원한다. 사람들은 나름의 진실을 알려주고 올바른 이야기를 전해주고 자신을 이끌어주는, 그리고 그 과정에서 일관된 모습을 보여주는 누군가를 바란다. 고객들이 이 주의 신상품이나 최고의 상품을 소개하는 사람을 언짢게 여기는 이유도, 매번 새롭게 경신되는 최고의 무언가를 쫓느라 많은 시간을 쏟아가며 자신들의 리스트를 업데이트 하는 마케터나 셀러, 기획자들을 불편하게 보는 이유도 여기에 있다. **항상 일관된 모습을 유지해야 한다.**

한편, 방향 전환을 두려워해서는 안 된다. 세상이 달라진다면, 환경이 달라진다면, 자신의 의견을 재고해봐야 할 계기가 생긴다면, 이렇게 말하면 된다. "여러분, 제가 이 문제에 관해 의견이 달라졌습니다. 제 방식을 바꾸기로 했습니다." 우유부단한 모습을 보여선 안 된다. 이리저리 휩쓸리는 파도처럼 굴어선 안 된다. 자신의 입장을 분명히 해야 한다.

짧은 사례를 하나 들려주겠다. 오랫동안 나는 기사 마케팅을 활용했고, 기사 마케팅이 웹사이트로 트래픽을 발생시키는 주요 도구였다. 매주 기사를 한 편 작성한 뒤 서브밋 유어 아티클Submit Your Article이란 서비스로 홍보했다. 이 서비스는 내가 쓴 기사를 여러 사이트에 올려주었고, 이로써 내 웹사이트로 일주일에 사람들 수천 명이 방문했다. 당시 내가 수강생들에게 트래픽을 유인하는 방법으로 가르친 유일한 도구였다.

그러던 어느 날, 갑자기 기사 마케팅이 더는 효과를 발휘하지 못하게 되었다. 구글이 알고리즘을 바꾼 탓이었다. 아무 의미 없는 스팸성 기사를 양산하는 사람들이 늘자 구글은 이런 기사를 더는 집계하지 않기로 했다. 말 그대로 하룻밤 새 구글에서 오던 트래픽이 확 줄어들었다. 이때 나는 기존의 방식을 어떻게든 유지하려고 애쓰며 수강생들에게 "다시 예전으로 되돌아갈 수도 있습니다"라고 말하는 대신 이렇게 말했다. "이 방법은 이제 통하지 않습니다. 다른 방법을 찾아야 합니다." 방향을 전환하는 일을 두려워해선 안 된다.

내게 "사랑받거나, 미움받거나. 어중간해서는 돈을 벌 수 없다"라는 말을 처음 한 사람은 2003년 2월, 플로리다주의 탬파에서 열린 마스터마인드 미팅에서 만난 맷 퓨리Matt Furey다. 사람들 앞에서 이야기하던 퓨리는 나를 보고 이렇게 말했다. "당신이 쓴 책을 얼마 전에 샀는데, 책을 너무 싸게 파는 것 같더군요." 워낙 대단한 사람이다 보니 내 눈이 커질 수밖에 없었다. '나를 핑계 삼아 자기 입지를 다지려 드는군.' 이런 생각을 했다. 이어서 그는 이렇게 말했다. "제 비스니스를 완전히 뒤바꾼 또 하나는 바로 이것이었습니다. '사랑받거나, 미움받거나. 어중간해서는 돈을 벌 수 없다'는 철학이죠."

충격을 받았다. 그 말을 처음 들었던 순간을 영원히 잊지 못할 것이다. 이 철학은 내게 사실이 아닌 이야기를 해대는 사람들에게 맞설 용기를 주었고 이것이 내 비즈니스에 굉장한 영향을 미쳤다. 이 철학은 방향을 전환할 용기를 주었다. 내 의견을 다른 사람에게 공유할 용기를 주었다. 이 철학 덕분에 항상 모든 사람들을 만족시키려 한다면 좋을 것이 하나도 없음을 깨달았다.

당신이 카피와 콘텐츠를 만들 때는 '사랑받거나, 미움받거나. 어중간해서는 돈을 벌 수 없다'는 사실을 항상 명심하길 바란다. 강력한 의견을 가져라. 당신의 의견을 고수하라. 당신이 변화해야 할 때라고 세상이 말한다면 그에 따라 변화하는 것을 두려워하지 말라. 당신을 지켜보는 사람들을 위해 일관된 캐릭터를 유지해야 한다.

요
약

- 사랑받거나, 미움받거나. 어중간해서는 돈을 벌 수 없다.
- 자신만의 신념이 있어야 한다!
- 메시지, 의견, 신념이 일관되어야 한다.
- 상황이 달라질 때는 두려워하지 말고 방향을 바꾼 다음 사람들에게 이유를 설명하라.

제품 약속

"인생에서 정서적 전환점에 서 있는 사람들을 대상으로 할
때 큰돈을 벌 수 있다."

게리 핼버트

불티나게 팔리는 상품의 핵심은 제품 약속이다. 어떤 세일즈 카피를 만들든 99퍼센트의 경우 헤드라인이 가장 중요하다. 상품 또는 서비스가 약속하는 바는 보통 헤드라인에 담기는데, 이것이 놀라운 판매력의 가장 중요한 비법이다. 모든 세일즈 카피가 그렇듯, 여기에도 수익성 높은 제품 약속을 전달하는 공식이 있다. 허들, 상, 타이밍, 제거 장치라는 네 단계의 공식이다. 이제부터 하나씩 살펴보겠다.

요소 1　허들

먼저, 원하는 결과를 얻기 위해 무엇을 어떻게 해야 하는지, 사람들이 걱정하는 바나 궁금해하는 점을 짚고 넘어가야 한다. "당신이 원하는 결과를 얻게 해줄 겁니다"라고 말하면 사람들은 당신의 상품을 보며 "좋아요. 하지만 제가 그 결과를 얻기 위해 뭘 어떻게 해야 하나요?"라고 생각할 것이다. 당신의 역할은 사람들이 원하지만 하기 어려운 일이 무엇인지, 즉 허들이 무엇인지 이해하는 것이다. 사람들이 원하는 결과는 저 건너편에 있다. 건너편으로 가야 원하는 것을 얻을 수 있다. 고객의 걸림돌을 이해하려면 이들이 쓰는 행동 단어action words에 주의를 기울여야 한다. 99퍼센트의 경우 고객을 가로막는 허들은 이들이 감행해야 하는 행동이다.

　타깃 오디언스가 사용하는 행동 단어는 무척이나 중요하다. '골프공 멀리 날리는 법'과 '골프공 세게 치는 법', '골프공 맞히는 법'의 차이에 주의를 기울여야 한다. 또는 '아름다운 여성을 만나는 법', '아름다운 여성과 데이트하는 법', '아름다운 여성 찾는 법'의 차이에 말이다. 허들, 즉 그 행동이 무엇인지 보이는가? 결과를 얻기 위해 어떠한 행동을 할 능력이 없다는 것이 오디언스에게는 방해 요소인 셈이다. 행동은 심상을 떠올리게 한다. 행동을 시각화하기가 가장 쉬운 이유는 행동이 움직임을 동반하며 두 뇌의 80퍼센트는 눈에 보이는 이미지를 처리하는 데 초점을 맞추기 때문이다. 마음으로 상상하든 실제로 보든 움직임은 주로 시각기관에서 처리한다. 이 때문에 시야의 주변부에서 움직임을 감지하면 자연스럽게 고개가 그쪽으로 돌아간다. 인간은 그렇게 설계되었다.

따라서 사람들에게 말 그대로 그리고 비유적으로 이들의 고개가 돌아가게 만드는 심상을 제시해야 한다. '무언가를 하는 또는 성취하는 방법'으로 말이다. 사람들이 해내고 싶은 무언가를 말해야 한다. 얻는 법, 갖는 법, 주장하는 법, 쓰는 법, 출간하는 법, 만드는 법, 사용하는 법, 접근하는 법으로 말이다. 사람들이 무엇을 하고 싶어 하는가? 이들이 갈망하는 행동 또는 동사는 무엇인가? '10킬로그램 감량하는 법. 집에 페인트칠하는 법. 반려견 훈련시키는 법. 아이에게 변기 올리는 것을 가르치는 법.' 행동이 곧 허들이다.

요소 2   **상**prize

상은 사람들이 원하는 것이다. 앞서 이야기했듯이, 어떠한 행동을 해서 얻는 바람직한 결과이기도 하다. 가령 이런 것들이 있다.

- 굉장한 수익을 내는 전자책을 출간하고 두둑한 인세를 받고 싶다.
- 열정적인 연인관계를 원한다.
- 허리 통증에서 벗어나고 싶다.
- 노련한 프로처럼 골프를 치고 싶다.

당신의 틈새 오디언스가 원하는 결과의 키워드를 잘 살펴야 한다. 몇 가지 예시를 들자면 이렇다.

- 타이거 우즈처럼 공을 멀리 날리는 법
- 아널드 파머처럼 공을 세게 치는 법
- 베테랑 PGA 프로처럼 공을 맞히는 법

몇몇 오디언스는 아널드 파머Arnold Palmer가 누군지 알기는 하지만 타이거 우즈Tiger Woods나 샘 스니드Sam Snead를 더욱 친숙하게 여길 수도 있다. 이 공식을 적용하는 과정에서 오디언스가 상의 키워드로 언급하는 용어를 파악해야 수익성 높은 제품 약속을 제시할 수 있다.

요소 3 타이밍

'내가 원하는 것을 언제 얻을 수 있을까?'라는 질문에 답을 줘야 한다. 대다수의 사람은 기본적으로 산타 할아버지가 언제 우리한테 선물을 줄까 조바심 내며 기다리는 다섯 살 아이와 비슷하다. 성인이 되었다 해도 당신 안의 어린아이는 마구 소리를 지른다. '그래서 언제 되는데? 언제 효과가 나타나는데? 얼마나 더 기다려야 하는데? 지금 당장 내놓으라고!'

이 단계에서는 '언제 얻을 수 있을까?'라는 질문에 사람들이 납득할 만한 기간을 제시한다. 한 시간이면 될까? 오후에? 내일? 주말 동안? 아니면 일주일? 얼마나 걸릴까? 이런 질문에 답을 주는 것이다. 시간을 제시하는 데는 두 가지 방법이 있다. 첫 번째 방법은 사람들이 어떠한 행동

을 실천해 상을 얻기까지 걸리는 시간으로 제시하는 것이다. 중요한 점은 선뜻 믿기 어려울 정도의 시간을 제시하되 물리적으로 가능한 수준이어야 한다는 것이다. 그래야 그걸 달성하지 못했을 때 사람들은 남이 아닌 자기 자신을 탓한다.

- 타이밍: 일주일 만에 100페이지 쓰기
일주일 동안 전자책 100페이지를 쓸 수 있다. 마음먹고 앉아서 한다면 2, 3일 내에 마칠 수 있다. 이를 달성하지 못했다면 당신이 주어진 일을 제대로 하지 못했다는 것이다.
- 타이밍: 90분 만에 전자책 한 권 만들기
제대로만 한다면 누구나 각종 기술과 전략을 활용해 90분 안에 가벼운 전자책 한 권을 만들 수 있다.

두 번째 방법은 상을 받는 법을 가르치는 데 걸리는 시간을 제시하는 것이다. 이런 식이다.

- 30분 수업 2회로 골프 스윙을 개선하는 법
- 한 시간 안에 영어 실력 높이는 법
- 17분만 제게 할애한다면, 여기서 가장 아름다운 여성과 대화를 시작하는 방법을 알려드리겠습니다

타이밍은 무언가를 하기까지 걸리는 시간 또는 사람들에게 무언가를 가르치는 데 걸리는 시간을 의미한다.

요소 4 제거 장치

고객에게 아직 원하는 바를 얻지 못한 것은 '당신의 잘못이 아니다'라고 말하며 죄책감을 덜어주는 단계다. 사람들은 자신을 가로막는 수많은 방해 요소로 마음에 장벽을 쌓는다. 장해물이나 걸림돌이 될 수도 있고, 어떤 행동을 하기 싫어서, 다음 단계를 몰라서, 그 외 다양한 요소가 발목을 잡아서 벽을 세운다. 비록 머릿속 상상이더라도 이들에게는 실제 장벽이나 다름없다. 너무 오래 걸려서, 돈이 너무 많이 들어서, 너무 어려워서, 또는 이 다음부터 뭘 어떻게 해야 할지 몰라서 망설인다. 사람들을 가로막는 이런 변명들을 제거하지 못하면 승산이 없다.

이런 변명들은 과거에 경험했던 수고나 고통, 실패에서 비롯된다. 아마도 원하는 결과를 얻지 못한 데는 본인의 잘못이 크겠지만, 절대로 이렇게 말해선 안 된다. 사람들이 과민하게 반응하며 방어적으로 나올 것이기 때문이다. 사람들의 잘못이라고 **절대로** 말해선 안 된다. 다시 한 번 강조하겠다. **어떤 상황에서든 원하는 결과를 얻지 못한 이유가 그들에게 있다고 말해서는 안 된다.** 물론 사람들이 살을 빼지 못하는 이유는 세 번째 치즈버

거를 집어 들기 전 식탁에서 일어나야 한다는 생각을 하지 못하기 때문이다. 그렇지만 나는 절대 이를 입 밖으로 내지 않는다. 이렇게 말할 것이다. "당신의 잘못이 아닙니다. 그동안 거짓 정보로 인해 탄수화물과 단백질, 채소의 관계를 잘못 알고 계셨으니까요. 식단 전략만 바꾼다면 살이 빠지기 시작할 겁니다." 세일즈 카피에서 고객에겐 결코 잘못이 없다. 절대로. 머리에 깊이 새기길 바란다.

공식의 이 마지막 요소는 더 나은 제안을 만들어내야 한다는 의미다. 상품을 판매하기 위해선 고객을 망설이게 하는 요인을 없애야만 하니까. 이 요인을 없애기 위해서는 창의력을 발휘해야 하는 만큼, 환상적인 제안이 탄생하게 된다.

지금까지 이야기한 내용을 모두 종합해서 한 가지 예시를 보여주겠다. '7일 만에 굉장히 수익성 높은 전자책을 직접 써서 출간하는 법.' 앞서 나온 공식의 세 요소가 모두 충족된 카피지만 제거 장치가 없다. 이 카피를 보고 사람들은 '와, 멋지네. 그런데 나는 작가가 아니라서 안 될 것 같아'라고 생각한다.

그래서 이런 문장을 넣는다. '…글을 쓸 줄 몰라도, 타자를 못 쳐도, 고등학교 때 영어 시험에서 좋은 점수를 못 받은 사람도.' 이것이 바로 제거 장치다. '…한 사람도' 또는 '…못 한 사람도'라고 문구가 사람들의 부담을 덜어준다. 또는 '＿＿＿＿＿하지 않고도'와 같은 문구를 사용해 '단 한 글자도 타이핑하지 않고도 7일 만에 굉장히 수익성 높은 전자책을 직접 써서 출간하는 법'이라고 적을 수 있다.

어떠한 고통이든, 얼마의 수고든, 어떠한 골치 아픈 행동이든 사람들의 눈앞에서 말끔히 치워버려야 이런 반응을 얻을 수 있다. "와, 세상에. 그러니깐 내가 앉아서 타이핑하지 않아도 된다는 거예요? 앉아서 글을 쓰지 않아도 된다는 소리 맞아요? 키보드 앞에서 온갖 고생을 할 필요가 없는 거죠? 좋아요. 제 관심을 사로잡았어요!"

이 공식을 더욱 강력하게 만들어 주는 마법 같은 약속을 덧붙일 수 있다. 첫 번째는 돈에 대한 약속인데, 이 약속을 내걸 때는 좀 더 주의를 기울여야 한다. '하루에 1000달러 버는 법', '_____로 또는 _____를 이용해 또는 _____를 해서 하루에 1000달러 버는 법' 같은 식이다. 더불어 과거의 실수에 관대함을 발휘하는 것이다. '과거 도전했지만 실패한 사람도', '과거 도전했지만 끔찍한 실패를 맛본 사람도 7일 만에 굉장히 수익성 높은 전자책을 직접 써서 출간하는 법', '글쓰기가 너무 싫고 독수리 타법만 칠 줄 아는 사람도'를 덧붙일 수 있다. 두 번째는 기간 또는 시간에 대한 약속이다. '60분 안에', '7일 안에', '일주일 안에', '한 시간 안에' 등이 있다. 세 번째는 가격 전환이다. '50달러 미만으로', '스타벅스 커피 한 잔보다 저렴한 가격으로', '매달 미디엄 사이즈 피자 한 판 값으로'와 같은 식이다. 이렇게 마법 같은 약속을 더하면 사람들은 '세상에. 그러니깐 매달 미디엄 사이즈 피자 한 판 값이면 이걸 얻을 수 있다고? 당연히 사야지'라고 생각한다.

그렇다면 이 공식이 효과를 발휘하는 틈새 집단은 누굴까? 해결해야 하는 문제가 있거나 강렬한 욕망이 형성된 사람이라면 누구에게나 효과가 있다. 이 세 가지 요소를 순서 없이 자유롭게 써도 되지만 제목, 헤드라인, 약속에 포함시켜야 한다. 당신이 반드시 알아야 하는 가장 중요한 사항은 사람들이 무엇을 원하는가 또는 사람들의 가장 큰 문제가 무엇인가다. 몇 가지 예시를 살펴보겠다.

1. 데이팅: '인연이 아닌 사람에게 시간을 낭비하는 일 없이 온라인 데이

팅 사이트 match.com에서 30일 안에 진정한 사랑을 찾는 법.' '30일 안에 진정한 사랑을 찾아주는 match.com 온라인 데이팅 사이트를 가입하는 데 피자 한 판 값도 들지 않습니다.' '과거 온라인 데이팅에 실패했던 사람도 match.com에서 30일 만에 진정한 사랑을 찾는 법.'

2. 부동산: '어느 나라에 거주하든, 이베이 부동산으로 첫 거래를 성사시켜 72시간 안에 돈을 버는 방법. 인터넷과 돈 벌고 싶은 마음만 있으면 됩니다.' '한 번도 집을 구매해본 적이 없는 사람도 이베이 부동산으로 첫 거래를 성사시켜 72시간 안에 돈을 버는 방법.' '투자금 없는 사람도 이베이 부동산으로 첫 거래를 성사시켜 72시간 안에 돈을 버는 방법.'

3. 부부 상담: '온갖 방법을 시도했지만 모두 실패했던 사람도 15분짜리 세션으로 배우자와 다시 대화를 시작하고 관계를 되돌리는 법.' '과거 결혼생활에 실패했던 사람도 15분짜리 세션으로 사랑하는 사람과 다시 대화를 시작하고 관계를 되돌리는 법'

4. 반려견 훈련: '어떤 강아지든 일주일 만에 배우는 멋진 개인기 7가지. 즐겁고 빠르고 스트레스가 전혀 없습니다.'

결론은 이렇다. 잠재고객을 구매로 이끄는 데 필요한 모든 요건을 충족하고 동기를 유발하기 위해 수익성 높은 제품 약속 공식의 네 가지 요소 (허들, 상, 타이밍, 제거 장치)를 활용할 때, 고객을 가로막는 모든 방해 요인을 완벽히 제거한 아주 매력적인 제안이 탄생한다.

- 세일즈 카피에 담긴 약속은 당신의 상품을 구매하는 고객 수에 직접 영향을 미친다.

- 굉장한 약속을 내걸면(그리고 그 약속을 지킨다면) 판매가 치솟을 것이다.

- 각 요소들이 잠재고객의 구매 결정 과정에서 중요한 지점을 공략하므로 공식의 모든 요소를 카피에 포함해야 한다.

- 어떤 일이 있어도, 고객이 원하는 바를 얻지 못한 이유가 본인에게 있다고 느끼게 해서는 '절대로' 안 된다.

형편없는 카피 고치기

"광고를 읽는 사람은 없다. 사람들은 흥미로운 것만 읽는다.
때론 그것이 광고일 뿐이다."

하워드 고시지

형편없는 카피를 어떻게 눈에 띄도록 만들까? 그러기 힘들 때가 있다. 처음부터 다시 쓰는 게 나을 수도 있다. 어떤 때는 갖은 노력을 들이고 피, 땀, 눈물을 쏟지만 그 결과가 처참할 때도 있다. 그냥 버려야 할 때도 있다. 한편, 호박에 줄을 그어 수박으로 탈바꿈할 수도 있다.

카피가 잘 먹히지 않을 때 해볼 수 있는 일이 있다. 자기 자신에게 몇 가지 질문을 던지는 것이다. 카피에서 무언가를 놓친 탓에 한 가지 또는 몇 가지 요소가 제 힘을 발휘하지 못하는 것은 아닌지 살펴야 한다.

헤드라인을 확인한다

- 헤드라인이 있는가? 헤드라인을 넣지 않는 사람이 얼마나 많은지 알면 아마 깜짝 놀랄 것이다. 도대체 왜 헤드라인을 넣지 않을까? 당신의 페이지에서 사람들이 가장 먼저 보는 것이다. 영상 세일즈레터에서 당신의 첫 마디가 되기도 한다. 헤드라인 비슷한 것도 넣지 않는 사람이 얼마나 많은지 알면 놀랄 것이다.

- 헤드라인이 당신에 관한 것인가, 당신의 오디언스에 관한 것인가? 예전에 나는 파산한 트레일러 패배자에서 돈다발을 안은 사업가로 어떻게 변신했는가라는 식의 헤드라인을 썼었다. 당시에는 굉장한 헤드라인이라고 생각했다. 하지만 완전히 실패한 헤드라인이 되고 말았다! 이후 비즈니스와 삶에서 불공평한 혜택을 누리는 법으로 수정하자 매출이 500퍼센트 뛰었다.

- 혜택 또는 약속이 큰 볼드체로 적혀 있는가? 당신은 헤드라인으로 사람들이 하던 일을 멈추게 만들 수 있다. 이를테면 '섹스!' 또는 '비상사태!'라고 말하는 것이다. 하지만 이런 글귀는 타깃 오디언스가 아닌 사

람까지 불러 세운다. 사람들은 멈춰 서서 카피를 읽은 뒤 막상 자신과 (또는 섹스와) 관계없는 내용임을 확인하고 언짢아할 것이다. 타깃 오디언스를 멈춰 세우고 관심을 집중시킬 만한 혜택이나 약속을 볼드체로 헤드라인에 명시했는지 확인해야 한다.

제안이 명확한가?

- 구매자가 무엇을 얻게 될지 이해하고 있는가? 분명하게 쓰였는가? '이것, 이것, 이것들을 얻게 될 겁니다'라고 명료하게 적어야 한다.
- 구매자가 상품을 어떻게 받는가? 디지털로 전달되는가? 실물 상품인가? 전자 기기인가? 코칭인가? 어떤 유형의 상품인가?
- 언제 받을 수 있는가? 즉시 전달받는 상품인가? 내일 받게 되는가? 다음 주에 받을 수 있는가? 한 달에 한 번씩 12개월 동안 받는가? 주문 제작인가?
- 비용은 얼마인가? 세일즈 메시지를 읽는 즉시 상품 가격을 곧장 이해할 수 없다면 사람들은 당신이 무언가를 숨긴다고 생각하고 자리를 뜰 것이다.

지금 구매해야 할 분명한 이유를 제시했는가?

사람들이 지금 당장 구매해야 할 분명한 이유가 있는가? 세계 최고의 제안이라도 지금 구매해야 한다는 조바심을 일으키지 않는다면 사람들은 구매하지 않을 것이다. 바로 구매하도록 행동을 유도하는 방법은 보통 세 가지다.

- 보너스: 지금 구매하면 환상적인 제안에 가치가 추가된다고 알린다.
- 데드라인: 대규모의 론칭 때 주로 쓰는 방식이다. 데드라인을 정해 그 주 금요일에 해당 제안을 마감한다. 문제는 다음 주 화요일쯤 어떤 고객이 당신에게 연락을 해오는 상황이다. "저기, 미처 확인하지 못한 제 친구들에게만 그 제안을 24시간 더 열어주시면 안 될까요?" 그럼 당신은 이렇게 대응하기가 쉽다. "그건 좀 불공평한데요. 그럼 24시간 한정으로 모든 사람에게 열어두죠. 혹시 놓쳤거나 기다렸던 분들은 24시간 내에 구매해주세요." 이렇게 하면 당신의 진정성이 타격을 입는다.
- 한정 수량: 이 방법은 양날의 검이다. 제안이 잘 팔리는 와중에 물량을 모두 소진할 때가 당신의 진정성이 고객에게 드러나는 순간이다. 마법처럼 물량이 추가되어 제안이 계속 진행된다면 구매 고객들은 당신이 거짓말을 했다고 생각할 것이다.

나는 '멀티미디어 정보 제품을 만드는 법'이라는 상품으로 처음 대규모 론칭을 진행하며 데드라인에 관한 중요한 교훈을 얻었다. 2003년, 나는 콘텐츠를 제작해 CD로 굽거나 웹상으로 전달하는 법을 보여준 최초의 사람 중 한 명이었다. 스크린 캡처 비디오와 풀 모션 비디오 기능을 더한 최첨단 기술이었다. 이 론칭 행사에서 집 대출금을 청산할 정도의 돈을 벌었다.

해당 상품의 판매를 종료하는 데드라인이 다가오자 당황스러웠다. "왜 그래?"라고 묻는 아내에게 이렇게 답했다. "완벽한 제안에 완벽한 상품을 만들었는데 다시는 팔 수가 없다니." 약속을 지키기 위해서는 정해진 데드라인을 지키고 이 상품을 다시는 판매해선 안 되었다.

그때 교훈을 얻었다. 이후 대규모 론칭을 진행했을 때는 데드라인이나 한정 수량 전략을 활용하지 않았다. 대신 손해를 보는 것에 대한 고객의 두려움을 이용했다. 지금 당장 구매해야 한다는 조바심을 자극하기에 훨씬 좋은 방법이다. 데드라인에 의존하는 어리석음을 버린 덕분에 해당 상품은 500만 달러 가까이 되는 매출을 달성했다. 이 전략을 쓰는 데는 좀 더 노련한 기술이 필요하지만, 손해를 보는 것에 대한 두려움을 카피에 적절히 녹여낼 수만 있다면 결과가 훨씬 더 좋다.

그렇다면 이 전략을 어떻게 사용해야 할까? '미래 연상 기법'을 이용하면 된다. "이 상품을 구매하지 않는다면 이런 경험을 하게 될 겁니다. 이런 것도 못하고, 저것도 힘들 거고요. (이러이러한 것들을) 할 수 없게 될 겁니다." 지금 구매를 망설일 때 왜 경쟁자에게 뒤쳐지고 발전 없이 답보 상태에 머물게 되는지, 이유를 3~5가지 정도 제시한다면 데드라인이나 한정 수량 같은 요소에 의존하지 않을 수 있다. 이렇게 접근할 때 더 오랫동안 더 높은 성과를 유지할 수 있다.

카피에 정서적 동인^{driver}이 있는가?

카피의 서두에 사람들을 사로잡는 정서가 담겼는가? 두려움일 수도 있고 욕망이나 호기심, 고통, 즐거움, 만족, 불만(사람들이 느끼는 문제에 대해 이야기한다면)이 될 수도 있다.

카피에는 정서가 녹아 있어야 한다. 사람들이 벗어나고 싶거나 바라는 상황을 제시하여 정서를 불러일으킬 수 있다. 카피는 사람들이 원하는 무언가로 더욱 가까이 이끌리거나 사람들이 싫어하는 무언가에서 더욱 멀어지도록 해야 한다. 사람들은 자신이 원하는 대상으로 가까이 다가가거나 싫어하는 대상에서 도망치려고 한다. 당신의 카피에는 정서적 요소

두려움   욕망

호기심   고통

가 담겨야 한다.

카피가 별 효과를 발휘하지 못한다면 천천히 살펴보며 물어야 한다. '수익을 내기 위해 어떠한 약속을 전해주는 것 말고도 사람들을 정서적으로 사로잡는 무언가가 있는가?' 내 경험상, 사람들이 무언가를 구매하는 이유는 열에 아홉 현 상태에 대한 불만에서 기인한다.

정서적으로 끌리거나 동기가 부여될 수는 있지만 사람들을 행동하게 만드는 것은 불만이다. 모든 게 만족스럽다면 사람들은 그저 허접한 소파에 앉아 과자를 먹으며 취향에 맞는 TV나 볼 것이다. 고통스럽지 않으면 사람들은 변하려 들지 않는다.

그러니 기억해야 한다. 열에 아홉의 경우 사람들은 현재의 상황에 불만을 느끼기 때문에 지갑을 연다. 나중에가 아니라 지금 당장 구매해야 한다고 자극하는 것은 불만이다.

불릿이 형편없는가?

불릿이 호기심을 자극하는가, 아니면 지루하고 단조롭고 설명서처럼 쓰였는가? 불릿과 불릿 공식의 비밀은 이미 앞에서 다루었다(SECRET 9 참고). 따라서 지금 물어야 할 질문은 이것이다. 상품의 기능만을 나열했는가, 아니면 혜택과 보상을 강조했는가? 불릿은 사람들을 행동하게 만들고, (온라인에서) 카드 번호 전체를 입력하게 만들고, 당신에게서 구매하도록 욕망과 호기심을 자극해야 한다.

가격은 어떠한가?

다른 업체에 비해 가격이 너무 높은가? 그렇다고 프리미엄 가격을 청구해선 안 된다는 뜻은 아니다. 프리미엄 가격에 합당한 제안이라면 문제될 것은 없다. 반면, 너무 낮은 가격을 제시한 탓에 싸구려 상품이라는 인식을 심어준 것은 아닌가?

한번 생각해보자. 업무 디지털화 및 재택근무 관련 산업에 초점을 맞춘 옵션 트레이딩에 대한 교육에 97달러를 매겼다. 옵션이나 선물 시장을 확장하려는 노련한 투자자들을 대상으로 한 가격은 분명 아니다. 당신의 상품이 97달러라는 것을 보면 이들은 웃음을 터뜨리며 이런 교육에 시간을 투자할 가치가 없다고 생각할 것이다. 가격이 너무 저렴하고, 아무 가치도 없다고 여길 것이다. 상품의 가격은 너무 낮을 수도 있고 너무 높을 수도 있다. 그렇다면 그 정도를 어떻게 판단할까? 테스트를 해야 한다.

상품 가격이 가치에 부합하는지 판단해야 한다. 좋은 조건의 상품처럼 보이는가? '와! 굉장한 제안인데. 가격을 올리거나 판매자가 마음을 바꾸기 전에 얼른 사야겠어'라는 생각이 드는가?

세일즈에서는 몇십 센트의 가격으로 몇 달러를 팔아야 한다고 말론 샌더스에게서 배웠다. 잠재고객이 봤을 때 보너스가 더해진 당신의 제안이 가격보다 10배의 가치를 해야 한다는 뜻이다. 10배가 마법의 숫자다.

사실 10배든, 20배든, 5배든, 13배든 중요한 것은 아니다. 다만 당신의 제안이 몇십 센트의 가격으로 몇 달러의 제품을 판매하는 것처럼 보여야 한다. 이렇게 생각하길 바란다. 누군가 "1달러 지폐를 장당 10센트씩만 받고 당신이 원하는 대로 팔겠습니다. 얼마나 구매하시겠습니까?"라고 묻는다면 당신은 "가능한 한 많이요"라고 답할 것이다. 고객들이 바로 이런 기분을 느끼도록 해야 한다.

판매가가 97달러라면 전달할 수 있는 가치는 1000달러가 되어야 한다. 이것이 바로 몇십 센트의 가격으로 몇 달러를 판매하는 것이다. 판매가를 1000달러로 한다면 고객이 1만 달러의 가치를 얻는다는 기분이 들게 해야 한다.

앞서 말했듯이 항상 10배가 되어야 한다는 말은 아니다. 다만 환상적이고, 진정성 있으며, 확실한 가치를 지닌 제안처럼 느껴져야 한다. 따라서 카피가 별 효과가 없다면 아마도 판매가나 고객이 지각하는 가치가 잘못되었을지도 모른다.

그래픽과 색감이 적절한가?

그래픽이 메시지의 전달력을 높여주는가? 카피에 그래픽이 들어가 있는가? 그렇다면 그래픽이 메시지에 담긴 정서를 강화하는가, 집중하기 어렵게 만드는가, 아니면 왠지 불쾌한 기분을 느끼게 하는가?

색도 주의해서 써야 한다. 색이 잘 어울리는가, 아니면 혼을 쏙 빼놓는가? 운영자를 한 대 때려주고 싶을 정도로 웹사이트가 너무 흉측하지는 않은가? 사람들의 눈을 극도로 피곤하게 만드는 정신없는 사이트보다는 무난하고 심심한 사이트가 낫다.

그래픽을 적절하게 활용해야 한다. 세일즈 카피에서 중요한 내용과 정보에는 적절한 그래픽이 더해지는 것이 좋다.

증거는 어떠한가?

사람들이 당신의 말을 믿지 않을 수도 있다. 특히나 당신의 주장을 뒷받침할 증거를 제공했는가? 어떠한 주장을 할 때마다 이를 입증할 무언가를 제시해야 한다. 추천사나 사례연구, 통계자료, 전문가의 의견 등이 될 수 있다. '흠, 잘 모르겠는데', '정말 그럴까'라고 생각하는 사람이 등장하거나, 맨 뒷줄에 앉아 있던 잘난 척쟁이가 '증명해봐요!'라고 소리칠 때 당신의 주장이 옳다는 바를 뒷받침해줄 제삼자의 인정이 필요하다.

증거는 스크린샷이 될 수도 있고, 체중 감량에서 비포와 애프터 사진이나 계좌, 수표, 비용 정산 서류의 사진일 수도 있다. 다만 이런 증거 자료는 그 진실성을 입증할 수 있어야 한다. 공정거래위원회는 주장의 진위 여부를 밝히는 일을 아주 좋아한다.

참고로 투자나 체중 감량 등 사람들의 돈 또는 건강을 다루는 상품이라면 어떠한 주장을 할 때 발언에 더욱 주의해야 하고 올바른 경고문을 명시해야 한다. 사진 또는 추천사는 100퍼센트 진실되어야 한다. 기록이나 자료 관리 부주의로 증거를 입증할 수 없는 난감한 상황에 빠지지 않도록 주의하라.

호박에 줄을 긋는 몇 가지 방법을 설명했다. 이 외에도 여러 방법이 있지만, 그래도 이 정도면 아주 훌륭한 시작점에 섰다고 볼 수 있다.

요
약

- 카피가 제 역할을 하지 못할 때는 약간의 치장을 더해볼 수 있다. 카피의 요소를 하나씩 살펴보며 놓친 것은 없는지 살펴보라는 의미다.

- 가장 먼저 해야 할 일은 헤드라인이 (헤드라인을 빼놓지 않았다면) 고객 전환에 미치는 영향을 살피는 것이다.

- 제안이 분명하게 명시되었는지, 사람들이 무엇을 얻게 될지를 잘 이해할 수 있는지 확인한다.

- 몇십 센트로 몇 달러를 판매한다는 전략으로 카피의 성과가 향상되는지 살핀다.

네거티브 전략

"카피는 제품에 대한 욕망을 창출할 수 없다. 다만 수백만 명
이 마음속에 이미 품은 희망, 꿈, 두려움, 욕망을 자극하고,
이를 특정 제품으로 유인할 수는 있다. 카피라이터가 해야
하는 일은 대중의 욕망을 만들어내는 것이 아니라 특정한 방
향으로 이끄는 것이다."

유진 슈워츠

카피라이팅에서 쓸 수 있는 네거티브 전략은 두 가지다. 하나는 좋은 전략이고 하나는 나쁜 전략이다.

좋은 전략은 사람들의 마음속 대화에 참여하는 것이다. 이들의 문제, 실수, 두려움, (실재하거나 지각하는) 적에 대해 이야기한다. 나쁜 일을 언급하며 조심하라고 충고한다. 이들이 마음속에 자리한 부정적인 무언가를 건드리며 공감해야 한다. 그러지 못한다면 사람들은 당신에게 시선도 주지 않을 것이다.

몇 가지 예시를 들어보겠다. 반려견 훈련사가 겪는 문제는 무엇일까? 아마도 '어떻게 더 많은 고객을 유치할까'를 고민할 것이다. 여기서 네거티브 전략은 이런 식이다. '반려견 훈련 비즈니스에 좋은 고객들을 불러오기가 어렵습니까?', '골치 아픈 고객들에게 시달리고 있습니까?' 이렇게 부정성으로 접근하는 것이다.

부동산 투자자들의 경우는 어떨까? 어떠한 부정성을 자극할 수 있을까? '좋은 매물을 찾기가 어렵습니까?' '선금 지불 때문에 고민입니까?' '신용 상태가 안 좋습니까?' '신용 등급 때문에 매물을 찾거나 자금을 준비하는 데 어려움을 느끼고 계십니까?' 상대의 마음속 대화에 참여할 수 있는 네거티브 전략이다.

의사라면 어떨까? '의사 배상책임 보험료 때문에 수익률이 곤두박질치고 있습니까?' 워우, 이 주제는 좀 신중해야 한다. 의사라면 직원 문제를 겪을 수 있다. 고객 만족도도 문제가 될 수 있다. '돈을 제때 지급하지 않거나 깎으려 드는 보험사 때문에 고민입니까?'

퍼널 해커에게는 어떻게 접근할까? '트래픽이 충분히 발생하지 않습니까?', '광고가 고객 전환에 기여하지 못하고 있습니까?', '퍼널에 필요한 모든 도구를 설정하는 것이 어렵습니까?'

부정성을 이용해 고객의 심리를 헤아려야 한다. 이렇게 한 뒤에는 당신이 제시하는 해결책으로 이끈다. 자신의 문제에 상대가 마음을 쓰고 있다고 고객이 느끼지 못하면, 당신이 어떤 해결책을 제시하든 고객은 관심을 갖지 않는다. "당신이 마음을 쓰고 있다는 것을 느껴야 비로소 사람들은 당신이 얼마나 많은 지식을 갖췄는지 관심을 갖는다"라는 격언이 있다. 너무 진부하고 흔해빠진 옛말이라고 생각할 수도 있지만 요즘 시대에도 통하는 말이다. 특히나 온라인 세일즈 카피에서는 더더욱 그렇다.

고객이 자신의 문제를 잘 아는 당신을 보며 정말 자신에게 관심을 기울이고 있다는 점을 깨닫고 당신의 말에 귀 기울일 준비를 한다면, 이제는 해당 문제의 해결책을 보여줄 차례다. 당신의 상품이 어떠한 잘못을 방지할 수 있는지 설명한다. 증거로 그들의 두려움을 잠재운다. 고객의 적을 무너뜨리는 법을 보여준다. 설사 고객이 인지하는 가상의 적일지라도 고객이 실재라고 여기면 우리에게도 그런 것이다. 미래에 벌어질 수 있는 부정적인 사건을 헤쳐나갈 로드맵을 제시하거나 예방주사를 놔주어야 한다.

앞서 소개한 것들은 카피라이팅, 콘텐츠, 커뮤니케이션에서 활용할 수 있는 훌륭한 네거티브 전략이다. 공익광고와 비슷한 개념으로 생각할 수 있다. '문제를 피하도록 도와드리겠습니다. 방해물을 뛰어넘도록 도와드리겠습니다. 당신을 가로막는 질문에 제가 답하겠습니다'라는 태도로 접근하면 된다. 카피, 비디오, 콘텐츠 등으로 타깃 오디언스에게 공공 서비스를 제공하는 것이다.

지금껏 네거티브 전략의 좋은 활용법을 살펴봤다. 부정성을 이용해 잠재고객의 현재 상황에 공감하는 모습을 보여야 한다.

이제 나쁜 네거티브 전략을 볼 차례다. 잠깐 설명하자면, 나쁜 네거

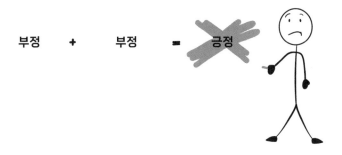

$$\text{부정} \quad + \quad \text{부정} \quad = \quad \text{긍정}$$

티브 전략은 긍정으로 이어지지 않는다. 우리가 피해야 할 행동의 가장 좋은 예는 지금껏 봐왔던 공격적인 정치 광고다. 욕설과 악담이 오가는 이러한 광고는 모든 이에게 언짢음을 선사하는 유해한 환경만 조성한다. '내 비즈니스에서는 절대로 저런 짓은 하지 말아야지'라고 생각한다면 좋은 태도다. 하지만 나는 실제로 이런 광고를 하는 사람들을 봤고, 해로운 결과만 남았다.

결론은, 노골적으로 누군가를 공격해서는 안 된다는 것이다. 행동은 공격할 수 있다. 누군가의 행동을 두고 "이런 행동을 하는 사람을 봤는데,

그다지 옳지 않다고 생각해요. 그렇게 생각하는 이유는 이런 것들이 있고, 대신 이런 행동을 해야 한다고 제안합니다"라는 태도를 취해야 한다. 말도 안 되는 결과나 당사자에게 해가 될 결과는 꼬집을 수 있다. 가령 도수치료사가 환자에게 부상 위험이 있는 운동을 가르칠 때처럼 말이다. 이런 경우에는 잘못된 점을 언급하며 사람들의 관심을 집중시킬 수 있다.

방법론도 공격할 수 있다. "기술과 전략이 발달해 결과를 100배는 쉽게 얻는 방법이 나왔는데도 지난 세기의 방식을 따라야 할 이유가 있을까요? 이제 낡은 관습을 버리고 새로운 방식을 따를 때입니다."

행동을 비난할 수도 있다. 결과를 꼬집을 수도 있다. 방법론을 공격할 수도 있다. 하지만 절대로 어떤 사람이나 기업의 이름을 들먹이며 공격해서는 안 된다. 누군가를 꼭 짚어 언급해서는 절대 안 된다. 좋을 게 하나도 없다. 문제만 일으킬 뿐이다. 99퍼센트의 경우 부메랑처럼 돌아와 당신의 발목을 잡을 것이다.

네거티브로 접근하지 않는다는 것이 의미하지 않는 바를 설명하겠다. 부정의 부정의 부정이 되었다. 다시 말해 네거티브로 접근한다는 것은 모든 걸 무작정 긍정적으로만 보지 않는다는 뜻이다. 디즈니 캐릭터인 폴리애나Pollyanna는 어떤 일에도 긍정적인 소녀다. 누가 뭐라 하든 모든 일에서 긍정적인 부분을 찾아낸다. 지나칠 정도로 다정한 캐릭터라 한 번씩 화면 속으로 들어가 말리고 싶은 기분까지 든다. 영화의 마지막 장면에서는 3층 창문에서 떨어져 허리가 부러졌지만 병원으로 실려 가는 와중에도 무한 긍정성을 보이는 캐릭터다. '무슨 일이든 다 긍정적으로 볼 수 있다'는 식의 함정에 빠져선 안 된다. 사람들에게서 공감을 얻지 못할 것이다.

당신이 다른 누군가와 반드시 비교·대조되어야 하는 상황에 놓인다면 어떨까? 더욱이 상대가 누구에게도 득이 되지 않는 행동을 한다면? 그러면 이렇게 말하고 싶을 것이다. "저희 경쟁사 중에는 _____라고 말하는 곳도 있지만, 그건 사실이 아닙니다. 고객님들께서 알아야 할 모든 사실을 이제부터 설명하겠습니다." 여기서도 누군가의 이름은 언급하지 않는다. 가령 이렇게 말하는 것이다. "저희 경쟁사 중에는 대형견을 훈련할 때 초크 체인을 사용해도 된다고 말하는 곳도 있지만, 그건 사실이 아닙니다. 고객님들께서 알아야 할 모든 사실을 이제부터 설명하겠습니다." "저희 경쟁사 중에는 서드파티 이메일 서비스 제공자를 이용하라고 말하는 곳도 있지만, 이것은 그리 좋은 생각이 아닙니다. 고객님들께서 알아야 할 모든 사실을 이제부터 설명하겠습니다." "경쟁사 중에는 저희처럼 높은 메일 전달률을 달성한다고 말하는 곳도 있지만, 이것은 사실이 아닙니다. 고객님들께서 알아야 할 몇 가지 사실을 이제부터 설명하겠습니다."

이렇게 정리하면 된다. 누군가의 이름을 언급하거나 저격하는 대신 "이것은 사실이 아닙니다"라고 말하는 것이다. "어떤 이들이 _____라는 것을 눈치 채신 분도 있겠지만, 잘못된 처사라고 생각합니다. 이런 이유에서입니다." "어떤 이들이 _____에 추가 비용을 청구한다는 것을 눈치 채신 분도 있겠지만, 잘못된 처사라고 생각합니다. 이런 이유에서입니다." "어떤 이들이 서드파티 이메일 릴레이 서비스에 비용을 청구한다는 것을 눈치 채신 분도 있겠지만, 잘못된 처사라고 생각합니다. 이런 이유에서입니다." 자신의 메시지를 분명히 밝히는 동시에 경쟁사를 밀어내고, 고객들이 좋은 의사결정을 내리기 위해 (즉 당신의 상품을 선택하기 위해) 반드시 알아야 할 사실도 전달하는 화법이다.

당신의 타깃 오디언스가 어떤 경험을 했든, 부정적인 부분에 초점을 맞출 수 있다. 이 과정에서 위협적이거나 폭력적이거나 누군가의 실명을 들먹이며 공격하지 않아야 한다. 어둠의 편에 가담하지 않고도 부정성을

통해 공감하는 네거티브 전략을 활용할 수 있다. 행동, 아이디어, 방식은
공격할 수 있지만 절대로 실명을 언급해서는 안 된다.

요
약

- '네거티브 전략'에는 좋은 것과 나쁜 것이 있다.
- 부정성을 바탕으로 고객의 마음속 대화에 참여하며 고객과 공감한다.
- 누군가의 또는 어떤 기업의 이름을 언급하며 네거티브 전략을 펼쳐서
  는 안 된다. 좋은 결과는 하나도 없고 높은 확률로 역풍을 맞게 된다.

스텔스 클로징

"수천 명이 지금 이 순간에도 충족할 방법을 간절히 찾는 마음속 한 가지 강렬한 욕망을 건드려라."

유진 슈워츠

콘텐츠, 영상, 기사, 안내문, 토막 정보, 별것 아닌 트윗까지 무엇이든 비밀 세일즈 요원으로 활용할 수 있다면 환상적이지 않을까? 당연한 소리다. 팔지 않고도 팔 수 있을까? 정보 제공 영상, 기사 및 그 외 세일즈 지향적이지 않은 콘텐츠에 세일즈를 어떻게 녹일까? 그 답은 바로 (콜롬보 클로징 The Columbo Close이라고도 알려진) 스텔스 클로징Stealth Close에 있다.

TV 드라마 〈형사 콜롬보〉 속 주인공은 살인 사건 또는 극악무도한 범죄를 수사하는 형사다. 겸손하고 어리바리한 듯 보여 누구도 그를 진지하게 받아들이지 않는다. 매회 악당은 무사히 수사망에서 빠져나갔다고 생각한다. 하지만 마지막 30초에서 5분 사이, 형사 콜롬보가 나타나 아무 일도 없다는 듯 태평하게 몇 가지 질문을 하고는 이렇게 말한다. "참, 그런데요 제가 바에서 봤던 그 음료 또는 빈 컵은 뭐였습니까?", "그건 어떻게 된 겁니까?" 경계심이 내려간 사람들은 콜롬보 형사의 질문에 아무 생각 없이 답하며 범죄 사실을 시인하는 것과 다름없는 정보를 발설한다.

콜롬보 클로징은 사람들의 레이더 아래에서 비행하는 것이다. 광고를 보는 사람들 대다수는 경계심을 높이 유지하고 있다. 의식적으로든 무의식적으로든 이들은 구매 금지 레이더를 최대로 가동하고 있다. '나한테 뭘 팔려고 하네. 조심해야겠어. 이런 광고를 볼 때마다 항상 결제를 하고 마니까. 카드 값 때문에 아내가 또 소리 지를 걸 생각하면 조심해야 해. 아무것도 사지 않을 거야. 그냥 보기만 하는 거야.' 구매 금지 레이다를 최대로 가동하고 있다. 스텔스 클로징은 당신의 속내를 들키지 않은 채 교묘하게 상대를 당신이 원하는 방향으로 이끄는 것이다.

스텔스 클로징은 '참고로'라는 단어로 시작할 때가 많다. 내가 실제로 보냈던 이메일 티저를 예시로 보여주겠다.

제목: 안녕하세요, [이름]. 완벽한 이미지가 필요하신가요.

저는 짐 에드워즈이고, 아래는 내일 자 신문 칼럼으로 나갈 기사인데 오늘 먼저 공개합니다. 웹사이트나 미니사이트, 콘텐츠 사이트, 브로셔, 전단지, 전자책 표지, DVD 커버 제작 등 이미지가 필요한 분이라면 이 기사에서 시간과 돈을 모두 절약할 수 있는 유익한 정보를 얻으실 겁니다.

참고로, 다음 주에 LA에서 열리는 웹사이트 비디오 시크릿 워크숍에 아직 신청하실 수 있습니다. websitevideosecrets.com에서 자세한 정보를 확인하실 수 있어요.

비디오 시크릿 워크숍과 신문 칼럼이 무슨 관련이 있을까? 전혀 없다. 그럼에도 어떤 가치를 전달하고 나서 사람들에게 불쑥 워크숍을 내민 것이다. 스텔스 클로징은 추신에 잘 어울린다. 아래는 또 다른 예시다.

"이베이에서 장물을 판매하는 사람들에 관한 기사를 소개해드립니다. 이베이에서 거래할 때 주의하시길 바랍니다." 이렇게 적은 뒤 추신을 덧붙인다. "추신. 4월 5일과 6일, 양일간 애틀랜타에서 열리는 웹사이트 비디오 시크릿 워크숍 자리가 몇 개 남았습니다. 트래픽과 클릭을 유도하고, 두둑한 커미션을 창출하는 짧은 영상을 쉽게 만드는 비밀이 궁금한 분들은 아래 링크를 방문해 더 자세한 내용을 확인해주세요."

그런 뒤 링크를 첨부한다. 중심을 옮기는 것이다. 유도나 주짓수를 한번 생각해보자. 옆으로 몸을 움직이며 달려드는 상대를 넘기는 것이다.

이는 어떤 원리로 작동할까?

전략은 두 부분으로 나뉜다. 첫 번째 부분에서는 사람들에게 가치를 제공한다. 위의 예시에서도 가치를 먼저 제공했다. "괜찮은 기사가 있어요. 영상이 있어요. (당신이 가진 무언가를 내밀며) 이런 게 있어요." 그런 뒤 두 번째 파트에서 '참고로'라는 간단한 한 마디를 붙여 사람들을 다른 주제로 이끄는 것이다.

스텔스 클로징을 어디서 활용해야 최고의 결과를 얻을 수 있을까? 이메일 티저에서 대단한 힘을 발휘한다. 나는 스텔스 클로징을 쓰기 위해 어떠한 가치를 전달하는 메일을 보낼 때가 많다. 내가 전달하는 가치는 스텔스 클로징 메시지를 전달하기 위해 지불해야만 하는 요금과 비슷하다. 스텔스 클로징은 '이건 누가 봐도 광고예요. 무시하셔도 됩니다'라고 외치는 스폰서 광고나 디스플레이 광고와는 다르다. 스텔스 클로징과 메시지 본문을 분리해서 생각하기가 거의 불가능하다. 그렇기에 스텔스 클로징 기법을 활용하는 것이다. 예를 들어보겠다.

> 추신. 애틀랜타에서 열리는 비디오 시크릿 워크숍 자리가 좀 남았습니다. 트래픽과 클릭을 유도하고, 두둑한 커미션을 창출하는 짧은 영상을 쉽게 만드는 비밀이 궁금한 분들은 바로 이곳에서 자세한 내용을 확인해주세요.

스텔스 클로징 기법은 말로도, 글로도, 어디에서나 활용할 수 있다. 우선 가치를 전달한 후에 이야기의 중심을 참가나 구독 등 원하는 곳으로 옮기면 된다.

이 클로징 기법은 기사에도 쓸 수 있다. 꽤 긴 분량의 기사를 작성한 후 나는 이렇게 덧붙였다. "참고로 인터뷰를 이용해 매출을 늘리고, 책을 홍보하고, 멋진 콘텐츠를 만들고 싶다면 〈전문가 인터뷰 비법〉을 보시길 바랍니다. 3분에서 5분이란 짧은 시간 동안 흥미롭고도 유익한 인터뷰를 진행하는 데 필요한 모든 것을 배울 수 있습니다. interviewwizardspecial. com에서 영상을 확인하시고 제한된 시간에만 제공되는 특별 할인가를 만나보세요."

겉보기에 광고처럼 보이는가? 일반적인 콘텐츠에서 내가 원하는 지점으로 중심을 옮겼다. 또한 글의 형식이 본문과 다르지 않다(이게 핵심이다). 중요한 점이다. 어딘가 달라지면 곧장 광고라는 것이 드러난다. '난 콘텐츠가 아니라 광고라고요.' 이렇게 외치는 꼴이다.

블로그 게시물에도 스텔스 클로징을 활용할 수 있다. 에버그린 제품 Evergreen Product 유행이나 시기를 타지 않고 지속적으로 어필할 수 있는 제품—옮긴이을 집중적으로 다룬 블로그 게시물에서 나는 이런 상품을 만드는 법과 왜 이런 상품이 중요한지를 설명했다. 그런 뒤 중심을 옮겨 이렇게 적었다. "참고로, 에버그린 정보 상품을 만드는 가장 쉽고도 유용한 방법은 전문가를 인터뷰하는 겁니다. 당신이 전문가로서 정보를 제공하든, 인터뷰어로서 누군가에게 인터뷰를 진행하든 말이죠. 인터뷰 내용을 구성하는 것은 어렵지만 책, 전자책, DVD, 웨비나, 화상 세미나, 온라인 교육 등 인터뷰 자료가 유용하게 쓰이는 곳이 많습니다. 인터뷰는 정보 상품 세계의 스위스 군용 칼과 같은 존재죠. 하나 더 덧붙이자면, 매출을 늘리고 더 많이 홍보하고 싶을 땐…." 블로그 게시글과 똑같은 형식으로 작성했다.

책에도 스텔스 클로징을 적용할 수 있다. 종이책이나 전자책을 출간할 경우, 참고 자료를 언급할 때라면 언제든 스텔스 클로징을 넣는다. 심지어 책 앞부분에도 스텔스 클로징을 넣을 수 있는데, 이렇게 하면 책을 구매하지 않는 사람들도 구독자로 유치할 수 있다. 제일 앞 장에 "참고로 무료 오디오북을 원하시면 mysite.com/audiobook에서 신청하실 수 있습니다"라는 문구를 넣으면 된다.

스텔스 클로징은 사람들이 세일즈 카피를 전혀 예상하지 못하는 장소에서 카피라이팅을 활용하는 훌륭한 사례다. 이 방법은 페이스북 게시물, 유튜브 영상, 핀터레스트 등 콘텐츠를 올리고 공유하는 곳이라면 어디서나 가능하다. 또한 페이스북 라이브에서도 효과가 좋다. 라이브를 마칠 때마다 '참고로'를 덧붙여 당신이 수익을 얻을 수 있는 곳이나 구독자를 추가할 수 있는 곳으로 사람들을 이끌면 된다. 한 번 익숙해지면 무척이나 쉽고 효율적인 기법이다.

직접적인 CTA(행동 요구 문구) 대신 스텔스 클로징을 쓰는 이유

일반적인 CTA는 "_____를 원하시면 여기를 클릭하세요"라는 식이다. 물론 잘못된 건 아니다. 적절한 상황에서는 효과가 있지만 문제는 사람들이 뻔히 예상한다는 것이다. '무료로 제공하다가 뭔가를 팔려고 하는군. 뭔가에 가입시키려고 하는 거야'라고 생각한다. 오해는 없길 바란다. 나도 "_____를 원하시면 여기를 클릭하세요"라는 문구로 수백만 달러를 벌었다. 다만, 세일즈레터나 세일즈 페이지처럼 무언가를 홍보하고 판매하는 상황임을 누구나 아는 맥락에서 써야 한다는 뜻이다.

하지만 사람들이 세일즈 상황이라는 것을 모른다면? 또는 세일즈 상황을 싫어한다면? 무료 콘텐츠를 즐길 수 있는 페이스북에서 당신이 무언가를 판매하려 드는 페이지로 이동하고 싶어 하지 않는다면? 이렇게 사람

들의 경계가 높아졌을 때 등장하는 것이 스텔스 클로징이다. 스텔스 폭격기처럼 사람들의 경계망 아래로 자연스럽게 침투할 수 있다. 무료 콘텐츠에서 유료 제안으로 트래픽을 유도할 때 스텔스 클로징을 사용한다. 세일 즈레터나 영상 세일즈레터에서는 쓰지 않는다.

이제 스텔스 클로징을 이용해 무료 콘텐츠에서 유로 제안으로 트래픽을 끌어오는 방법을 이야기해보겠다. 첫 단계에서는 사람들에게 무언가를 가르쳐주어야, 즉 가치를 제공해야 한다. 어떠한 가치를 약속해서 (그리고 가치를 제공해서) 사람들을 끌어들인다. 팁을 알려줄 수도 있다. 내 친구 마이크 스튜어트Mike Stewart는 '모르셨어요?'를 즐겨 쓴다. "글을 쓰지 않고도 책을 만들고 출간하는 방법이 세 가지나 있다는 걸 모르셨어요? 물론 있습니다. 바로 이겁니다."

문제의 해결책을 제시할 수도 있다. "킨들 책에 멋진 표지를 넣을 방법을 찾느라 고민 중입니까? 고민할 필요 없습니다. 5달러로 멋진 표지를 제작하는 법을 지금 바로 보여드리겠습니다." 질문을 하는 방법도 있다. "제가 아마존에 올린 킨들 책을 어떻게 판매하는지 궁금하지 않으셨습니까? 이 점을 궁금해하시는 분이 많습니다. 답을 찾는 데 도움이 될 다섯 가지 사항을 이야기하겠습니다."

이제 두 번째 단계에서는 "참고로 _____를 알고 계셨습니까? 사실입니다. 직접 확인해보세요." 이렇게 제시한다. 예시: "참고로 〈킨들 책 3시간으로 완성하는 비법〉이 3시간 만에 책을 출간하도록 도와준다는 사실을 알고 계셨습니까? 사실입니다. 직접 확인해보세요." "10분만 들여 양식을 완성하면 책을 완성해 아마존에 출간하기까지 모든 과제를 해결해 주는 소프트웨어가 있다는 것을 알고 계셨습니까? 사실입니다. 〈킨들 책 3시간으로 완성하는 비법〉에서 시연 영상을 보실 수 있습니다."

사람들에게 무언가를 가르쳐줄 때는 '참고로' 문장을 이용해 이들이 어디에서 혜택을 확인할 수 있는지 알려준다. 당신이 가르쳐준 정보와 이들이 원하는 이득을 묶는 것이다. 가장 쉬운 방법은 SECRET 3에 등장했던 구매 동기 열 가지와 연계하는 것이다.

- 돈을 번다.
- 돈을 아낀다.
- 시간을 아낀다.
- 수고를 피한다.
- 신체적·정신적 고통에서 벗어난다.
- 더욱 편안해진다.
- 건강을 위해 청결·위생을 강화한다.
- 칭찬을 듣는다.
- 더욱 사랑받는다.
- 인기를 얻거나 사회적 지위를 높인다.

이 책에 등장한 비밀들을 이런 식으로 연계해 시너지를 일으킨다면 카피라이팅 실력이 향상될 것이다.

스텔스 클로징을 습관화하는 것이 좋다. 진짜 수익을 낼 기회를 마련할 수 있기 때문이다. 이 전략을 가능한 한 자주 활용한다면 흐름이 끊기지 않고 지속적으로 이익을 만들어낼 수 있다. 스텔스 클로징을 당신의 신조로 삼아야 한다. 무엇이든, 어디에든 글을 쓸 때는 '참고로, 알고 계셨습니까?' 같은 문구를 활용해 사람들에게 정보를 전달한다.

참고로 _____로 _____를 할 수 있다는 것을 알고 계셨습니까?
네, 사실입니다. 이곳에서 더 많은 정보를 확인하실 수 있습니다.
참고로 _____가 _____를 해줄 수 있다는 것을 알고 계셨습니까?
네, 사실입니다. 이곳에서 시연 영상을 확인하실 수 있습니다.
참고로 _____의 기회가 아직 열려 있다는 것을 알고 계셨습니까? 네, 사실입니다. 이곳에서 더 자세한 정보를 확인하실 수 있습니다.
참고로 _____가 _____의 가격으로 판매되고 있다는 것을 알고 계셨습니까? 네, 사실입니다. 이곳에서 75퍼센트 할인가를 확인하실 수 있습니다.

스텔스 클로징은 많은 사람이 그 존재를 눈치 채지 못하는 만큼 당신의 콘텐츠 마케팅 무기고에서 가장 강력한 비밀 무기가 될 수 있다. 사람들은 생각조차 하지 못한다. 전부 다 CTA라는 직접적인 정면 공격으로 돌파하려 한다. 이 클로징 기법을 사용해야 하는 또 다른 이유는 효과가 뛰어나다는 것이다. 사람들의 레이다 아래로 잠입하는 이 전략을 이용해 어디서든 아무도 모르게 세일즈 카피를 전달할 수 있다.

지금쯤이면 '맨날 '참고로'라는 말을 쓰면 사람들이 내가 뭘 하려는지 눈치 챌 텐데, 그럼 그냥 광고랑 다를 바가 없잖아'라고 생각할 수도 있다. 그럴지도 모른다. 하지만 '아, 제가 혹시나 잊을까 봐 말씀드리는데요', '아, 한 가지 덧붙이자면', '그나저나', '저기, 혹시 알고 계셨어요?', '혹시 아시나요?' 등으로 대체할 수 있다. 부드럽게 화제를 전환하며 스텔스 클로징을 시도해 놀라운 결과를 경험할 방법이 무척이나 다양하다.

스텔스 클로징을 사용하는 방법은 셀 수 없이 많다. 아무리 뜬금없는 상황이라도 절대로 어떤 콘텐츠든 스텔스 클로징 없이 마무리하지 않겠다는 태도를 가져야 한다. 이 전략을 꾸준히 유지한다면 당신의 콘텐츠를 본 후 당신이 바라는 행동을 하는 사람들의 수가 크게 늘어나는 상황을 경험하게 될 것이다.

요
약

- 사람들의 세일즈 경계심은 항상 최고조로 올라가 있다.
- 스텔스 클로징은 경계 아래로 잠입해 사람들에게서 당신이 바라는 행동을 유도한다.
- 무료(유료) 콘텐츠 어딘가에 스텔스 클로징을 넣어 사람들을 세일즈 카피와 제안이 있는 곳으로 끌고 와야 한다.

COPY WRITING

PART 4

더 나아가기

고객의 마음속으로 들어가라

SECRET

카피라이팅 외주의 현실

"전문가를 고용하는 게 너무 비싸다고 생각한다면, 아마추어를 고용한 뒤 생각이 달라질 것이다."

레드 어데어Red Adair

미국의 전설적인 소방관이자 영화 〈헬 파이터스〉의 실제 주인공 세일즈 카피 외주의 현실을 들려주겠다. 나는 카피를 외주로 맡기는 것을 그다지 좋아하지 않는다. 내가 고통을 즐기는 괴상한 사람이어서가 아니라 실제로 가만히 앉아 카피를 쓰는 것이 세상 그 어떤 일보다 가장 재밌다고 생각하기 때문이다.

하지만 누구보다 당신만큼 당신의 상품을 잘 아는 사람이 없다. 당신만큼 당신의 시장을 잘 아는 사람도 없다. 따라서 사람을 고용할 때 겪는 절반쯤의 문제 또는 어려움은 당신의 상품과 시장에 어울리는 세일즈 카피를 쓰기 위해 가르쳐야 할 내용이 많다는 점이다.

"점점 규모가 증가하는 난초 시장을 타깃으로 세일즈레터를 써줄 사람을 고용할 거예요. 난초를 키우는 카피라이터를 찾으면 돼요"라고 할 수 있는 문제가 아니다. 그렇게 단순하지 않다. 좋은 카피를 얻기 위해서는 당신의 상품과 시장을 이해하는 사람을 구해야 한다. 결국 99.9퍼센트의 확률로 당신이 직접 가르치는 수밖에 없다.

외부의 시각이 유용할 때도 있고, 특히나 본인이 카피라이터로서 경험이 많지 않다면 더욱 그럴 수 있다. 자신의 상품에 너무 매몰되었을 때는 외부 사람이 나무 대신 숲을 보도록 도와줄 수 있다. 하지만 외부의 시각이 필요하다면 당신이 직접 완성한 카피를 비판해줄 경력이 풍부한 카피라이터를 고용하는 쪽이 훨씬 도움이 된다. 「SECRET 23: 형편없는 카피 고치기」에서 소개한 과제들을 해달라고 요청하는 것이다. 이 전문가가 카피 어디에 문제가 있는지 체크리스트를 살펴줄 수 있다.

카피를 대신 써줄 사람을 구한다는 것은 앞으로 굉장히 많은 질문을 받게 될 거란 뜻이다. 최소 한 번은 굉장히 길고도 밀도 있는 인터뷰 자리를 거쳐야 할 텐데, 이것만으로도 상당히 힘든 일이다. 시장을 분석하고, 고객에게 제시할 혜택과 보상을 정리하고, 오디언스의 구매 동기, 정서적 영향, 구매 이유를 판단하고, 어떻게 해야 지금 바로 구매를 유도할 수 있는지, 시간 한정 보너스는 무엇이 될지 분석해야 한다.

이후에는 당신의 시장과 오디언스에 익숙하지 않은 카피라이터에게 모든 정보를 전달하는 일도 남았다. 결국 무사히 작업을 마치고 세일즈 카피를 받게 되겠지만 결과물은 당신이 한 말이 고스란히 담긴 텍스트일 것이다. 카피라이터는 그저 당신의 아이디어를 자신의 스와이프 파일 자료에 대입할 뿐이다. 결국 당신의 말과 생각을 결과물로 받는 것이다. 당신의 아이디어를 가져다 본인의 프레임워크에 적용하고 다시 당신에게 내밀며 1000달러, 5000달러, 1만 달러, 1만 5000달러, 2만 달러를 청구한다.

그럼 도대체 언제 내가 해야 하고, 언제 남에게 맡겨야 하는지 궁금증이 생길 수밖에 없다. 언제 외부에 작업을 맡겨야 할까? 본인의 세일즈 카피는 직접 쓸 수 있어야 하지만 그렇다고 매번 도맡아 작업할 필요는 없다는 것이 내 솔직한 답이다. 시간 여유가 없다면 직접 쓰기 힘들다. 충분한 사유다. 문제될 것은 없다. 시간이 없다는 것은 비즈니스가 바쁘게 잘 돌아간다는 뜻이고, 그렇다면 세일즈 카피 초안을 외부에 맡기는 것도 나쁘지 않다. 다만, 카피라이터가 결과물을 보내왔을 때 좋은지를 판단하고 타깃 오디언스에 더욱 효과적인 방향으로 수정할 정도의 카피라이팅 실력을 본인이 갖춰야 한다.

카피라이터를 고용해 세일즈레터를 맡긴 뒤, 며칠 만에 뚝딱 나온 세일즈레터나 영상 세일즈레터 스크립트로 손 하나 대지 않고 돈을 벌 수 있을 거라는 꿈은 꾸지 않길 바란다. 한낱 몽상에 지나지 않는다. 이런 일은 벌어질 수 없다. 어쨌거나 하루 또는 이틀 정도는 당신이 나서서 일을 해야 한다(내 조언을 무시한다면 그 대가로 아마 엄청난 시간과 돈을 버려가며 교훈을 얻게 될 것이다).

외부에 일을 맡기기로 결심했다면 그때는 이렇게 해야 한다. 첫째로 작은 프로젝트를 맡겨 오디션을 거친다. 이미 아는 사람이거나 작업 결과물을 아는 상황이 아니라면, 1만 달러, 1만 5000달러를 주며 30쪽 분량의 세일즈레터를 턱 하니 맡겨선 안 된다. 훌륭한 권위자의 추천이 있지 않은 이상에야 말이다. 나는 권위자를 신처럼 여기는 사람이다. 이외의 추천은 모두 의심스럽게 생각한다. 비싼 대가를 치르는 실수를 저지르지 않길 바란다. 서너 명을 고용해 작은 프로젝트를 맡겨본다. 이메일 티저 작성과 같은 일이면 된다. 헤드라인이나 도입부, 제안 요약 등을 만들도록 한다. 당신의 상품으로 당신의 시장에 어울릴 만한 결과물을 가져오는지 판단한다.

두 번째는 기존 작업물을 요청하는 것이다. 샘플을 보고 직접 작업한 것이 맞는지 확인을 거친다. 카피라이터를 고용하는 과정에 대해 불편한 진실을 하나 이야기하자면, 단가가 낮은 경우 카피라이터는 부하 직원에게 다시 외주를 맡기는 일이 많다. 부하 직원이 당신의 카피를 작업하지만 카피라이터는 자신의 단가로 비용을 청구한 뒤 30퍼센트 가량만 직원에게 지불한다. 카피라이팅만이 아니라 콘텐츠 창작 업계에서는 늘 있는 일이다. 정말 말도 안 되는 일이 많이 일어난다. 따라서 본인의 작업물이 맞는지 확인하기 위해 이들에게 일을 맡긴 고객의 이름을 받는 것이 좋다. 그 고객에게 연락하며 '이런 사람이 이 카피를 썼나요? 작업하며 어떠셨어요? 성과도 좋았습니까?' 등을 물어보는 것이다.

또한 본인의 세일즈 카피 양식에 따라 동일한 틈새시장에 있는 고객에게 제출했던 카피와 똑같은 결과물을 당신에게 내미는 것은 아닌지도 주의 깊게 살펴야 한다. 나는 스와이프 파일을 활용하는 데 누구보다 찬성하는 사람이지만, 문서에서 특정 문구를 일괄 수정하는 '찾아 바꾸기' 방식을 찬성하는 것은 아니다! 이를 밝히는 한 가지 방법은 구글에서 표절 여부를 검사하는 것이다. 카피 일부를 복사한 후 검색해 인터넷에 널리 퍼졌는지 확인한다. 이름만 다른 똑같은 내용의 세일즈레터가 5개, 10개, 15개의 페이지에서 보인다면 정해진 양식을 사용한다는 소리다. 사람들이 어떤 짓까지 하는지 알면 충격을 받을 것이다. 다시 한 번 말하지만, 돈을 지불하고 나면 끝난 거다. 더 어떻게 할 수 있는 일이 없다. 그러니 조심하길 바란다.

셋째로, 프로젝트의 규모를 생각해야 한다. 당신 대신 이메일을 써주는 사람을 구하는 것과 장문의 세일즈레터를 쓸 사람을 구하는 것은 완전히 다른 문제다. 요율 또한 차이가 크다. 프로젝트의 규모와 성격에 맞게 각기 다른 사람들을 고용해야 한다.

러셀 브런슨과 내가 퍼널 스크립트를 만든 가장 큰 이유는 이것이다. 세일즈 카피란 사실 여러 질문에 답하는 과정에서 나오는 이야기들을 조합해 입증된 양식과 공식에 적용하는 일에 불과하다. 이를 깨닫고 난 후에는 세일즈 카피가 달리 보일 것이다. 사실 대부분의 카피라이터가 하는 일이 그러한 패턴을 적용하는 것이다. 그렇다면 당신을 도와줄 퍼널 스크립트 같은 훌륭한 도구도 있으니 직접 쓰는 게 낫지 않을까?

전문 카피라이터에게 카피를 받은 후에는 직접 수정해야 한다. 결과물 그대로를 바로 내걸 수 있을 거라고 기대해서는 안 된다. 이들은 먼저 초안을 전달할 것이다. 당신 또는 누군가가 살펴보며 수정하고, 변경하고, 굴리고, 다듬고, 틀을 잡고, 반응이 있을지 시험해야 한다. 누군가를 고용한 뒤에도 당신이 처리해야 할 업무량을 보면 대부분의 경우 직접 카피를 쓰는 게 쉽다는 생각이 들 것이다.

요약

- 세일즈 카피를 대신 써줄 사람을 고용해도 작업을 맡긴 뒤 까맣게 잊을 수는 없다.

- 당신의 업무에 적합한 사람과 그렇지 않은 사람을 가려내기 위해 작은 규모의 프로젝트를 맡겨 오디션을 거쳐야 한다.

- 어떤 카피라이터를 고용하든 좋은 카피를 완성하기 위해서는 당신이 직접 해야 하는 일이 있다는 사실을 이해하라.

- 카피라이터에게서 받은 작업물은 초안이라는 점을 명심하라. 당신이 직접 수정해야 한다.

마법의 책상

마법의 책상

"당신이 가장 먼저 깨달아야 하는 사실은 자신이 '시장을 공부하는 학생'이 되어야 한다는 점이다. 상품을 공부하는 게 아니다. 테크닉을 공부하는 것도 아니다. 카피라이팅도 아니다. 광고 지면을 사는 법 같은 것도 아니다. 물론 이 모든 것이 중요하고 배워야 할 내용이지만, 가장 중요하고 선행되어야 할 일은 사람들이 무엇을 구매하고 싶은지를 공부하는 것이다."

게리 핼버트

누구나 마주하는 문제다. 자신의 머릿속에서 벗어나 잠재고객의 마음속에 들어갈 수 있을까? 개선할 점이 눈에 잘 보이지만, 자신의 비즈니스나 카피를 제대로 보기는 힘들다. 다시 말해 다른 사람의 카피나 콘텐츠에 어떤 문제가 있는지, 무엇 때문에 성공했는지는 보여도, 자신의 문제를 파악하거나 관점을 조정하기는 어렵다는 뜻이다. 너무 가까이 있기 때문이다. 자신의 생각에서 벗어날 수 없기 때문이다. 나무만 보고 숲은 보지 못한다.

자신의 생각에서 벗어나 잠재고객의 마음으로 들어가는 데 도움이 되는 한 가지 훈련을 해보겠다. 타깃 시장에 대한 조사를 마친 후에 하면 가장 큰 효과를 발휘한다. 아무것도 모르는 상태에서 무작정해선 안 된다. SECRET 8에서 깊이 있게 다뤘던 타깃 아바타 프레드가 누구인지 알아야 한다. 고객 아바타를 완벽히 파악한 후에 이 훈련을 하길 바란다.

'마법의 책상' 훈련은 유도 심상법이다. 우선 어떻게 진행하는 훈련인지 한번 읽어보길 바란다. 이 기법은 잠재고객의 마음으로 들어가 이들이 무슨 생각을 하는지를 깨닫게 해주고, 더욱 중요하게는 이들이 원하는 것을 원하는 방식으로 전달하는 방법과 이들이 이해하는 언어로 설명하는 법을 깨우치게 해준다. 이 훈련에 앞서 내 부탁은 열린 마음으로 임하라는 것뿐이다. 시각화 훈련이나 창의적 시각화, 명상을 해본 적이 없다면 특히나 어색하게 느껴질 것이다.

이 기법은 잠재고객, 상사, 배우자, 고객, 독자가 원하는 것이 무엇인지 깨닫게 해주므로 그 성과는 분명하다. 그렇다면 타인의 마음을 읽는 능력이 왜 이렇게 중요할까? 세상 모든 사람은 단 하나의 라디오 방송국 주파수에 자신의 생각을 맞춘다. 방송국 호출부호는 WIIFM(위픔)으로 '그게 내게 무슨 도움이 될까?What's In It For Me'의 줄임말이다. 이들의 라디오 방송국 주파수에 생각을 맞추는 능력은 당신 삶이 성공하느냐 실패하느냐에 대단한 영향을 미친다. 지금 당신이 삶의 어떤 지점에 놓였든, 얼마나 많은 돈을 벌었든, 당신이 행복하든 슬프든, 당신의 목표·희망·꿈·욕망이 무엇이든, 당신이 더 바라는 것이 돈이든, 사랑이든, 평화든, 행복이든, 만족이든 관계없이 상대가 바라는 방식으로 그들의 욕구를 충족시킬 수 있어야 당신 또한 당신이 원하는 것을 얻을 수 있다.

정서적·경제적·영적으로 또는 다른 무엇이든 상대가 원하는 바를 원하는 방식대로 충족시켜야 당신이 원하는 것을 얻을 수 있다. 즉, 원하는 것을 얻고 싶다면 먼저 다른 이들이 원하는 것을 파악하고 그것을 주어야(또는 판매해야) 한다. 당신의 삶에서 경제적·사회적 상황이나 여타 환경을 변화시키는 데 다른 사람들이 큰 역할을 할 것이다. 이 훈련의 첫 번째 목표는 당신의 고객을 향한 공감 수준을 높이고 그들의 위픔 '그게 내게 무슨 도움이 될까'라는 라디오 방송국 주파수에 생각을 맞추는 것이다.

공감은 상대가 느끼고 생각하는 바를 당신도 느끼고 생각한다는 의미다. 공감 상태에 빨리 진입하는 법을 배울 때 타인과의 의사소통 실력이 눈에 띄게 향상한다. 어쩌면 당신도 경험했을지 모른다. 나는 분명 경험했다. 내가 높은 수준으로 공감하는 누군가와 함께 있을 때면 그 사람처럼 말하고, 그 사람의 버릇이 나오고, 어떨 때는 상대의 억양과 화법은 물론 사고 패턴까지 비슷해진다. 아주 오래전인 대학생 시절, 남학생 클럽 하우스에서 내게 이런 모습이 있다는 사실을 깨달았다. 당시 상대방과 비슷하게 행동하면서도 왜 그러는지 이유는 알지 못했다. 유사하게 말하고 행동하여 타인에게 어떠한 동기를 부여할 수 있다는 것도 나중에서야 알았다.

또한 나는 연극계에 몸 담았었다. 타인과 공감하거나 내가 맡은 역할에 공감하는 능력이 메서드 연기에서 큰 비중을 차지한다. 우리가 해야 할 일도 바로 이것이다. 고객의 역할에 푹 빠져들어 고객 그 자신이 되는 것이다. 그러면 고객은 우리에게 자신이 원하는 바가 무엇인지, 어떤 두려움이 있는지 정확하게 알려줄 것이다. 이 정보를 바탕으로 고객에게 판매를 할 수 있다. 굉장히 강력한 기법이다. 남용하지 않도록 주의해야 한다. 고객을 포함해 당신이 어떠한 동기를 부여하고 싶은 사람에게 완벽하게 공감하는 법을 배울 수 있고 또 배워야 한다. 이들의 마음속에 들어갈 수 있다면 이들의 두려움을 느낄 수 있고, 무엇을 제공해야 이들이 마음의 평안을 얻는지 알 수 있다.

이들의 마음속에 들어갈 수 있다면, 이들의 고통을 느낄 수 있다면, 이들이 원하는 마음의 평안이 무엇인지 알 수 있다. 이들의 마음속에 들어가 어떠한 문제가 있는지 안다면 이들에게 직접 와닿는 해결책을 제시할 수 있다. 많은 카피라이터가 놓치는 사실 중 하나다. 어떤 사람이 스스로도 차마 인정하고 싶어 하지 않는 정서적 탐욕을 우리가 이해할 때, 그 사람이 원하는 것을 더욱 많이 제공할 수 있다.

이 훈련으로 고객이 지닌 두려움, 고통, 문제, 가장 깊은 곳에 자리한 욕망까지 속속들이 파악해 그들이 원하는 것을 얻도록 도와줄 수 있다. 이렇게 할 수 있을 때, 고객과 소통하고 당신이 바라는 행동을 하도록 동기를 부여하는 능력이 놀랄 만큼 향상될 것이다.

　　지금껏 이 기술의 원리를 설명했다. 이 기술이 더욱 효과를 발휘하기 위해서는 고객이 어떤 사람인지 심도 있는 조사를 마쳐야 한다. 이들이 방문하는 웹사이트도 이미 살펴봤어야 한다. 이들이 읽는 잡지도 읽었어야 한다. 이들이 시청하는 TV 프로그램도 마찬가지다. 인터넷에서 이들이 자주 사용하는 키워드도 알고 있어야 한다. 잠재고객에 대한 조사를 마쳤고 머릿속에 정보가 있지만, 당신은 아직 이들과 깊이 연결되지 못한 상태다. 이 훈련을 하기 가장 좋은 타이밍은 바로 위에 언급한 조사를 모두 마친 이후다. 타깃 오디언스에 관한 데이터가 많을수록 이 기법으로 더욱 많은 도움을 받을 수 있다. 다른 무엇과 마찬가지로 연습할수록 더 능숙해진다.

　　시작하기에 앞서 핸드폰을 꺼두거나 무음으로 전환한다. 핸드폰을 '방해 금지' 모드로 설정한다. 문도 닫는다. 중간에 방해받는 일이 없도록 한다. 또한 편안하게 열린 마음을 갖는다. 펜과 종이 또는 녹음기를 준비한다. 나는 녹음기를 선호하는 편이라, 이 훈련을 하는 동안은 핸드폰의 음성 메모 기능을 이용한다. 이렇게 하면 의식의 흐름 속에서 떠오른 아이디어를 기록하고 싶을 때 번거로운 일 없이 바로 녹음할 수 있다. 녹음기를 선호하는 것은 잠재고객의 마음속에 진입하고 나면 이들이 원하는 바를 점차 깨달아가는 과정에서 놀라운 생각들이 찾아오기 때문이다. 입으로 말하는 동시에 잠재의식에 떠오르는 생각들이 순식간에 사라지기에 단 하나도 놓치고 싶지 않다면 녹음기를 이용하는 게 좋다.

스스로에게 질문할 내용을 미리 적어두길 바란다. 이상하게 들리겠지만 인터뷰를 한다고 생각하면 된다. 잠재고객에게 무엇을 묻고 싶은지를 그의 마음속으로 진입한 후에야 고민하고 싶지는 않을 것이다. 잠재고객이 무엇을 두려워하고, 무엇에 설레며, 어떤 문제를 지녔는지 알고 싶다면 미리 적어둔 질문지를 가이드로 삼아야 한다. 이 인터뷰의 목적이 무엇인지도 적으면 도움이 된다. 이를테면 이렇게 쓰라. "이 인터뷰를 진행하는 목적은 책을 쓰는 데 잠재고객이 느끼는 가장 큰 두려움과 걱정이 무엇인지 파악하기 위해서다."

이제 조용한 곳에 자리를 잡고 앉아 눈을 감는다. 펜과 종이 또는 녹음기를 가까운 곳에 놓는다. 묻고 싶은 질문은 종이에 이미 적어 언제든지 확인할 수 있는 곳에 놓았다. 메모할 여백이 충분한지 확인하고 핸드폰 배터리도 확인한다. 이제 10에서부터 천천히 숫자를 거꾸로 센다. 두 눈을 감고 여유로운 마음으로 편안하고 안전하다는 기분을 느끼며, 티크나무처럼 이국적인 목재로 화려하게 장식된 커다란 책상 앞에 놓인 크고 편안한 의자에 앉아 있는 모습을 머릿속에 그린다.

건너편에 문이 보인다. 문이 열리고 누군가가 들어오는데 자세히 보니 당신의 이상적인 잠재고객이다. 걱정스러운 얼굴을 하고 있다. 자신의 문제를 당신이 해결해줄 수 있다는 사실을 알고서 상담을 받으러 왔다. 이 사람은 자신의 욕구·필요·욕망·어려움을 당신이 이해한다는 것을 알고 있다. 그는 책상을 사이에 두고 맞은편에 앉았다. 불안에 시달리는 잠재고객은 정신없이 말을 내뱉는다. 잠재고객이 어수선한 에너지를 뿜지만 당신은 아주 침착하고 고요한 상태로 마주한다.

본인의 문제가 무엇인지, 해결하고 싶은 게 무엇인지, 마음 깊이 바라는 것이 무엇인지 설명을 하던 잠재고객의 목소리가 갑자기 희미해지기 시작한다. 당신은 의자에서 일어나 책상을 지나 움직이면서도 완벽하게 침착한 상태다. 당신은 계속 자신의 말을 이어가는 잠재고객의 뒤편에 선다. 그에게 조금씩 다가가자 귓가에 그의 목소리가 울리고, 그의 눈으로 세상을 보기 시작한다. 당신이 잠재고객의 마음속에 들어갔음을 깨닫는 순간이다.

그의 목소리를 들으며 그의 눈으로 책상 건너편에 앉아 있는 자신을 바라본다. 그의 두려움이 실재적으로 느껴진다. 그의 문제와 욕망도 느껴진다. 당신의 몸 안에 잔뜩 엉킨 거대한 무언가가 느껴진다. 책상 건너편에 앉은 당신이 종이에 적힌 질문을 시작한다. 잠재고객의 마음과 완전히 하나가 된 당신의 입에서 대답이 술술 흘러나온다. 그 모든 말들을 녹음하거나 종이에 적는다.

당신에게 통찰력을 선사할 질문 몇 가지를 들자면 다음과 같다.

- 무엇이 두렵습니까?
- 그 일이 벌어진다는 것이 당신에게 어떤 의미입니까?
- 다른 사람의 눈치를 볼 필요 없이 편하게 말해도 된다면 그 두려움을 누구나 이해하는 언어로 어떻게 표현하겠습니까?
- 현재 당신의 가장 깊은 곳에 자리한 욕망은 무엇입니까?
- 당신의 비즈니스나 구독자 리스트를 만들어가는 데서, 또는 다음 퍼널을 구성해나가는 데서, 또는 경제적 자유를 얻기 위한 과정에서 당신의 목표는 무엇입니까?
- 만약 당신이 이루고자 하는 것을 제가 제공해줄 수 있다면, 당신이 무엇을 확인해야 또는 어떤 말을 들어야 제가 판매하는 상품에 강렬한 욕구가 생기겠습니까?

- 제가 판매하는 상품이나 제공하는 무언가를 당신은 어떻게 설명하겠습니까? 제가 판매하는 상품이나 제공하는 무언가를 어떻게 표현해야 당신에게 공감이 가겠습니까?

- 제가 판매하는 상품을 얼마나 간절히 원합니까?

- 제가 판매하는 상품을 더 많이 원하게 만들려면 어떻게 해야 합니까?

- 제가 판매하는 상품에 어떠한 반감이 있고, 또 그 반감을 극복하기 위해 제가 어떤 것을 보여줘야 합니까? 어떻게 설명해야 합니까?

- 제가 당신에게 약속한 결과를 당신이 성취하는 것을 무엇이 가로 막고 있습니까?

- 제 제안, 상품, 서비스를 더욱 매력적으로 만들려면 어떻게 해야 합니까? 그래서 당신에게 기꺼운 마음과 얼른 혜택을 경험하고 싶은 간절한 마음이 들게 하려면, 제가 제안을 철회할까 조바심이 나게 하려면 어떻게 해야 합니까?

- 제 경쟁사에게서 당신이 좋아하는 점, 당신을 들뜨게 하는 점, 지금 바로 구매하게 만드는 점은 무엇입니까?

- 당신이 잠재고객에서 나아가, 저를 위해 또는 저와 함께 비즈니스를 하는 고객이 되도록 하려면 제가 당신에게 무엇을 보여주거나 증명해야 합니까?

- 제 상품의 합당한 가격은 어느 정도입니까?

- 제가 제공하는 것이 당신에게 더욱 매력적으로 다가가려면 어떻게 해야 할지 추가로 전해주고 싶은 의견이 있습니까?

- 제가 미처 인지하지 못했거나 깨닫지 못한 당신의 중요한 문제나 걱정거리가 있다면 무엇입니까?

질문을 마치면 이제 인터뷰를 마무리할 시간이다. 하지만 바로 눈을 뜨면 마음이 혼란한 상태에 빠질 수 있다. 천천히 자신의 몸을 잠재고객에게서 떼어내어 빠져나온다. 당신은 공중에서 평온하게 부유하며 천천히 책상을 지나 본래의 몸으로 들어간다. 당신과 잠재고객은 서로에게 열린 마음으로, 진솔하고 완전한 상태로 대화를 나누었음을 느끼며 가만히 서로를 바라본다.

잠재고객의 태도가 처음 왔을 때와 달라졌다. 자신의 문제·욕구·욕망을 이해하기 위해 당신이 진심으로 노력했다는 것에 만족하며 잠재고객은 이제 침착하고 생기 넘치고 행복해졌다. 두 사람 모두 활짝 미소를 띤 얼굴로 자리에서 일어나 방을 나간 뒤 문을 닫는다. 여전히 눈을 감은 당신은 한결 후련하고 편안해진 상태로 지금 현재의 자신에게 돌아온다. 현재로 돌아오며 다시 10, 9, 8, 의식이 조금씩 깨어나고, 7, 6, 5, 마음이 개운하고, 4, 3, 2, 1. 이제 눈을 뜬다.

이 훈련을 마친 후에는 당신이 활용할 수 있는 정보와 통찰력이 생길 것이다. 나는 '세상에! 지금껏 완전히 잘못 생각하고 있었어' 같은 계시의 순간을 몇 차례 경험했다. 또한 무언가를 설명할 때 쓰는 말과 글에서 미묘한 어조에 변화를 주고, 단어 하나를 수정하고, 화법을 약간 바꾼 것으로 비즈니스에 대단한 차이를 불러온 경험도 몇 번 있다. 이 유도 심상으로, 고객을 더 깊이 이해하고 더욱 공감하는 데 필요한 귀중한 통찰을 한 번도 빠짐없이 얻었다.

유도 심상으로 잠재고객의 욕구를 더욱 충족시킬 방법을 이해할 수 있다. 그들의 욕구와 욕망에 직접 호소하는 세일즈 카피를 만드는 데 도움을 받을 수 있다. 잠재고객과 만나는 거의 모든 상황에서, 특히나 당신의 심기를 거스르는 말이 오갈 수 있는 SNS에서 당신의 태도도 달라진다. 어느 정도의 공감을 발휘한다면 인내심을 기르는 데 도움이 된다.

세일즈 토크나 웨비나, 전화 스크립트 등 잠재 고객의 생각에 더욱 공감하는 콘텐츠를 만들 수 있다. 뿐만 아니라 상대가 무엇을 원하는지 파악하고 그것을 판매하는 능력이 대단히 향상된다. 이 훈련을 하며 당신이 얻게 될 통찰은 어마어마한 수익과 가치가 같다. 잠재고객의 마음에 들어가, 이들이 사용하는 언어를 쓰고, 이들에게 동기를 부여하는 게 무엇인지 파악하는 법을 깨우쳤기 때문이다. 중요한 점은 '어우, 이거 이상한데', '한심한 짓거리야', '좀 소름끼치는데' 같은 생각을 하지 않는 것이다. 이미 입증된 기법이다. 그냥 해보길 바란다. 괜한 생각에 얽매일 필요 없다.

또한 명심할 점은 고객과의 연결은 전부 당신의 마음에서 시작한다는 것이다. 온라인에서 판매를 하는 사람들은 무슨 뜬구름 잡는 소리냐고 할 것이다. 하지만 생각해보면, 당신의 마음속에서 나온 생각이 키보드와 스크린, 인터넷을 거쳐 잠재고객의 모니터로 전달된다. 이렇게 전달된 생각이 사람들을 구매하고, 가입하고, 행동하게 만든다. 결국 고객에게 연결될 수 있느냐가 중요하며 당신의 마음에서 그 연결이 시작된다. 당신의 마음에 달렸다. 당신이 원하는 대로 마음먹을 수 있다. 이 훈련이 따분하거나 괴상하다고 생각하면 따분해지고 괴상해지며 아무런 효과도 발휘하지 못할 것이다. 하지만 열린 마음을 택한다면 고객에게 공감하고 그들의 눈으로 바라보고자 노력하게 될 것이다. 헤드라인을 만들 때, 불릿을 작성할 때, 스토리를 만들 때, 세일즈레터를 쓸 때도, 그 외 사람들을 사로잡아 당신이 바라는 행동을 취하도록 유도하는 모든 상황에서 이 유도 심상을 활용할 수 있다. 나는 늘 이용한다.

"그 사람의 신발을 신고 걸어보기 전에는 그를 판단하지 말라"라는 오랜 속담이 있다. 이제 당신은 상대방의 신발을 신고 걷는 것 이상을 할 수 있다. 그의 마음에 들어가 어떤 생각을 하는지 알 수 있다.

───────
요
약
───────

- 고객과 잠재고객에게 더욱 공감할 때 훌륭한 카피가 나온다.

- 유도 명상은 수많은 정보와 데이터를 고객의 관점에서 정리하는 데 도움이 된다.

- 이 훈련이 이상하다고 생각하면 아무런 효과가 없을 것이다. 열린 마음으로 접근한다면 당신의 삶을 바꿔놓을 결과를 얻을 수 있다.

온라인 광고의 목적

"온라인 광고의 유일한 목적은, 타깃 오디언스는 클릭하게 만들고 그 외 사람들은 계속 스크롤을 내리며 페이지를 넘기게 만드는 것이다."

짐 에드워즈

온라인 광고의 유일한 목적은 타깃 오디언스가 하던 일을 멈추고 클릭하게 만드는 것이다(이번 장은 이 문장만으로도 충분하다. 이 문장만 마음에 새긴다면 경쟁자의 95퍼센트는 물리칠 수 있다). 이것 외에 다른 이상한 사람들이 온라인 광고는 브랜딩이니 뭐니 떠들어 대는 말은 모두 사실이 아니다. 온라인 광고의 단 하나의 목적은 타깃 오디언스의 시선을 사로잡아 클릭하게 만드는 것이다. 이게 전부다.

페이스북 같은 사이트에서 광고를 본 적이 있을 것이다. 광고를 만드는 마법 같은 공식을 알려준다는 교육 광고들 말이다. 당신을 부자로 만들어주겠다고 말한다. 약간의 광고면 큰 수익을 벌어들일 수 있다는 식의 TV 인포머셜도 시청한 적이 있을 것이다. 이 광고들은 페이스북, 링크드인, 인스타드램, 구글 애드워즈, 심지어 우편물로 굉장한 고객을 불러들일 완벽한 광고를 만드는 법을 알려주겠다고 약속한다. 완벽한 광고 하나면 돈방석에 앉을 거라는 당신의 숨은 욕망(그리고 믿음)을 이용한다.

과거 이들이 말하는 마법의 공식 없이 광고를 만들었던 당신은 성공보다 실패를 더욱 많이 경험했기에 이런 약속이 매력적으로 느껴진다. 하지만 정말 솔직히 자신의 마음을 들여다본다면 아마도 그들의 성공에 환멸을 느끼고 있을 것이다. 당신은 모르는 대단한 광고를 만드는 법을 알고 있다고 말하며 당신을 한심한 사람처럼 느끼게 만드는 그런 광고를 보면 어떤 기분이 드는가? 성공한 사람의 냄새를 풍기는 그들의 사진을 마주하면 어떤 기분이 드는가?

이 사람들이 정말로 어디에나 멋진 광고를 내는 걸까, 아니면 페이스북에 광고하는 법을 가르친다는 비싼 수업료의 강좌 광고를 페이스북에서만 잘하는 것처럼 보이지 않는가? 만약 이렇게 생각했다면, 그런 의심을 하는 사람은 비단 당신만이 아니다. 나도 그랬다. 온라인 광고를 25년간 진행하며 내가 느꼈던 몇 가지 생각을 들려주고자 한다.

이번 장에서는 광고에 관한 다섯 가지 진실이 나온다. 비밀을 전부 다 공개하는 셈이다.

광고의 첫 번째 진실

다시 한 번 말하지만, 온라인 광고의 유일한 목적은 타깃 오디언스가 링크를 클릭하도록 만드는 것이다. 나는 타깃이 아닌 사람들 1만 명이 내 링크를 클릭하는 것보다 100명의 타깃 오디언스가 링크를 클릭하길 바란다. 적합한 사람들에게 광고할 때 비용이 크게 절약된다. 더 적은 사람이 당신의 광고를 클릭하기 때문이다. 적합한 사람들에게서 클릭을 더 얻어내고 타깃이 아닌 사람들은 랜딩 페이지에 도달하지 않을 때 비용이 상당히 그리고 빠르게 줄어든다.

광고의 두 번째 진실

호기심이 핵심이다. 적합한 사람을 클릭하게 만들 가장 중요한 요소다. 광고가 호기심을 자극하면 클릭이 발생한다. 이것만 알면 된다. 사람들의 호기심을 자극해야 한다. 결국 광고의 목적은 적합한 사람들에게서 클릭을 얻어내는 것이다. 주의력은 결핍되는 와중에 관심을 원하는 대상은 많아져 사람들이 당신에게 많은 시간을 할애할 수 없는 세상에서, 당신의 광고를 클릭하게 만들 가장 중요한 요소는 바로 호기심이다. '저게 뭐지?', '저걸 어떻게 하는 거지?' 보통 이 두 가지 질문을 잠재고객의 머릿속에 떠오르게 만들어야 광고 클릭으로 이어진다.

광고의 세 번째 진실

광고를 쓸 때 뭐부터 시작해야 할지 모르겠다면 질문을 하라. 내가 광고를 만들 때 가장 많은 도움을 받는 세 가지 기본 질문이 있다.

- _____에 신물이 납니까?
- _____를 하고 싶습니까?
- _____를 하고 싶었던 적이 있습니까?

틈새시장에서 타깃 오디언스의 관심은 사로잡고 그 외 사람들은 즉각 몰아내는 방법이다(위의 질문에서 우리가 원하는 답변은 '그렇다'이다). 예시: 웹사이트로 트래픽을 유도하는 방법을 고민하는 데 신물이 납니까? 책을 쓰고 싶습니까? 책을 써서 출간하고 싶습니까? 작가가 되고 싶었던 적이 있습니까?

사람들이 '네, 맞아요'라고 답한다면 이들의 관심을 사로잡는 데 성공한 것이다. 호기심을 유발해 클릭을 유도한 셈이다. '아니오'라고 답하는 사람들은 광고를 클릭하지 않을 터이므로 당신이 지불해야 할 비용이 발생하지 않는다. 굉장한 윈-윈 보너스가 아닌가? 당연히 그렇다. 사람들에게 고통을 느끼거나 두려움 속에서 사는 것이 신물 나지 않느냐고 물어라. 굉장한 혜택이나 멋진 보상을 원하지 않느냐고 물어라. 멋진 무언가를 해보고 싶었던 적이 없냐고 물어라. 특히나 당신이 광고 문구를 한 번도 써본 적이 없다면 질문이 가장 좋은 시작점이다. 심지어 이 질문을 헤드라인으로 활용할 수도 있다.

한마디 덧붙이자면, 어느 날인가 페이스북에서 그래픽 광고를 보고 깜짝 놀랐던 적이 있다. 새하얀 배경에 검은색 글자로 한 줄짜리 질문을 띄운 그래픽이었다. 아무런 이미지가 없었다. 텍스트가 이미지였다. 내 관심을 사로잡은 그 광고를 클릭했다. 알고 보니 광고를 진행한 사람이 내 친구였다. 랜딩 페이지에는 그의 사진이 온통 도배되어 있었다. 그에게 전화를 걸었다. "저기, 네 광고 봤어. 잘 돼 가?" 남자들이 그렇듯 무뚝뚝한 대화였다. 그는 광고 반응이 엄청나다고 말했다. 이후로 나는 내 질문 전략에 그의 전략을 적용해 광고를 만들었다. 예전에는 각종 사진을 첨부하며 질문했었는데, 이 광고를 본 후에는 텍스트 자체를 이미지로 활용했다. 당신도 한번 시도해본 뒤 어떤 결과를 얻는지 살펴보길 바란다.

광고의 네 번째 진실

아이다AIDA는 필요 없다. 도대체 아이다가 뭘까? 아이다는 오프라인 인쇄 광고의 가장 중요한 원칙이었고, 현재도 그렇다. 아이다는 다음의 앞 글자를 따서 만든 것이다.

- 주목Attention하게 만들어라
- 흥미Interest를 자극하라
- 욕망Desire을 형성하라
- 행동Action으로 이끌어라

사람들을 주목하게 만드는 것은 보통 헤드라인이다. 그런 뒤 사진으로 흥미를 자극할 수 있다. 흥미를 유발한 뒤 어떠한 약속을 제시하며 이들의 욕망을 증폭시키고 그 후 행동을 유도한다.

아이다는 누군가가 자리에서 일어나 차를 타고 상점으로 향하게 만드는 완벽한 공식이었다. 이 공식이 더는 효과가 없다는 말이 아니다. 하지만 온라인 광고에서는 아이다가 필요하지 않다. 온라인 광고의 목표는 타깃 오디언스가 광고를 클릭하게 만드는 것이라는 점을 기억할 것이다. 광고만 클릭하면 된다.

당신에게 필요한 것은 세 가지 단계뿐이다. 첫째로 주목을 끄는 무언가가 있어야 한다. 텍스트 광고에서는 헤드라인이 될 것이고, 이미지 광고나 SNS 광고에서는 그림이 될 것이며, 비디오 광고에서는 당신의 첫 마디와 함께 화면에 가장 먼저 등장하는 장면이 될 것이다.

페이스북, 인스타그램, X, 링크드인을 한번 생각해보자. 이런 사이트에서 당신을 멈추게 만드는 요인은 무엇인가? 헤드라인은 아니다. 그림이다. 비디오에서는 첫 몇 초 내로 영상을 계속 볼 것인지 결정한다. 페이스북에서 동영상 광고의 성공 여부를 재생 시간 3초로 측정하는 것도 같은 이유다.

따라서 영상 첫 3초가 가장 중요하다고 할 수 있다. 당신이 하는 말을 듣고 제시하는 것을 볼지, 아니면 떠날지가 처음 3초에 결정된다. 보상이나 불이익, 결과나 장해물, 이들이 원하거나 원하지 않는 것을 이야기해야 한다. 주목하게 만든 뒤에는 감정을 건드려야 한다. 어중간해선 안 된다. 몸을 사려선 안 된다. 모든 사람에게 닿으려고 노력해서도 안 된다. 사람들이 결정을 내리도록 만들어야 한다. 감정을 자극하는 이미지, 감정을 자극하는 발언과 헤드라인으로 결정을 종용할 수 있다. 감정이 핵심이다.

두 번째 단계는 호기심 자아내기다. '저게 뭐지?', '저걸 어떻게 하는 거지?' 같은 의문이 들게 하는 사진 또는 텍스트를 보여준다.

세 번째는 CTA다. 어떤 행동을 하라고 말하는 것이다. 온라인에서는 대부분 이렇게 말한다. "여기를 클릭하면 _____ 하실 수 있습니다."

몇 가지 예시를 들어보겠다. 당신의 타깃 오디언스는 재무 설계에 도움이 필요한 사람들이라고 가정해보자. 이들의 욕망은 재정적인 평안이나 자산 수익률 높이기다. 이들이 지닌 문제는 무엇일까? 골치 아픈 금융 용어가 가득한 서류를 읽는 것이나 실력 없는 자산 관리사에게 속아 넘어가는 것이다. 그렇다면 광고 카피는 이렇게 쓸 수 있다.

성공한 기업인이라면 누구나 필요한 재무 설계의 세 가지 비밀을 알고 싶습니까?

헷갈리는 금융 용어를 몰라도 재정적 평안을 찾고 자산 수익률을 높이고 싶은 분들을 위한 무료 웨비나가 열립니다. 지금 바로 등록하세요.

이렇게 하면 된다. 위 질문에 그렇다고 답한 사람들은 아마도 '도대체 그 비밀이 뭘까?' 궁금해할 것이다.

헷갈리는 금융 용어를 몰라도 실력 없는 자산 관리사에게 속는 일 없이 수익률을 높일 수 있습니다.

'내 이야기잖아. 내 자산 수익률을 높이고 싶어. 어떻게 하는지 보고 싶은데.'

지금 여기를 클릭하세요. 실력 없는 자산 관리사에게 속아 자기 자신을 원망하지 마시고요.

'뭐? 세상에. 지난 번 자산 관리사 정말 최악이었어!' 또는 '지금 자산 관리사 정말 마음에 안 드는데. 어떻게 해야 하지?'

직접 투자 매니저 역할까지 도맡지 않고도 당신의 자산 수익률을 더욱 높이는 방법을 무료 웨비나에서 공개합니다.

'세상에. 자산 수익률이 올라가면 정말 좋겠는데.'

성공한 기업인이라면 누구나 필요한 소규모 비즈니스 재무 설계의 세 가지 비밀. 지금 바로 여기를 클릭하세요.

'나도 소규모 비즈니스를 운영 중인데. 비밀이 뭘까?'

이 간단한 계획 하나면 재무 설계 문제는 웃으며 넘길 수 있습니다. 어떤 계획일까요? 지금 여기를 클릭해 확인해보세요.

'클릭을 안 할 수가 없네.' 원하든 원치 않든, 클릭할 수밖에 없다.

또 다른 예시를 들어보겠다. 이번 타깃 오디언스는 홍보를 지금 보다 잘해서 더 많은 고객을 확보하고 싶은 코치다. 이들은 더 많은 고객을 얻고, 더 많은 돈을 벌고, 코치로서의 자유를 더 누리고 싶다. 이들이 지닌 문제는 무엇일까? 마케팅 비용으로 손해를 보고, 코칭 등록을 하지 않는 잠재고객에게 시간을 빼앗기고 있다. 광고 카피 예시를 들자면 이런 식이겠다.

코치라면 누구나 필요한 다섯 가지 마케팅 비밀

_____라면 누구나 필요한 다섯 가지 _____ 비밀

당신의 비즈니스에 이 입증된 공식을 어떻게 활용할지 고민해본다.

코칭 등록을 하지 않을 잠재고객에게 시간을 빼앗기지 않는 다섯
가지 방법. 지금 바로 여기를 클릭하세요.

감정을 불러일으키는가? 그렇다. 이들이 지닌 문제에 초점을 맞췄는
가? 물론이다. 이 광고의 목적은 클릭임을 기억하길 바란다.

코칭 고객을 더 많이 불러오는 방법

_____을 더 많이 불러오는 방법

달리 표현할 수 있을까?

더 많이 얻길 원한다.
더 많이 원한다.
더 많은 코칭 고객을 원하는가?
더 높은 투자 수익률을 원하는가?
'무엇이든'을 원한다.
등록하지 않는 잠재고객에게 시간을 낭비하는 일 없이 더 많은 돈
을 벌고 코치로서의 자유를 더 많이 누리는 다섯 가지 비밀. 지금
바로 여기를 클릭하세요.

순식간에 끝났다. 타깃 오디언스에게 클릭을 얻는 훌륭한 광고의 핵심 요소를 다시 한 번 살펴보자.

1. 감정을 사로잡는 무언가를 활용한다.
2. 호기심을 자극하는 장치가 있어야 한다.
3. 마지막으로 분명한 CTA가 필요하다.

광고의 다섯 번째 진실

광고는 숫자놀이다. 광고로 판매를 늘리고 매출을 높이는 것은 숫자놀이에 불과하다. 경험상, 수익을 낼 정도로 효과적인 광고를 찾기까지 10개에서 15개 정도 시험해야 한다. 대부분의 사람이 반응이 있는 광고를 찾기 전에 멈춘다. 너무 일찍 포기하고 만다.

"광고란 광고는 다 해봤다고."

"광고 몇 개나 했는데?"

"꽤."

"그러니까 정확히 캠페인을 몇 개 했어?"

"두 개."

"좋아. 광고는 몇 개 걸었어?"

"두 개."

광고를 두 개하고는 효과가 없다고 말한다. 한심한 사람들이다. 광고는 그저 숫자놀이일 뿐이다.

광고를 내는 일은 내가 가장 좋아하는 TV 프로그램 중 하나로 디스커버리 채널에서 방영하는 〈골드 러시Gold Rush〉와 비슷하다. 이 프로그램은 온라인 광고를 정말 완벽하게 대변해서 보여준다. 프로그램에서 사람들은 금광이 묻혀 있다고 알려진 지역으로 가 수백만 톤의 흙을 거른다. 몇 가지 테스트를 거쳐 땅 속에 금이 묻혀 있다는 사실은 확실해졌다. 톤당 또는 '야드약 764.5리터—옮긴이'당 소량의 금을 채취하기 위해 기계에 흙을 계속 넣고 돌린다. 금 채취는 사실 대규모의 선별 공정이다.

온라인 광고도 마찬가지다. 대규모의 선별 공정이다. 당신의 비즈니스에 보답해줄 것 같은 사람들을 대상으로, 잠재고객이 반응할 것 같은 광고를 내건다. 효과가 있으면 계속하면 된다. 효과가 없을 때는 다른 것을 테스트한다. 그 위치에서 가망이 보이면 기계에 흙을 잔뜩 넣어 돌리면 된다.

광고에 대한 강좌를 판매하는 사람들 대부분이 10개에서 15개의 광고 테스트를 거쳐야 한다는 말을 하지 않는다. 굉장한 수고처럼 들리기 때문이다. 돈을 주고 수고로운 일을 구매할 사람은 없다. 당신이 할 수 있는 최선은 이 10개에서 15개 광고를 최대한 빨리 만들어 테스트하는 것이다. 그런 뒤 형편없는 것들은 제외하고, 고객 전환이 잘되는 광고 몇 개를 찾아 집중한다.

이것이 마법의 공식이다. 지금 1000달러짜리 광고 수업을 단 몇 줄로 끝낸 셈이다. 감정, 호기심, CTA를 바탕으로 10개에서 15개 광고를 만들어

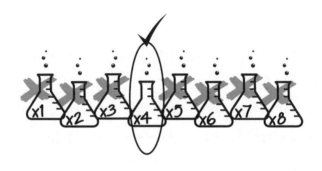

시장에 선보여라. 반응이 없는 광고는 내린다. 반응이 오는 광고를 찾아 그 규모를 점차 늘린다. 사실 광고를 단 하나만 만들어 히트하는 경우는 없다. 그렇게 일이 굴러가지 않는다. 예전에 광고를 실패한 경험이 있어도 낙심할 일이 아니다. 효과가 있는 광고를 찾기까지는 반응이 없는 광고로 실패를 계속할 수밖에 없다.

참, 한마디 더 하자면, 이 과정에는 끝이 없다. 좋은 광고라도 평생 효과가 지속되지는 않는다. 이렇게 생각하길 바란다. 다가오는 광고, 내 손에 있는 광고, 지나간 광고가 계속 맞물려 끝없이 이어진다. 과거에 불을 진화할 때 일렬로 늘어서 양동이를 계속 옆으로 전달하던 것과 비슷하다. 테스트 중인 광고가 있고, 현재 진행 중인 광고가 있고, 내 손을 떠나는 광고가 있다. 이 과정에 너무 감정적으로 접근해서는 안 된다. 광고란 원래 이런 것이다.

예전에는 광고 한 편을 매거진이나 신문에 몇 년이나 게재할 수 있었을까? 물론 그랬다. 출판물에서는 지금도 그렇게 할 수 있을까? 물론 그렇다. 다만 온라인 광고는, 특히나 페이스북 등 SNS에서는 수명이 한정되어 있다. 광고의 반응이 좋다고 해서 바로 테스트를 그만둘 수는 없다. 계속 테스트를 해야 한다. 절대로 끝을 볼 수 없는 게임이기 때문에, 당신의 오디언스에게 새롭게 접근할 방법과 감정을 건드릴 장치를 지속적으로 개발해야 한다.

가망이 없는 루저로는 '빠르게 실패'하고 위너를 찾을 때까지 포기하지 않겠다는 카피라이팅 마인드셋을 갖춰야 한다. 이 과정에 감정을 개입해선 안 된다.

요약

- 온라인 광고의 유일한 목적은 타깃 오디언스가 당신의 광고를 클릭하도록 유도하는 것이다.

- '다량의 광고'를 테스트해야 반응이 있는 몇 개를 찾을 수 있다.

- 반응이 있는 광고를 찾은 후에는 거기에 안주해선 안 된다. 얼마 후에는 효과가 떨어질 현재 광고를 대체할 새 광고들을 고민하고 만들어야 한다.

- 온라인 광고의 공식: 주목을 끌고, 호기심을 자극하고, 클릭을 유도한다.

후크 포인트

후크가 없네!

"광고에서 가장 중요한 포인트를 헤드라인에 담는다. 그런 뒤 헤드라인을 후크로 삼아 당신이 관심을 끌고자 하는 특정한 집단의 사람들을 사로잡는다."

존 케이플스John Caples

카피라이팅 실무와 이론을 정립하는 데 큰 업적을 남긴 위대한 카피라이터

도대체 후크hook란 무엇일까? 이것을 어떻게 만들까? 후크는 어디서, 어떻게 사용하는 걸까? 후크는 타깃 오디언스에게 강렬한 호기심을 일으키기 위해 활용하는 하나의 시각 또는 관점이다. 이게 핵심이다. 후크의 목적은 판매도, 설득도, 전환도 아니다. 호기심을 유도하는 것이 전부다. 사람들을 끌어들여 세일즈 카피 아랫부분도 읽게 만드는 것이다.

왜 좋은 후크가 필요할까? 당신은 제안이 사람들의 기억에 남길 바란다. 후크는 사람들을 당신의 세계로 확 끌어당기며, 관심만 사로잡으면 나머지는 따라오게 되어 있다. 당신의 후크에 사로잡힌 사람들은 더 많은 정보를 궁금해하기 마련이다. 호기심을 이용해 사람들 움켜잡은 후 당신에게 완벽히 집중하도록 만들어야 한다.

후크는 상품의 고유 강점USP이 아니다. 고유 장점Unique Selling Point이라고도 하는 USP는 경쟁사와 구별되는 제품의 고유한 요소를 말한다. 그 구별점이 최저가일 수도 있고, 최고 품질일 수도 있고, 최초로 등장한 제품이라는 점이 될 수도 있다. USP는 경쟁사에는 없는 당신만의 무언가로 생각하면 된다. 하지만 이것이 후크는 아니다. USP는 특히나 경쟁자가 여럿인 시장에서는 성공에 지대한 영향을 미칠 수 있다. USP는 당신의 비즈니스를 차별화한다. 후크는 당신의 세일즈 메시지를 다른 메시지들 속에서 차별화한다.

따라서 고유 강점은 다른 유사한 아이템과 당신의 상품 또는 서비스가 어떤 점에서 구별되는가를 말하는 개념이다. 후크는 이 구별되는 요소에 호기심을 유발하는 아주 짧은 스토리다. 예시를 보여주겠다. '3분 동영상으로 롱 드라이브 문제의 90퍼센트를 고칠 수 있습니다'가 USP라면, 후크는 '외다리 골퍼가 타이거우즈의 드라이버 비거리 기록을 뛰어 넘었다'일 것이다.

또 다른 예시를 들자면 이런 식이다. 후크: '내 인생 최고의 몸매를 만들어준 76세 노인의 이야기.' 운동 상품에 관한 것이므로 USP는 '이 강좌가 아니면 다른 어느 곳에서도 보지 못할 특별한 맨몸 운동'이 된다. 후크는 사람들의 관심을 사로잡지만 USP는 실제 상품이 경쟁 상품과 어떻게 다른지를 설명한다.

후크는 '숨은' 스토리나 시각일 때가 많다. 이것들을 찾는 게 중요하다. 당신의 스토리나 상품에서 후크를 찾아내기가 어려운 이유는 다른 사람들의 눈에는 멋져 보이지만 당신에게는 너무도 당연한 무언가일 때가 많다는 점이다. 제안의 숨은 스토리를, 사람들을 흥분하게 만들거나 적어도 호기심을 갖게 만들 스토리를 찾아내야 한다. 내가 사용했던 후크를 몇 개 소개하겠다.

- "부동산 중개인에게 반기를 들다." 직접 집을 매도하는 법을 주제로 쓴 책을 fsbohelp.com에서 판매할 때 썼던 후크다.
- "모기지 브로커, 업계의 부패를 폭로하다." 모기지 브로커로 일했던 경험을 바탕으로 모기지 관련 상품을 만들었을 때 이 후크를 썼다. 수상한 짓을 하는 사람들을 폭로한다는 후크였다. 참고로, 내 상품에서 자세히 언급했던 몇몇 일들이 실제로 2008년 금융위기의 단초를 제공했다. 거짓말이 아니다. 금융위기가 닥치기 10년 전에, 나는 금융업계가 고객에게 추가 비용을 청구하거나 감당하기 어려운 변동 금리를 물리는 일을 이미 폭로했었다.
- "심장 질환을 앓는 데다 파산으로 난방도 안 되고 지붕에서 물이 새는 트레일러에 살던 사람이 인터넷 사업으로 백만장자가 되다." 이 후크는 상반된 결과를 냈지만 그래도 제 역할은 해냈다.

후크는 어떻게 만들어야 할까? 후크 만들기는 과학인 동시에 예술로 접근해야 하는 일이다. 간략하게 개념을 설명한 뒤 다양한 예시로 보여주겠다. 예시를 봐야 과학과 예술이 어떻게 접목되는지를 확인할 수 있기 때문이다. 후크는 당신이나 다른 누군가의, 심지어 당신의 잠재고객과 유사한 가상 캐릭터의 한 문장짜리 스토리다. 후크는 여러 요소의 조합이 될 수도 있다. 예상 밖의 캐릭터와 시간과 결과의 조합, 또는 난관 없는 결과와 시간의 조합이다. 이게 무슨 소리일까? 한 문장의 스토리를 함께 살펴보며 설명을 이어가겠다.

파산하고 트레일러에 살던 내가 간단한 요령 하나로 성공한 부동산 투자자가 된 방법.

부동산 투자 강좌에 쓸 수 있는 후크다.

신참 부동산업자가 업계에 발을 들인 첫 해에 52건이나 계약을 성사하도록 만든 15세기의 발명품.

'도대체 그 발명품이 뭘까?' 의아할 것이다. 이 후크는 부동산업자라면 누구나 책을 읽어야 한다는 이야기를 하고 싶을 때 쓸 수 있다. 그렇다면 이 부동산업자가 썼다는 15세기 발명품은 뭘까? 1440년 구텐베르크가 인쇄기를 발명했다. "너무 과장했는데요"라고 말할 수도 있다. 하지만 굉장히 좋은 과장법이다. 후크에 접목할 만한 창의적인 이야기를 찾아낸 것이니까. 부동산업자라면 이 후크를 보고 "신참이 15세기 발명품으로 첫 해에 52건이나 계약을 성사했다고? 무슨 발명품을 말하는 거지? 더 읽어봐야겠는데"라고 말할 것이다. 우리가 원하는 상황이 바로 이것이다. 또 다른 예시를 보여주겠다.

주말 사이에 베스트셀러 작가가 되는 희한한 비법을 전직 피자 배달부가 알려드립니다.

내가 이 후크를 쓸 수 있는 이유는 실제로 3년간 도미노에서 피자 배달을 했기 때문이다. 따라서 전직 피자 배달부는 바로 나다. 주말 동안에 아마존에서 베스트셀러 작가가 되는 방법을 보여줄 수 있다. 당연히 가능하다. 사실 단 하루 만에 베스트셀러 작가로도 만들어줄 수 있다. 하지만 주말이 좀 더 멋지게 들린다. 다른 예시도 있다.

밥을 소개합니다. 밥은 1600년 된 비밀을 이용해 결혼 생활을 회복했습니다. 그 비밀을 말씀드리겠습니다.

결혼 생활을 회복하는 1600년 된 비밀이 도대체 뭘까? 후크에서는 설명할 필요가 없다. 후크는 사람들을 끌어당기기 위해 사용하는 것이다.
공식을 바탕으로 여러 요소를 조합할 수도 있다. 예상 밖의 캐릭터에 시간과 결과를 조합한 후크의 예시를 살펴보겠다.

파산한 전직 청소부가 전자책 사업으로 18개월 만에 집 대출금을 모두 갚은 사연.

나는 1986년 여름 동안 슈퍼마켓 자이언트푸드에서 청소부로 일했다. 대학생 때였다. 새벽 4시에 일어나 약 8킬로미터를 자전거로 이동해 식료품점을 연 뒤 7시 오픈 시간 전까지 혼자서 매장 구석구석을 쓸고 닦았다. 전자책 사업의 수익으로 집 대출금을 모두 갚은 것 또한 사실이다. 물론 내가 청소부였을 때는 1986년이고 집 대출금을 상환한 것은 2002년이다. 그래서 이 두 개의 서로 다른 요소를 조합했다. 하지만 거짓이 없는 진실한 후크다. 굉장한 호기심을 불러일으킨다. 한 가지 더 보겠다.

닭 농장 주인이 두 달 만에 14킬로그램을 감량했다, 오프라 윈프리와 전직 해군 특수부대원이라는 예상치 못한 조합 덕분에.

이 후크도 내 이야기다. 닭 농장 주인이었냐고? 집에서 키우는 닭 12마리를 내가 매일같이 돌봤다. 그리고 지난 두 달간 14킬로그램이 빠졌다. 이 책을 집필하는 지금 나는 두 달 전보다 14킬로그램이나 가벼워진 상태다. 갑자기 오프라 윈프리는 왜 나왔을까? 오프라 윈프리는 웨이트 와처

스Weight Watchers체중 감량 프로그램과 건강 식품을 파는 기업—옮긴이의 가장 든든한 후원자이자 비즈니스 파트너이고, 나는 식단을 관리하고 체중을 감량하기 위해 웨이트 와쳐스 프로그램을 이용했다. 전직 해군 특수부대원은 바로 지난 5년간 나를 운동시킨 내 친구 스튜 스미스다.

다양한 요소를 조합해 후크로 탄생시키는 과정에서 예술성이 활약하는 모습이 보이는가? 머리에서는 아마도 '젠장! 이게 도대체 뭐야?' 황당한 생각만 들 것이다. 이 반응밖에 나오지 않을 것이다. 머리가 멈춰버려서 자제력도 발휘하지 못하고 도대체 이게 무슨 상황인지 알고 싶은 마음뿐일 거다.

또 다른 예를 들어보겠다. 이번에는 난관 없는 결과와 시간의 조합으로 완성한 후크다.

식단 조절이나 운동 없이 30일 만에 원하는 만큼 살을 빼세요.

'이게 가능해?' 사람들이 바로 이런 걸 찾는다!

단 한 글자도 쓰지 않고도 엄청난 수익을 가져올 책을 3시간 만에 출간하세요.

훌륭한 후크일 뿐 아니라 실제로 가능한 일이기도 하다.

그렇다면 후크를 어디서, 어떻게 사용해야 할까? 헤드라인처럼 활용하면 된다. 세일즈 카피에도 넣을 수 있다. 세일즈 카피 도입부에 쓸 수 있다. 첫 번째 문단에 써도 된다. 당신의 스토리 안에 넣어도 된다. 광고와 SNS 게시물에도 활용할 수 있다. 밈과 인포그래픽에도 활용한다. 사람들의 관심을 사로잡고 싶은 상황이라면 어디에서나 사용할 수 있다. 바로 이 점이 후크의 매력이다. 사람들을 주목시킬 때, 끌어당길 때 다음 단계로 유도할 때라면 언제 어디서든 사용하라.

**요
약**

- 후크는 관심을 사로잡는 동시에 강렬한 호기심을 자극할 때 쓰는 한 문장의 스토리다.
- 후크는 과학인 동시에 예술이다.
- 다양한 요소를 조합하는 공식으로 효과적인 후크를 만들어라.

스와이프 파일

"좋은 광고와 우편물을 모아 소리 내어 읽고 필사도 하라."

게리 핼버트

들어본 적이 있는지는 모르지만, 존경받는 카피라이터들은 하나같이 '스와이프 파일'을 만들었다. 스와이프 파일이란 무엇일까? 광고, 엽서, 우편물, 카탈로그, 포스터, 전단지 등 누군가에게 무언가를 판매하는 데 쓰이는 것은 무엇이든 저장하는 파일이다. 예전에는 광고 우편물과 브로셔 등 인쇄물을 중심으로 만들었다.

스와이프 파일은 왜 필요할까? 세일즈 카피를 작성하려 책상에 앉아도 대부분의 사람이 스위치를 탁 올리고 곧장 써 내려가지 못한다. 운동을 할 때도 좋은 루틴이라면 웜업으로 온몸에 피를 돌게 하고, 근육을 준비시키고, 에너지를 끌어올린다. 카피를 쓸 때도 적절한 마인드셋으로 진입해야 한다. 이 마인드셋으로 빠르게 전환하는 방법은 좋은 카피를 읽는 것이다. 예전 당신이 쓴 카피 중에 좋은 반응을 불러온 것도 좋고, 다른 사람들이 쓴 세일즈 카피도 좋으니 웜업을 위해 무엇이든 읽는 게 좋다. 헤드라인을 써야 할 때 그 패턴을 익히는 간단한 방법은 다른 헤드라인을 읽는 것이다. 이메일도, 제안도, 세일즈레터도 마찬가지다.

스와이프 파일이 어떤 도움을 줄까? 당신은 스와이프 파일을 읽으며 시장에서 반응이 좋을 패턴에 익숙해지고 머리에 시동이 걸린다. 스와이프 파일에 당신의 관심을 사로잡지 않았거나 좋은 성과를 내었다고 보기 어려운 광고는 굳이 넣지 않았을 것이다. 스와이프 파일은 누구에게 필요할까? 모두이다. 이 글을 읽고 있다면 당신도 스와이프 파일을 만들어야 한다. 어떤 형태로 소장하는가? 두 가지 방법이 있다. 디지털 파일 폴더를 만들어도 되고 실물 파일을 만들 수도 있다.

디지털 파일은 금방 만들 수 있으니 꼭 하나 만들기 바란다. 당신의 마음에 들었던 무언가를 스크린샷으로 찍거나 웹페이지 전체를 저장할 수도 있다. 폴더에 광고, 헤드라인, CTA, 스토리, 불릿이란 이름의 하위 폴더를 만들어 분류에 따라 이미지를 저장한다. 웜업을 하고 싶을 때는 이런 이미지들을 빠르게 넘기며 하드 드라이브에 저장된 그래픽을 볼 때처럼 쭉 훑는다.

실물 파일은 이메일, 헤드라인, 세일즈레터, 내 작업물, 타인의 작업물로 분류한 서류철에 보관한다(이렇게까지 하지 않아도 된다). 그럼 이런 자료를 어떻게 활용해야 할까? 작업을 할 때마다 아이디어를 자극하는 용도로 쓰면 된다. 헤드라인을 써야 할 때는 헤드라인을 몇 개 보고, 불릿을 써야 할 때는 불릿을 읽는다. 세일즈레터를 작성해야 할 때는 세일즈레터 작업물을 보면 된다.

퍼널 스크립트는 사실 판매하려던 것이 아니라 내가 양방향 스와이프 파일로 쓰기 위해 만든 소프트웨어였다. 콘텐츠를 만들거나 웨비나, 특별 제안, 상품 출시, 이메일용 세일즈 카피를 작성해야 할 때 참고할 나만의 비밀 무기였다. 2시간, 3시간, 4시간 어쩌면 며칠까지 걸리던 작업이 무려 15분에서 20분이면 완성되었다. 이런 소프트웨어를 사용하는 것이 반칙처럼 느껴질 정도였다(그건 지금도 그렇다).

스와이프 파일에 언제 저장을 해야 할까? 당신의 이목을 사로잡는 무언가를 볼 때마다 해야 한다! 내가 버지니아주 윌리엄스버그에 있는 북스어밀리언 서점에 있을 때 매대 제일 앞에 놓인 한 비디오 게임 잡지가 눈에 들어왔다. 불릿 중 하나가 이랬다. "당신이 알아서는 안 되는 그랜드 테프트 오토 바이스 시티의 비밀." 머릿속에서 곧장 이 문구에 전자책 마케팅을 대입했다. 나는 "당신이 알아서는 안 되는 전자책 마케팅의 비밀" 이라는 헤드라인으로 수십만 달러 매출을 내는 웹사이트를 만들었다. 아직도 잡지 표지에 있던 그림이 생생하게 기억난다. 막대 사탕을 먹는 한 여성이 그려져 있었다. 상당히 도발적인 표지라 단숨에 시선을 사로잡았다. 무언가가 당신의 눈에 들어올 때면 스마트폰으로 사진을 찍어 이메일로 보내놓고 디지털 스와이프 파일에 해당 이미지를 추가하길 바란다. 요즘처럼 스와이프 파일을 만들고 관리하기가 쉬웠던 적이 없다.

마지막으로 스와이프 파일은 언제 만들기 시작해야 할까? 답은 '바로 지금!'이다. 스와이프 파일이 없다면 아주 불리한 위치에 놓인 셈이다. 블로그 게시물 제목, 도입부, 전체 문단을 포함해 세일즈 카피를 쓰는 데 도움이 될 만한 온갖 자료를 저장해놓은 자신만의 스와이프 파일이 있다면 작업 과정을 단축하고 엄청난 시간을 절약할 수 있다. 지금까지 누가, 무엇을, 왜, 언제, 어디서, 어떻게에 따라 스와이프 파일에 대해 모두 설명했다. 아직 스와이프 파일이 없다면 만들라. 있다면 활용하라.

요약

- 운동에서 웜업처럼 스와이프 파일은 당신의 세일즈 카피라이팅 마인드셋을 준비시키고 가동시킨다.
- 당신의 관심을 사로잡은 건 무엇이든, 좋은 반응이 있는 것은 무엇이든 스와이프 파일에 포함할 수 있다.
- 스와이프 파일을 특정 업계의 자료에 국한할 필요는 없다. 나는 늘 비디오 게임 잡지에서 얻은 영감을 내 비즈니스에 적용한다.
- 스와이프 파일이 없다면 하나 만들라. 스와이프 파일이 있다면 활용하라!

카피 다듬기

광택제

> "그는 '초안을 우선 작성한 뒤 다시 이야기합시다'라고 말했
> 다. 한참을 지나고 난 뒤에야 이것이 얼마나 훌륭한 조언이
> 었는지 깨달았다. 잘못 썼다 해도 초안을 완성해야 한다. 그
> 렇게 전체가 다 엉망인 원고를 완성한 후에야 어느 부분을
> 고쳐야 하는지 알 수 있다."
>
> 도미닉 던Dominick Dunne
> 탐사 저널리스트이자 소설가

반짝반짝 윤을 내야 한다. 수익을 창출하는 수단인 이상, 사람들은 당신의 카피를 평가한다. 당신이 사용한 언어의 질로 당신이란 사람을 평가한다. 그러니 맞춤법과 구두점, 서식을 검사해야 한다. 누군가가 당신의 카피를 읽거나, 보거나, 들을 때 당신이 말실수를 하는 바람에 한심한 인간처럼 보이는 일은 없어야 할 것이다. 우리가 좋아하든 싫어하든, 동의하든 동의하지 않든, 오타와 문법 오류, 말실수, 레이아웃 실수, 독특한 행갈이까지 무엇이든 당신을 부정적으로 평가하게 만드는 요소가 된다.

교정을 거치지 않은 세일즈 메시지로 오디언스에게 제품의 품질에 대해 무슨 이야기를 할 수 있겠는가? 정보나 훈련, 코칭을 판매한다면 고객들은 글의 문법, 맞춤법, 구두점, 서식으로 당신의 전문성을 판단할 것이다. 사실이다. 이런 게 뭐가 중요하냐는 생각을 버려야 한다. 실제로 중요한 문제다.

카피와 비디오를 크롬, 파이어폭스, 오페라, 인터넷 익스플로러 등 각기 다른 웹 브라우저에서 확인해야 한다. 화면에 어떻게 보이고 재생되는지 살펴야 한다. 나는 1996년 웹 디자인 비즈니스를 시작할 당시 이 교훈을 몸소 경험했다. 한 부동산 브로커를 위해 만든 웹사이트와 세일즈 카피가 내 모니터에서는 아무 이상 없이 나왔다. 잔뜩 흥분한 채로 차를 몰고 그의 집으로 가서 컴퓨터 모니터에 연결하자 이상한 화면이 떴다. 모니터 해상도가 달랐던 탓에 회색 바탕에 사진이 전부 깨졌다. 말문이 막혔고 아찔했다. '세상에. 다른 컴퓨터에서 어떻게 보일지 확인을 안 하는 바람에 고객을 한 명 잃을 뻔했군.'

그날 이후로 여러 브라우저에서 내 카피를 확인한다. 어쩌다 깜빡 잊기라도 하면 어김없이 이런 아찔한 상황이 펼쳐진다. 당신의 카피가 모니터에서 어떻게 보이는지 확인해야 한다. 또한 PC, 맥, 아이폰, 아이패드, 안드로이드, 리눅스 등 여러 운영체제에서도 확인해봐야 한다. 왜 이렇게 해야 할까? 세일즈 메시지가 어떻게 보이는지, 카피가 전자기기에 어떻게 나타나지는 고객의 문제가 아니기 때문이다. 우리 책임이다. 멋지게 보이면 그 칭찬은 우리가 받는다. 이상하면 그 비난 또한 우리 몫이다. 생각할 수 있는 모든 상황과 환경에서 카피가 어떻게 구현되는지 체크해야 이상하게 보인다는 이유로 당신의 카피가 평가절하되는 일이 벌어지지 않는다.

다음으로 확인해야 할 사항은 부차적 읽기 경로secondary reading path다. 텍스트에서는 카피를 훑어보며 기본적인 메시지가 담겼는지 살핀다. 장문의 세일즈 카피와 인쇄물에서의 부차적 읽기 경로에 해당하는 헤드라인과 서브 헤드라인, 추신을 확인한다. 사람들은 글을 읽지 않는다. 대략 훑어만 본다. 헤드라인을 읽고, 서브 헤드라인과 굵은 글씨를 대충 눈으로 훑고, 사진과 추신을 보는 것으로도 세일즈 메시지의 핵심을 파악할 수 있겠는가? 그렇지 않다면 해결해야 한다. 사람들이 부차적 읽기 경로로 대강 훑어볼 때도 당신의 카피가 확 눈에 들어오게 만들어야 한다.

영상
세일즈레터

대부분의 사람은 하지 않을 거라고 장담하는 일이 하나 있다. 영상 세일즈레터를 음소거로 시청하는 것이다. 소리가 없는 영상에 무슨 의미가 있을까? 언짢은 헛기침과 함께 누군가가 "도대체 왜 영상을 음소거로 보겠냐"라며 투덜대는 소리가 들리는 것 같다. 페이스북에 있는 모든 영상은 먼저 무음으로 재생된다. 따라서 당신의 영상에 자막을 다는 게 좋다. 이제 당신의 영상 세일즈레터는 전부 자막과 함께 나가는 덕분에 무음으로 영상을 보는 사람들도 세일즈 메시지를 이해할 수 있다.

자동 재생 영상에 관해 한 가지만 더 말하자면, 앞 장에서 인터넷이 자동 재생 영상과의 전쟁을 선포했다고 언급했었다. 크롬은 이미 조치를 취했고 아마 다른 브라우저들도 곧 그 뒤를 따르리라 예상한다. 당신의 영상 음량이 켜져 있다면 크롬에서는 자동으로 재생되지 않는다. 자동 재생으로 설정을 해도 크롬에서는 영상을 멈출 것이다.

음량이 꺼진 상태에서도 영상 세일즈레터가 제 효과를 발휘하도록 만들어야 하는 또 다른 이유는 대부분의 사람이 소리를 틀 수 없는 일터에서 영상을 시청할 것이기 때문이다. 스피커가 없는 큐비클 속에 갇힌 탓에 아무리 원해도 당신의 영상을 들을 방법이 없다.

당신의 카피를 읽고, 영상 세일즈레터를 시청하고 들어줄 다른 사람의 눈과 귀가 필요하다. 외부인이 오타나 문법 오류, 영상 재생 문제를 잡아내줄 수 있다. 세일즈 메시지를 검토하고 기술적인 문제를 찾아내는 데 다른 사람의 컴퓨터만한 것이 없다.

한 카피라이터는 친구들에게 항상 세일즈레터를 보여준다고 한다. 세일즈레터에서 말하는 상품을 구매하겠다는 사람이 없으면 그는 세일즈레터 기획 단계로 다시 돌아갔다. 세일즈레터를 누군가에게 보여주었을 때 상대가 "세일즈레터 좋은데"라고 말하면 형편없다는 의미였다. 세일즈레터를 읽고 "와, 이거 어디서 살 수 있어?"라는 반응이 나와야만 통과다.

이 이야기는 어쩌면 그냥 도시 괴담일지도 모른다. 세일즈레터를 읽는 대상이 타깃 고객이 아니라면 사실 구매를 하겠다고 나설 이유가 없다. 따라서 자신의 카피가 훌륭한지 판단하는 기준으로 삼기에는 그리 현명하지 않다.

반면 세일즈 카피를 한번 봐달라고 부탁할 수 있는 사이의 고객들이 있다면, 그리고 그들이 카피를 보고 "와, 멋진데요. 그래서 이거 언제 출시되나요?"라고 답하면 긍정적인 신호다. 이런 경우가 아니고서야 당신의 세일즈 카피를 검토한 뒤 '이거 어디서 살 수 있어요?'라는 반응을 들려줄 사람은 별로 없을 것이다.

또한 대충 한번 해보자는 사고방식에 빠져선 안 된다. 뭐든 빠르게 진행되는 온라인의 특성상 속도가 고민과 꼼꼼함보다 중요시될 때가 많다. 하지만 당신이 쓰는 언어가 중요하다. 문법, 맞춤법, 구두점, 서식 또한 중요하다. 그냥 무작정 던져본 뒤 반응을 보이지 않는 사람들이 멍청하다는 식으로 매도해서는 안 된다. 이들은 멍청이가 아니다. 이들은 지갑을 열어 돈을 쓰도록 당신이 유도하려는 사람들이다.

마지막으로 카피를 다듬을 때 미끄럼 테스트를 해보는 것이 좋다. 세일즈 메시지를 읽기 시작한 사람이 죽 미끄러지듯 흘러가 아무런 저항 없이 구매라는 물속으로 풍덩 빠지는 그림을 당신은 원한다. 이 관점에서 카피를 검토하는 것이다. 시각적이든, 문법이든, 가독성이든, 화법이든 카피에서 마찰이 느껴지는 부분이 있는가? 한 가지 아이디어에서 다른 아이디어로 넘어갈 때 멈칫거림이나 삐걱거림이 없는 매끄러운 대화처럼 느껴져야 한다. 한 섹션에서 다른 섹션으로 자연스럽게 넘어가는가? 한 섹션의 끝에서 다음 섹션으로 부드럽게 이어지는가? 그러면 자연스럽게 흘러

가도록 글을 만져야 한다. 이렇게 하면 된다. 카피를 반짝 반짝 윤이 나게 만들 수 있다.

요
약

- 사람들은 내용만큼이나 서식, 형식, 문법, 맞춤법, 구두점으로 세일즈 카피를 평가한다.

- 다른 사람의 눈으로 카피를 검토하며 오류를 찾아내라.

- 부차적 읽기 경로를 따라도 카피의 메시지가 이해되어야 한다. 스치듯 훑어보는 사람에게도 세일즈 메시지의 핵심이 설득력 있게 전달되도록 만들어야 한다.

- 음소거로 영상 세일즈레터를 시청한다. 소리가 나오지 않아도 상품을 사고 싶은 마음이 드는가?

결론

세일즈 카피라이팅에 대해 당신이 알아야 할 모든 것

즐겁게 읽었길 바란다!

당신이 판매를 이뤄내도록 돕는 것이 이 책의 목표다. 한 가지 위험할지도 모를 고백을 하자면, 이 책은 카피라이팅 책이라기보다는 세일즈 책에 가깝다. 카피라이팅만큼, 어쩌면 그보다 더 세일즈를 다루었다. 세일즈 기술을 배우면 그 전략을 글과 말에 적용할 수 있기 때문이다. 지금껏 당신은 세일즈 메시지를 구성하는 법과 대화로 상대에게서 어떠한 행동을 유도하는 법을 배웠다.

책의 끝에 이르렀지만, 바라건대 이것이 **당신의 시작점**이라 믿는다. 나로 인해 판매 실력을 늘리고 싶다는 마음이 생겼길 바란다. 판매 실력이 좋아진다는 것은 돈을 버는 데도 능숙해진다는 뜻이다. 사람들을 도우며 돈을 버는 일은 전혀 문제되지 않는다. 이 책은 당신의 잠재고객과 명료하게 소통하는 법도 다루었다. 이 세 가지 기술(판매하고, 돈을 벌고, 명확하게 소통하고)을 당신의 일부로 만들어야 한다. 그러면 삶의 거의 모든 측면에서 굉장한 차이를 경험하게 될 것이다.

이 책에 등장한 비밀을 모두 당신 것으로 삼아 카피라이팅에 적용하고 더 많이 판매하길 바란다. 그 과정에서 진정성 있는 태도로 다른 사람들이 삶 속에서 변화를 맞이하도록 도와주어야 한다. 그것이야 말로 모두를 위한 진짜 윈-윈이다.

마치기에 앞서 카피라이팅 비밀을 가르칠 때마다 항상 받는 몇 가지 질문을 소개하고자 한다.

카피라이팅와 평범한 글쓰기의 차이는 무엇인가요?

당신의 의도다. 글을 쓰는 당신의 목표가 무엇인가? 즐거움을 주기 위해서? 단순히 정보만 전달할 것인가, 아니면 사람들이 특정한 행동을 취하길 바라는가?

카피는 다른 사람에게 특정한 행동을 유도한다. 링크 클릭일 수도 있고, 구매일 수도 있고, 양식 작성이나 옵트인일 수도 있으며, 전화 상담 신청이나 직접 전화로 문의하기가 될 수도 있다. 이렇게 보면 카피라이팅이 우리 주변에 많다는 사실을 새삼 깨닫게 될 것이다.

블로그 게시물 작성이 카피라이팅이다.

페이스북 게시물 작성이 카피라이팅이다.

인스타그램 게시물 작성이 카피라이팅이다.

특정한 방식으로 활용한다면 밈 생성조차도 카피라이팅이 된다. 누군가가 링크를 클릭하거나, 어떤 페이지에 방문하거나, 정보를 요청하거나, 양식을 작성하거나, 옵트인을 하거나, 통화를 신청하거나, 직접 전화를 걸길 바라는 의도로 콘텐츠를 제작한다면 그것이 바로 카피라이팅이다.

따라서 이제 생각을 확장하여, 당신이 주기적으로 하는 일을 글쓰기나 콘텐츠 제작이라기보다는 카피라이팅으로 여기고 접근해야 한다.

지금껏 카피라이팅의 예술/과학이 얼마나 변했나요?

흥미로운 질문이다. 내가 은행에서 광고 문구를 쓰기 시작했던 시기에 빗대어 답할 수밖에 없다. 참고로 당시 내 광고 때문에 하도 머리를 쥐어뜯은 탓에 감사부 직원들의 머리가 지금도 휑하다. 본론으로 돌아가서, 지난 25년간의 변화를 말하겠다.

가장 눈에 띄는 변화는, 요즘엔 사람들의 시간을 많이 확보할 수 없다는 점이다. 과거에는 더 많은 정보를 제공하고도 사람들의 관심을 잡아둘 수 있었다. 요즘 같은 온라인 시대에는 사람들의 관심을 끌고 붙잡아둘 수 있는 시간이 몇 초에 불과하다.

두 번째로는 예전보다 호기심이 훨씬 중요한 요소가 되었다. 아마도 사람들의 관심을 사로잡고 유지하느냐 못하느냐를 결정하는 시간이 짧아진 현상과 관련이 있을 것이다. 때문에 빠르게 사람들을 자극하고 끌어당겨야 한다. 또한 핵심을 빨리 제시해야 한다.

같은 점이라면? 사람들의 문제를 해결하고, 욕망을 충족시키며, 더 나은 상황으로 개선하는 데 당신이 도와줄 수 있다는 점을 카피로 보여주어야 한다. 아마도 이 사실은 영원히 변치 않을 것이다. SECRET 3으로 돌아가 사람들의 구매 이유 열 가지를 다시 한 번 읽어보길 바란다. 이는 내 카피라이팅 커리어의 판도를 바꿔놓은 깨달음이었다. 그동안은 사람들에게 일반적인 이야기를 전했는데, 왜 이들이 구매를 하는지 그 이유를 알고 나서 카피라이팅이 훨씬 쉬워졌다. 내가 집중해야 할 초점이자 필터, 프레임워크를 제시해주었기 때문이다.

도저히 상품을 구매하지 않을 수 없는 멋진 카피를 만드는 요소가 무엇이라고 생각하시나요?

간단하게 말하자면, 당신의 상품으로 고객이 원하는 결과를 얻을 수 있다는 믿음을 주는 카피라고 본다. 이들이 문제가 해결될 거라고 믿는다면, 욕망을 이루고, 바라던 돈을 벌고, 돈을 아끼고, 시간을 아끼고, 수고를 피하고, 고통에서 벗어나는 등등 이들이 원하는 바를 이룰 수 있다고 믿는다면 구매하지 않을 수 없다. 그렇게 믿는다면 말이다.

그래서 사람들을 사로잡는 것, 정서적으로 호소하는 장치가 중요하다. 당신에게만이 아니라 사람들에게도 어떤 가치를 전해줄 수 있다는 증거가 중요하다. 지금 언급한 내용이 사람들의 머릿속에 있는 체크리스트다. 첫째, 이게 효과가 있을까? 둘째, 다른 사람에게는 효과가 있었나? 셋째, 내게도 효과가 있다고 믿을 수 있을까?

작동법을 알려주는 시연 영상과 같은 단순한 도구면 충분할 때도 있다. 아니면 적합한 사례를 보여주고, 올바른 언어로 정보를 전달하고, 당신의 주장을 뒷받침할 데이터를 제시하는 등 좀 더 복잡한 방법이 필요할 때도 있다.

대체로 사람들은 머릿속에 있는 체크리스트에 의지한다. '저 결과를 얻을 수 있다고 믿어도 될까?', '저 결과를 얻은 사람들이 있을까?', '나도 그럴 수 있다고 믿을 수 있을까?' 간단하게 답변하자면 이쯤에서 정리할 수 있겠다.

상품이나 서비스를 만들기 전에 카피를 먼저 써야 할까요?

가능하다면 판매할 상품을 제작하기 전에 완벽한 제안을 만들어야 한다. 이미 완성된 상품을 두고 카피를 쓸 때는 비판적인 사고가 불쑥불쑥 튀어나와 '이게 사실이이야?'라고 묻기 때문이다. 아니면 주장이나 정보를 제공할 때 '음, 너무 과장하는 건가?'하는 생각이 찾아오기도 한다. 이런 생각들로 카피를 얼버무리며, 결국 이행하지 못할까 봐 상품 약속을 조금 부드럽게 만졌다는 듣기 좋은 핑계를 댄다. 즉, 나는 정말 멋진 제안과 최고의 세일즈 카피를 만들고 난 뒤, 이를 만족시키거나 심지어 능가할 상품을 제작하는 순서를 훨씬 선호하는 편이다. 이때 카피는 상품 설명서가 아니라 상품 제작의 청사진이 된다.

세일즈 카피에 모든 것을 명시하고 약속한 바대로 가르치면 되니 정보 제품이나 트레이닝은 앞에서 언급한 순서대로 일을 진행하기가 한결 쉽다. 실물 상품도 물론 가능하다. 사람들이 구매하고 싶어 하는 최종 상품을 디자인한 후 실제로 구현하면 된다. 아무래도 실물 상품에서는 몇 가지 제약이 생기지 않을까 생각한다면, 분명 그럴 것이다. 하지만 언제든 이렇게 말할 수 있다. "카피에 여기 이 부분을 조금 수정해야 할 것 같습니다." "어떤 어려움이 있어도 이렇게 꼭 만들겠다고 마음을 먹었으니 어떻게든 방법을 찾을 겁니다. 고객에게 한 약속을 지킬 수 있도록 상품을 조금 수정하겠습니다!"

엄청나게 팔릴 카피라이팅 전략이 바로 이것이다. 정보 제품을 만들기 전에 제안을 정하고, 세일즈 카피와 세일즈레터, 세일즈 영상을 만드는 프로세스는 어렵지 않다. 최종 제안을 만들고 이를 이행하면 되니까. 소프트웨어도 마찬가지다. 소프트웨어를 개발하기 전에 세일즈 카피를 먼저 작성한다면 팔리기 위해 필요한 모든 기능을 반드시 탑재하려고 최선을 다할 수밖에 없다. "이걸 빼면 한결 만들기 쉬울 텐데요. 이 기능이 필수적인가요?"라고 물어오는 프로그래머와의 피할 수 없는 대치 상황에서, 그러한 압박감이 당신에게 용기와 목적의식을 준다. 이미 공개된 판매 계획에 기능이 포함되었다면 "네, 필요합니다. 어떻게든 구현해야 해요"라는 말이 나온다.

서비스도 마찬가지로 접근해야 한다. 서비스는 판매가 된 후에야 고객에게 제공되기 때문이다. 그러니 멋진 세일즈 카피를 만들고, 판매할 때 약속했던 대로 서비스를 이행하면 된다.

카피라이팅 실력을 어떻게 빨리 늘릴까요?

'연습'이다. 실력을 빠르게 늘리려면 시도하는 수밖에 없다. 처음에는 실력이 나쁠 것이고, 그런 뒤에는 좋아질 것이며, 그런 뒤에는 훌륭해질 것이다. 따라서 훌륭해지기 위해서는 먼저 좋아져야 한다. 좋아지는 유일한 방법은 나빴던 단계를 거치는 것이다. 나빠지는 유일한 방법은 우선 시도하는 것이다.

매일 카피를 쓰는 연습을 하되 혼자서만 보고 말아선 안 된다. 사람들에게 보여주고 반응을 살펴라. 사람들이 어떻게 생각하는가? 어떤 행동을 하는가? 아니면 아무런 행동도 보이지 않는가? 사람들이 돈을 지불하는지, 옵트인을 하는지, 링크를 클릭하는지, 전화번호를 누르는지를 직접 확인해야 실력이 는다.

바로 이것이 당신이 해야 할 일이다. 실력이 좋아지고 싶다면 먼저 나빠져야 한다. 나빠지는 상태에 이르려면 시도를 해야 한다. 다시 말해 무엇이든 써서 내걸고, 사람들의 행동을 유도한 후 결과를 측정하고 관찰하라. '이렇게 했더니 이런 상황이 펼쳐졌어. 여기를 변경했더니 이런 일이 벌어졌어'라고 면밀하게 관찰하라. 이렇게 해야 실력을 키울 수 있다. 실력은 계속 상승할 것이다.

카피라이팅의 전문가가 되기까지 얼마나 걸렸나요?

카피를 쓴 지 25년이 되었지만, 나는 카피라이팅 전문가가 아니다. 나는 스스로를 판매에 능한 사람이라고 생각한다. 자신을 전문가라고 여기기 시작하면 더는 질문하지 않게 된다. 하지만 세일즈의 세계에서는 끝없이 질문해야 한다. '잠깐. 지금은 뭐가 통하지? 유행이 지난 건 뭐지?' 현재의 상황을 주시하라. '내가 이걸 시도하면 어떤 결과가 벌어질까?' 같은 질문을 던질 수 있어야 한다. 지금 사람들이 무엇에 반응하고, 무엇이 더는 효과가 없으며, 무엇을 새로 시도할 수 있는지 고민하며 계속 나아가게 만드는 동력이 그러한 질문들로 생긴다. 일단 시도해야 나빠질 수 있고, 그래야 좋아질 수 있으며, 결국 훌륭해질 수 있다는 말을 명심하길 바란다. 훌륭함에 이르기는 좀처럼 쉽지 않지만 좋아지는 수준에만 이르러도 보상받을 수 있다.

또한 '어떻게 해야 사람들에게 팔 수 있을까?'보다는 '어떻게 해야 사람들을 도울 수 있을까?'라는 관점으로 접근하길 바란다. '사람들이 내게 지갑을 열도록 하려면 어떠한 가치를 더해야 할까?', '어떠한 가치를 더해야 내게 지갑을 열지 않고는 못 배기게 만들까?', '내게 지갑을 열지 않는데 죄책감마저 느끼게 하려면 어떠한 가치를 더해야 할까?' 이것이 훌륭한 질문이다.

무엇이든 스스로를 전문가라고 여기는 데 각별한 주의가 필요하다. 자신을 카피라이팅 배우는 학생으로 여기는 편히 훨씬 낫다. 지금의 질문과 답은 이렇게 고치고 싶다. 질문: 카피라이팅을 진지하게 배우는 학생이 되기까지 얼마나 걸릴까요? 대답: 당신이 결심한 그 순간부터다. 자기 자신을 어떤 전문가라고 말할 때는 조심해야 한다. 내가 스스로 정말 전문가라고 여기는 분야는 딱 하나, 실수다. 나는 정말 실수에는 재능을 타고났다. 그 외 분야에서는 착실한 학생이 되고자 노력할 뿐이다.

뚜렷한 결과와 그에 따른 기회가 제공되지 않는 매우 단순한 상품, 이를테면 신용카드 단말기 감열지의 세일즈 카피와 헤드라인은 어떻게 구성해야 할까요?

정말 지루한 상품이다. 이를 구매해야 하는 가련한 누군가를 생각해보면 좋다. 우리가 해야 할 질문은 이것이다. '여기에 어떤 감정이 결부되었는가?' 카드 단말기 감열지나 이와 비슷하게 지루하기 그지없는 무언가를 두고 고객은 어떤 감정을 느낄까? 어떤 점이 이들을 불행하게 또는 굉장히 분노하게 만들까? 이들은 어떤 상상을 할까? 이 제품의 어떤 문제가 상황을 더욱 악화할까?

그러고 보니 주택 보험 담당자와 아주 일방적인 대화를 나누었던 경험이 떠오른다. 나와 아내는 이 담당자를 한번 만나서 서류들에 전부 사인했다. 집 세 채와 자동차 네 대, 보트 한 대, 사륜 오토바이 한 대, 트랙터 한 대, 개인 책임 보상 범위를 늘리는 우산 보험도 추가했다. 보험료가 상당했다. 이후 담당자가 아니라 보험회사에서 직접 보낸 편지를 한 통 받았다. 내가 투자 목적으로 보유한 집들 중 한 채에 대한 보험을 취소하겠다는 편지였다.

담당자에게 전화를 걸었다. "왜 이렇게 된 겁니까?" 쉽게 바로잡을 수 있는 별것 아닌 문제였기 때문이다. 그에게 이렇게 말했다. "당신의 역할은 제 레이더 망에서 멀리 떨어져 있는 겁니다. 제가 보험 때문에 신경 거슬리는 일이 없어야 한다는 말입니다. 보험이 무엇을 보장해주는지, 뭐가 잘못되는지, 그쪽이 나를 물 먹이는지, 제가 이런 걱정 따위를 해선 안 된다고요." 그랬더니 담당자가 물었다. "도대체 무슨 말씀이십니까?"

"그쪽이 해야 할 일은 제 레이더 망에 잡히지 않는 겁니다. 그게 당신 일이에요. 제가 필요할 때는 찾겠지만 그쪽으로 인해 제가 눈곱만큼이라도 불편함을 경험해서는 안 된다는 소리입니다." 내 태도가 지나쳤던 것도 알지만, 지난 15년 동안 연간 1만 달러씩을 보험료로 지불해온 사람에게 보험사에서 집 한 채에 대한 보험을 취소하겠다고 일방적인 편지를 보내온 것에 화가 치밀었다.

내가 이 이야기를 꺼낸 이유는, 지루하고 딱딱한 일에서 견지해야 할 관점을 말하기 위해서다. 그 관점이란 이렇다. '저희가 해야 할 일을 하고 고객에게 짜증을 유발하는 상황이 없도록 할 테니. 적어도 한 가지에서만큼은 걱정하지 말고 당신의 생활을 계속 이어가시길 바랍니다.' 그 일이라는 것이 상당히 지루하다는 사실을 도리어 더욱 강조하는 셈이다. 이 점을 이런 식으로 활용할 수 있다. "이런 상황에서 감열지가 없으면 아찔해집니다. 계산대 앞에 손님 10명이 줄을 서서 기다리는 와중에, 신용카드 감열지가 다 떨어졌을 때 나오는 보라색 줄이 보입니다. 감열지를 교체하려고 찾아봤지만 하나도 없을 때예요. 카드 감열지에 대해 정말 고민하고 싶지 않은 순간입니다."

또한 신용카드 감열지에 미리 신경을 썼어야 했다고 안타까워 할 감정적 상황을 언급하면 좋겠다. 어떤 상황이 발생할지 진지하게 고민할 가치가 있다. 정서, 스토리, 사례연구를 찾아보고, 단순히 지루한 용품 그 이상의 의미를 찾을 수 있는 상황이 무엇일지 생각해보는 것이다. 그런 뒤 그 제품이 없는 상황을 잠재고객에게 제시해 고통을 유발한다. 이렇게 이끌면 된다.

> **고객과 이야기를 할 때 다음 두 가지 관점 사이에서 어떻게 균형을 잡아야 할까요? 고객에게 제 상품이 있다면 굉장히 멋질 거라는 쪽, 제 상품이 이렇게 훌륭하니 꼭 사야 한다는 쪽.**

가장 피해야 할 일은, 고객과 고객의 문제, 고객과 고객의 미래, 고객과 고객의 욕망·희망·꿈을 말하기 전에 당신과 당신의 상품 이야기부터 꺼내는 것이다. 언제나 고객으로 시작해야 한다. 비포/애프터/브리지든, 문제/동요/해결이든, 혜택·혜택·혜택을 제시한 후 행동을 유도하든, 어떤 전략을 취하든 말이다. 고객으로 시작한 뒤 당신의 상품, 서비스, 소프트웨어, 정보가 고객이 원하는 것을 더욱 많이 제공하거나 원치 않는 것을 덜어낼 수 있다는 점을, 또는 이 둘 다 가능하다는 점을 보여주어야 한다.

고객으로 시작하라. 고객에 관한 스토리를 전달해야 한다. 세일즈 카피도 고객을 위한 것이다. 당신의 이야기는 시작하지 않는다. 컨트리 가수 토비 키스의 노래 가사와 비슷하다. "당신, 당신, 당신, 항상 당신에 대한 이야기만 하고 싶어요. 다만 아주 가끔은 내 이야기도 할게요." 특히나 세일즈 카피 도입부에서는 자기 자신에 대한 이야기보다 고객에 대한 이야기를 훨씬 많이 해야 한다.

두려움에 기초한 부정적인 헤드라인/카피가 긍정적인 헤드라인/카피보다 고객 전환에 더 도움이 될까요?

콜드 트래픽에서는 부정적인 헤드라인 또는 공포를 자극하는 헤드라인, 이미 고객의 머릿속에 계속 맴돌던 문제나 고통을 주제로 한 헤드라인을 쓸 때 고객 전환이 더 잘 된다. 왜 그럴까? 이런 헤드라인이 이들의 이목을 끌고 관심을 사로잡기 때문이다. 콜드 트래픽은 문제가 있다는 사실은 인지하지만 그 문제에 해결책이 있다는 것은 모르는 사람들이다. (아직은) 당신과 당신의 상품도 모른다.

웜 트래픽은 해결책을 찾는 사람들이다. 어디엔가 해결책이 분명 있을 거라고 생각하는 사람들이다. 그래서 공포에 기초한 헤드라인으로는 눈길을 끌 수가 없다. 해결책을 중심으로 한 헤드라인을 적어야 이들은 자신들이 찾던 것을 발견했다고 생각할 것이다.

핫 트래픽을 대상으로 한 헤드라인은 해결책뿐 아니라 당신과 당신의 상품을 중심으로 써야 한다. 이들은 당신이 어떤 사람이고 어떤 상품을 제공하는지도 이미 알기 때문이다. 당신은 이들이 지금 바로 구매하도록 유도해야 한다.

웜과 핫 트래픽에는 테이크어웨이 클로징takeaway close잠재고객에게 상품·서비스에 제한을 두어 제공하는 클로징 기법—옮긴이을 사용할 수 있다. "모든 분께 드리는 것은 아닙니다. _____를 원하시는 분들만 해당됩니다"라고 말하는 것이다. 그러면 고객들은 '와, 잠깐만. 나는 못 받는 거야?'라고 생각한다.

이제는 유명해진 이 클로징 기법은 포모FOMO, 즉 소외되는 것에 대한 두려움fear of missing out이라고도 한다. 포모를 사용할 때는 세일즈 카피 후반부에 부정성을 더해 어떠한 행동을 바로 취하도록 만들 수 있다. 고객들은 혼자서만 제외되는 것을 두려워하기 때문이다.

| 매력 없는 제안을 섹시하게 만들 방법이 없을까요?

좋은 표현이다. "섹시하게 만든다." 제안을 섹시하게 만드는 가장 중요한 요소는 바로 감정이다. 앞에서 이미 언급했지만, 감정이 굉장히 중요하다. 사람들은 감정으로 구매하고 이성으로 구매를 합리화한다. 따라서 열정을 증폭한다면 구매력도 증폭될 것이다.

대부분의 세일즈 카피를 보면 다들 상품의 기능을 말한다. 혜택을 언급할 때도 있다. 하지만 의미를 말하는 사람은 거의 없다. 하지만 바로 그 의미에서 감정을 찾을 수 있다. 의미와 감정을 찾아 증폭해야 한다. 더 밀어붙이거나 확 끌어당겨서 의미와 감정의 볼륨을 높이라. 감정이 행동을 만든다.

| 저는 중독을 치료하는 상품을 판매합니다.
고통과 수치심, 두려움이 가득한 시장이죠.
과하게 몰아붙이지 않으면서도 사람들이 계속
구매하도록 만들려면 어떻게 해야 할까요?

여러 가지 방법이 있겠지만, 미래 연상 기법을 추천한다. 미래 연상 기법에는 이런 질문들이 동반된다. "술을 계속 마신다면 앞으로 당신의 삶이 어떤 모습일 것 같습니까?", "약물을 계속 사용한다면 당신의 삶이 어떻게 될 것 같습니까?", "그 행동을 지속하면 아이들에게 어떤 영향을 미칠 것 같습니까?", "2개월 후, 3개월, 4개월, 5개월, 6개월 후 당신의 결혼 생활이 어떤 모습일 것 같습니까?", "그때까지 결혼 생활이 유지될 것 같습니까?", "길거리 생활을 하게 될 것 같습니까?" 감정을 자극한다고 해서 고객이 마음을 다칠 정도로 과하게 몰아붙일 필요는 없다.

현재 이들이 처한 현실에서 시작할 수도 있다. "음주 문제가 있습니까? 네, 사실 그런 사람이 많습니다. 잠깐 터놓고 솔직하게 이야기하고 싶습니다. _____한다면 어떤 일이 벌어질 것 같습니까? 만약 _____한다면요?" 그런 뒤에 이렇게 전환한다. "굉장히 암울한 상황이죠. 끔찍합니다. 그럼 이번에는 이렇게 생각해봅시다. 만약 이 상황을 잘 통제할 수 있다면요? 술을 끊는다면 삶이 어떻게 달라질 것 같습니까? 약물을 끊는다면 삶이 어떤 모습일 것 같습니까? 배우자를 폭력적으로 대하는 태도를 고친다면 삶이 어떻게 달라질 것 같습니까?"

달라진 삶을 상상하게 한 뒤 상품, 제안, 해결책을 제시하는 것이다. "좋은 소식은, 이미 변화의 첫걸음을 내디디셨다는 겁니다. 도움이 필요하다는 사실을 인정했으니까요. 이제 본격적으로 시작하는 일만 남았습니다. 아마도 가장 힘든 단계가 될 겁니다. 이 버튼을 누르면 미소를 지을 수 있을 겁니다. 회복의 여정을 시작하는 것이니까요." 그렇게 이들을 여정으로 이끈다. 수치심이 문제라면 좀 더 수치심을 느끼도록 만들라. 그런 뒤 그 수치심을 극복하도록 돕는 것이다. 두려움이 문제라면 그 공포를 더욱 심화한 뒤 그것을 이겨내도록 도와준다. 충분히 수치심을 준다면 이들은 그것을 이겨내기 위해 무언가를 하려고 들 것이다. 두려움을 제대로 자극했다면 이들은 무언가 행동을 취할 것이다. 부정적인 무언가를 더욱

극한으로 만든 뒤 이들이 달라지지 않을 때 삶이 어떤 모습일지 보여주라. 그런 뒤에 구명환을 건네며 "그렇게 되지 않을 수 있습니다. 잘 관리될 때 단시간 내에 삶이 어떻게 달라질지 보여드리겠습니다"라고 하는 것이다. 나라면 이렇게 하겠다.

> **카피가 세일즈 퍼널의 각 단계에 적합한지,**
> **일관성을 유지하면서도 반복되지 않는지 어떻게 알까요?**
> **퍼널 단계마다 언어를 얼마나 동일하게 유지해야 할까요?**

내가 자주 발견하는 현상을 질문하다니 신기하다. 사람들은 랜딩 페이지, 이메일, 확인 페이지, 단 한 번의 제안OTO 페이지가 있어야 한다는 사실은 이해한다. 퍼널에서 이 다양한 웹페이지를 보고는 세일즈 카피가 각각 달라야 한다고 생각한다. 하지만 이와 동시에 일관성 있는 메시지를 전달하고 싶어 한다. 같은 언어를 사용하면서 말이다. 재밌는 점은 세일즈 카피에 쓴 것과 같은 언어를 이메일에도 사용할 수 있다는 것이다. 웹페이지의 언어가 영상 세일즈레터 속 언어와 같아도 된다. 쓸데없이 에너지와 시간을 낭비할 필요가 없다. 같은 카피를 계속 사용해도 된다. 사람들이 더 많이 접할수록 친근함과 편안함이 커지고, 이것이 메시지의 전달력을 강화한다.

한 가지 중요한 점은 확인 페이지 또는 OTO 페이지에서 하향판매down sell고객이 물러나려 할 때 처음 본 상품과 유사하나 가격이 낮은 제품을 제시하며 구매를 유도하는 전략—옮긴이 페이지로 이동할 때 하나의 스타일을 동일하게 유지해야 한다는 것이다. 고객은 같은 사이트에서 이동하며, 또한 고객에게 메시지를 전달하는 판매자도 같은 사람이기 때문이다. 그러니 페이지가 달라져도 여전히 같은 대화를 나누는 셈이다. 광고나 이메일의 도입부, 트래픽을 유도하는 방식까지 세일즈 퍼널의 모든 단계가 똑같이 제시되고, 똑같이 읽히고, 똑같은 방식으로 운영되어야 한다. 같은 언어와 비슷한 사진으로 통일성을 유지해야 한다. 스타일이 같아 보여야 한다. 그렇지 않으면 혼란을 야기하고, 불쾌함도 유발할 것이다.

> **사투리를 카피에 쓰는 기술이 있을까요?**
> **사투리를 카피에 쓰는 것이 어떠한 가치가 있을까요?**
> **얼마 전 제 카피가 밀레니얼 세대 오디언스에게**
> **적합하지 않다는 조언을 들었어요.**

고객의 머릿속 대화에 참여한다는 말은 곧 그들의 언어를 쓴다는 뜻이다. 고객의 대화에 참여하지 못했다면 잘못된 말을 쓰고 있다는 소리다. 그러니 고마운 조언으로 여기길 바란다. 오디언스가 사용하는 언어를 사용해야 한다. 사투리가 될 수도 있고, 어떤 유행어나 키워드, 관용구가 될 수도 있다. 이런 언어를 쓸 때 고객은 당신이 자신을 정확히 조준해 대화를 나눈다는 느낌을 받는다. 고객이 존중받지 못한다는 기분을 느껴서도 안 되고, 반대로 당신이 고객의 언어를 이해하지 못하는 멍청이처럼 보여서도 안 된다.

그들의 언어를 사용하는 게 중요하지만, 당신이 진정성 있는 모습을 보이고 또 그 언어를 과도하게 남발하지 않는 것도 중요하다. 밀레니얼을 타깃으로 삼았다면 13세 아이처럼 글을 써서도, 유행을 모르는 50세 중년처럼 써서도 안 된다. 상황에 어울리는 유행어와 키워드, 관용구를 적절하게 배치해 당신이 정말 이들을 이해하고 있다는 모습을 보여주어야 한다. 타깃 오디언스가 사용하는 언어를 써야 소통할 수 있다.

특정 사람들에게 유독 더 친밀하게 느껴지는 단어나
문구가 왜 따로 있을까요?

같은 언어를 사용할 때 가장 가깝게 소통할 수 있기 때문이다. 상대가 사용하지 않거나 이해하지 못하는, 또는 동질감을 느끼지 못하는 언어를 쓴다면 이들에게 닿을 수 없다. 소통을 강화하는 방법은 헤드라인에 동사를 활용하는 것이다. 헤드라인에 왜 동사를 써야 할까? 동사는 심상을 떠오르게 하기 때문에 사람들은 동사를 보고 자연스럽게 머릿속으로 어떤 이미지를 그리게 된다.

간단한 예시를 보여주겠다. "굉장한 수익을 내는 전자책을 직접 쓰고 출간하는 법How to write and publish your own outrageously profitable e-book"에서 '쓰고 How to write'와 '출간하는 법publish'이란 단어가 시각화를 유도한다. 헤드라인을 하나 더 보자. "책이 출간된 작가가 되는 법How to be a published author." 머릿속으로 상상하기가 좀 더 까다로워졌다. 능동태와 수동태의 차이로 볼 수 있다. 수동태는 듣는 사람의 머릿속에 어떠한 동작이 떠오르도록 하지 못한다. 또한 장황하고 불분명한 인상을 남긴다. 능동태는 분명하고, 직접적이며, 중언부언하는 느낌이 없다. 사람들은 이런 느낌을 금방 알아챈다.

커넥터connector로 사용 가능한 표현이 있다. 커넥터는 카피의 구성 요소를 잇는 연결 장치다. 이게 무슨 뜻일까? 나는 방금 "이게 무슨 뜻일까"라는 문장을 카피 커넥터로 썼다. 지금부터 설명하겠다. 이것도 카피 커넥터다("지금부터 설명하겠다"). 이런 문구들을 활용해 카피를 구성하는 다양한 요소를 긴밀하게 연결할 수 있다.

또 다른 커넥터는 '예를 들면'이다. 예를 들면… 몇 가지 불릿을 제시하며 해결책을 소개하는 중 이렇게 말하며 전환하는 것이다. "지금쯤이면 제가 어떤 사람인지 궁금하실 겁니다. 도대체 누구길래 책을 쓰는 데 도움을 줄 수 있다고 말하는 걸까?" 이것이 바로 카피 커넥터다. 그런 뒤 사람들에게 당신이 어떤 사람이고 무엇을 달성했는지 보여주거나 설명하면 된다. 그런 뒤에는 또 한 번 카피 커넥터를 넣을 수 있다. "하지만 무턱대고 제 말을 믿으실 수는 없으니 이것을 한번 보시죠." 또는 이렇게 한다. "하지만 저뿐만이 아니라…" 이 커넥터로 카피의 추천사나 사례연구 섹션으로 넘어갈 수 있다.

"그럼 지금쯤이면, 가격이 얼마인지 궁금하실 겁니다." 이렇게 가격을 소개하되 할인가를 제시한다. 그런 뒤 이렇게 덧붙일 수 있다. "하지만 아직 결정을 내리시기 전에 좀 더 매력적인 제안을 하겠습니다." 그러고는 보너스를 소개하는 것이다. 이제 보너스에서 최종 CTA나 환불 보증 제도로 넘어간다. 환불 보증 제도를 소개한다고 가정해보자. "이제 100퍼센트 환불을 보장받으시는 겁니다." 환불 제도를 설명한 뒤에는 이렇게 할 수 있다. "선택은 당신의 몫입니다. 이제 시작할 때입니다." 그런 뒤 요약 파트로 넘어간다. 마지막에는 "아, 한 가지만 더 말씀드리자면" 커넥터를 이용해 모든 내용을 정리한 뒤 제일 마지막 추신으로 "이제 결정을 내릴 때입니다"로 마무리한다. 당신이 지금의 과정을 하나의 긴 대화로 본다면 (실제로도 그렇다), 이런 식으로 글이 매끄럽게 흘러가도록 만들 수 있다.

누군가는 내게 사람들이 장문의 페이스북 게시글은 읽지 않는다고 한다. 글이 길어서인지 아니면 사람들이 장문의 콘텐츠에 집중하지 못하는 탓인지는 모른다. 페이스북에 장문의 게시글을 쓰든, 신문에 장문의 기사를 쓰든, 재생 시간이 긴 세일즈 영상을 제작하든, 장시간의 웨비나든, 장문의 세일즈레터든 중요하지 않다. 관심이 있는 사람들은 읽고, 시청하고, 들을 테니까. 관심이 없는 사람들은 그러지 않을 것이다. 오디언스를 효율적으로 타기팅해서 정말 봐야 할 사람이 당신의 메시지를 볼 수 있도록 해야 한다.

만약 장문의 게시물이나 세일즈레터를 아무도 읽지 않거나 긴 영상 세일즈레터를 시청하지 않는다면, 타깃이 잘못되었거나 카피가 형편없는 것이므로 분량을 줄여야 한다. 감정적으로 생각하지 말라. 그냥 카피를 바꾸면 된다. 세일즈 카피라이팅 실력을 키우는 과정이기도 하다. 반응이 없다면 '광고를 더 돌려야겠어'라며 지나치게 애쓸 필요가 없다. 어쩌면 광고가 노출되는 대상을 달리 해야 할지도 모른다. 반응이 없다면 '새로운 걸 시도해볼까. 분량을 좀 줄여보자. 방향을 바꿔야겠어. 다른 헤드라인을 써보자. 제안을 달리 구성하자. CTA를 수정하자'라는 태도로 접근해야 한다. 그냥 다른 것을 시도하면 된다.

'잘 안 되네. 세일즈 카피를 쓰는 데 소질도 없는 것 같고, 장문의 카피는 반응도 안 오고.' 이런 식으로 불평만 하는 사람이 되어선 안 된다. **당신이** 쓴 장문의 카피가 반응이 없는 것이다. 주체적으로 나서야 한다. 다른 걸 시도해보라. 원하는 결과를 이룰 수 있는지 시험하는 것이다. 페이스북에 장문의 게시글은 안 읽는다는 사람이 꽤 있어도 괜찮다. 이들이 타깃 오디언스인가? 뭔가를 구매한 적 있는가? 이 사람들이 어디에 속하는지 생각해보길 바란다.

> **사람들을 언짢게 하지 않으면서 세일즈 카피에**
> **호기심을 자극하는 요소를 빠르고 쉽게 적용하려면**
> **어떻게 해야 하나요?**

당신의 제안 또는 세일즈 카피와 무관한 호기심은 활용하지 말라. 가장 대표적인 사례는 커다란 글자로 '섹스'라고 적는 것이다. 그런 뒤 이렇게 나온다. "자, 이제 제게 집중하기 시작했으니 세계 최고의 주방 세제를 설명하겠습니다." 성적 취향이 굉장히 이상한 게 아니라면 섹스와 주방 세제는 아무런 관계가 없기 때문에 사람들이 무척이나 불쾌해질 것이다.

미끼 상술Bait and switch은 사람들이 언짢아할 방식으로 호기심을 사용하는 사례다. 그러니 하지 말라. 호기심을 이용해 사람들이 당신의 상품에 그리고 당신의 세일즈 메시지에 더욱 '갈망하고', 더욱 흥분하고, 더욱 관심을 갖도록 해야 한다. 이런 것이 좋은 예시다. "세 시간 만에 책 한 권을 쓸 수 있습니까? 이게 가능이나 할까요? 안 믿으실지도 모르지만 충분히 가능합니다. 그 방법을 알려드리겠습니다." 호기심을 자극하는 데다 거짓이 없다.

가능성의 영역을 넘어선 듯한 무언가를 질문하되 '만약 …라면'으로 묻는 것이다. "만약 책을 출간한 저자로서의 신뢰를 쌓을 수 있다면, 그렇게 되기까지 딱 세 시간밖에 안 걸린다면 어떨 것 같습니까? 정말 멋질 것 같지 않습니까? 안 믿으실지 모르지만 가능합니다. 제가 보여드리겠습니다." 이렇게 쓰면 세일즈 카피에 관심을 갖는 사람들이 생길 것이다. 상식을 벗어나지만 입증할 수 있는 주장이 담긴 질문으로 시작하라. 여담이지만, 질문형으로 제시할 때 페이스북과 구글의 검열을 피할 수 있다. 어떠한 주장이 아니라 질문을 하기 때문이다.

타깃에게 필요한 것을 타깃이 원하는 것으로 포장해 카피를 써야 한다. 사람들은 원하는 것을 구매한다. 필요한 것을 구매하는 일은 거의 없다. 예를 들어보겠다. '최신 엑스박스 게임을 갖고 싶어', '살을 빼고 싶지만 내게 필요한 것은 건강한 식단이야', '살을 빼고도 싶지만 치즈버거가 더 먹고 싶어.' 문제는 사람들이 자신이 원하는 것을 산다는 점이다. 하지만 이는 좋은 점이기도 하다. 이들이 원하는 것을 팔고, 여기에 이들이 원하는 결과를 (고객이 어떠한 행동을 한다면 다다를 결과를) 얻기 위해서 필요한 것을 포함하면 된다.

고객이 원하는 것은 무엇이든 판매하라! 하지만 원하는 것과 필요한 것을 묶어 고객이 제대로 된 결과를 경험하도록 해야 한다. 필요한 것에 관한 이야기는 세일즈 카피에 많이 담지 말라. 고객은 자신에게 뭐가 필요한지 관심이 없다!

카피에 집중하도록, 카피를 읽도록 만들려면 뭘 해야 할까요?

- 사람들이 계속 읽어나가도록 사진을 활용한다.
- 볼드체 불릿으로 텍스트를 분할한다.
- 문단이 너무 길어선 안 된다. 두세 줄, 아무리 길어도 네 줄을 넘기지 말라. 나는 온라인 카피에서 한 문장을 한 문단으로 쓸 때가 많다.
- 글의 자연스러운 흐름을 유지한다.
- 고객 중심으로 쓴다. 즉, 고객, 고객의 이야기, 욕구, 욕망, 문제에 초점을 맞춰야 한다.
- 당신과 당신 상품에 관한 이야기는 전부 고객에게 어떤 혜택을 줄 수 있는지, 어떻게 도울 수 있는지, 고객의 삶을 어떻게 풍요롭게 만들고 향상할 수 있는지, 어떻게 고객의 고통을 줄이고 두려움을 사라지게 만들 수 있는지로 전환해 설명한다. 고객에게 초점을 맞춰 자연스럽게 흐름을 유지하고, 글을 길게 끌지 말라.
- 의미를 말하고 감정에 집중한다.

> 디지털 상품의 세일즈 카피를 쓸 때와 컨설팅 서비스를
> 홍보하는 세일즈 카피를 쓸 때 사용하는 템플릿이나
> 접근법이 서로 다른가요?

흥미로운 질문이다. 사람들의 태도는 항상 '내 상품은 달라. 내 시장은 달라. 내 것은 달라. 당신이 가르치는 게 다른 데서는 먹혀도 내게는 안 될 거야'이기 때문이다. 가장 먼저 이해해야 할 점은 사람들이 다 똑같은 사람이고, 이들이 구매를 한다는 것이다. B2B 상품이든 B2C 상품이든, 구매를 하는 주체는 결국 사람이다. 이들은 욕망을 충족하고 문제를 해결하고 싶어 한다. 즐거움을 누리고 실수를 피하고 싶어 한다.

내가 디지털 상품을 홍보하는 세일즈 카피를 쓴다면 이 상품이 고객의 문제를 어떻게 해결해주는지 또는 고객의 욕망을 어떻게 충족시키는지 설명하겠다. 컨설팅 서비스의 카피로는 컨설턴트를 고용하는 것으로 고객의 문제가 해결되고 욕구가 충족된다고 설명하겠다. 전혀 차이가 없다. 고객이 원하는 것을 어떻게 얻게 될지를 설명할 뿐이다. 디지털 상품의 경우 고객은 무언가를 다운로드하거나 버튼을 클릭해서 원하는 결론을 얻을 수 있다. 컨설팅 서비스에서는 당신이 고객과 통화하고 오래 상호작용을 한 후에 고객의 문제를 해결해줄 것이다.

다른 접근법은 없다. 공식은 문제/동요/해결 또는 비포/애프터/브리지다. 지금 현재의 위치가 비포이면, 우리를 고용하거나 디지털 상품을 구매하는 상황이 애프터이고, 컨설팅 서비스 또는 디지털 상품이 해결책이 되는 것이다. 고객에게 혜택이 어떻게 전달되는지 설명하라. 하나는 서비스이고 다른 하나는 다운로드니까.

웹페이지에서 카피의 색상이 정말 중요한가요?

그렇기도 하고 아니기도 하다. 사람들이 읽고서 이해할 수 있어야 하고, 혼란이나 충격을 주어선 안 되고, 눈을 피로하게 해서는 안 된다는 점에서 색이 중요하다. 왜 책이 거의 다 흰색 또는 미색 바탕에 검은색 글자로 쓰일까? 읽기에 가장 익숙하고 편안하기 때문이다. 반면 '빨간 헤드라인은 절대 안 먹힌다', '빨간 헤드라인이 무조건 최고다' 하는 논쟁을 들어본 적이 있을 것이다. 항상 '뭐가 반드시 이렇다'는 예언 같은 말은 가려들어야 한다.

대부분의 사람에게 익숙하고 읽기 편안한 색감에 깔끔하고 정돈된 카피면 된다. 카피의 색이 판매를 일으킬 정도로 중요한지는 몰라도, 텍스트의 색은 판매를 놓칠 수 있을 정도로 중요하다. 사람들에게 짜증을 선사하고 싶으면, 짙은 남색 페이지에 카나리아색 텍스트를 넣으면 된다. 99퍼센트의 경우 고객 전환율이 끔찍하게 떨어질 것이다.

좋은 품질의 마이크로 음성 인식 플랫폼에서 카피 초안을 녹음한 뒤 텍스트를 수정하는 방법은 어떻게 생각하세요?

글을 쓰려고 하면 온몸이 얼어붙는 것 같다는 이야기를 하는 사람이 많다. 오디오를 텍스트로 변환해주는 음성 인식 소프트웨어 플랫폼은 이론상 상당히 좋은 도구다. 하지만 실제로는 굉장히 번거롭다. 음성을 텍스트로 변환하려면 기억해야 할 뿐 아니라 문단의 끝을 맺고, 행갈이를 하고, 마침표를 찍고, 괄호를 열고 닫고, 인용 부호를 넣고, 대문자를 입력하고, 새로운 문단을 시작하고, 이것저것 신경 쓸 일이 하나둘이 아니다. 정말 상당히 번거롭다. 말을 시작하고 나면 생각의 흐름을 놓치게 될 것이다.

(60초 미만의) 짧은 내용을 텍스트로 변환한다면 나는 핸드폰의 음성 메모 기능을 가장 좋은 선택지로 삼겠다. 무언가가 머리에 떠오르면 바로 저장해야 한다. 언젠가 내가 줌 미팅을 하던 중 잠재고객에게 후속 이메일을 보내는 양식을 만들어두어야 한다는 이야기가 나왔다. "그 이메일에는 어떠한 내용이 포함되어야 하냐면…" 여기까지 말하고는 녹음 버튼을 눌렀다. 58초간 후속 이메일에 어떤 내용이 포함되어야 하는지 설명한 뒤 녹음을 껐다. 녹음 파일을 음성 인식 플랫폼으로 보내고 1달러를 지불한 뒤 문서 파일을 받았다. 나는 글의 구성만 좀 만지면 되었다.

> **저는 사람들이 중독을 이겨내도록 돕는 일을 하는데요.**
> **'중독을 이겨내자'라는 말 정도면 충분한 자극이 될까요,**
> **아니면 '술로 더는 고통받지 않는 법'처럼 좀 더**
> **직설적으로 가야 할까요?**

무엇이 되었든 '중독을 이겨내자'와 같은 문구는 1단계다. 여기저기서 유행어처럼 쓰이는데 문제는 사람들이 너무 익숙해졌다는 것이다. 책임을 무겁게 받아들이지 않게 된다. '아 맞아, 중독을 이겨내야 했지.' 이런 느낌이다. 그래서 한 단계 더 파고들어 '술로 더는 고통받지 마세요'라고 갈 수 있다. 좀 더 구체적이고 감정도 더 자극한다. 하지만 3단계, 4단계까지 가야 한다. 가정이 파괴되고, 삶이 엉망으로 망가지고, 재정이 무너지고, 빈털터리가 되고, 벼랑 끝에 서는 삶에 대해 말하라. 이제 문제는 이것이다. 벼랑 끝에서 그냥 뛰어 내리겠는가, 아니면 몸을 돌려 무언가를 해보겠는가?

잠깐, 지금 꺼낸 문장은 당신이 해야 할 일의 비유적 표현일 뿐 어떤 식으로도 카피에 써서는 안 된다. 내가 법률적·심리적 조언을 주려는 건 아니다. 낭떠러지에 서 있는 사람에게 뛰어 내리든가 문제를 고치라고, 한심한 이야기를 절대 해서는 안 된다. 다만 당신은 이 정도 깊이의 감정에 진입해야 한다. 감정을 불러일으키는 언어로 이 마음을 건드릴 때, 듣는 사람이 뜨끔하지 않을 평범한 톤을 썼을 때보다 더 많은 매출을 달성하게 될 것이다. 이런 상황에서는 상처를 줘야 한다. 진정한 고통이 이들을 행동하게 만드는 원동력이 되므로 아픔을 줘야 한다.

글을 대충 보는 사람들이 카피를 읽는 방식을 더 자세히 말씀해주실 수 있나요?

대충 훑어보는 사람들은 메인 헤드라인은 읽지만 영상 세일즈레터는 보지 않을 것이다. 하지만 불릿도 읽고, 서브 헤드라인도 본다. 상품 사진이 있는 제안 부분도 읽고. 추신도 읽을 것이다. 가격도 살펴본다. 이 정도면 글을 아무리 대충 읽는 사람도 당신 제안의 핵심을 이해하기 충분하다.

비포/애프터/브리지와 문제/동요/해결 공식을 섞어서도 쓰나요?

물론 그렇게 할 수 있다. 특히나 비포를 이야기할 때는 그렇다. 비포가 문제-동요 단계가 될 수 있다. 애프터에서는 이후 삶이 어떻게 달라지는지 말한다. 즉, 미래 연상 기법이다. 브리지는 당신이 제시하는 해결책, 즉 상품을 설명하는 부분이 되겠다.

> 호신용 상품을 홍보하는 카피에서 공격적인 폭행, 강간, 사망과
> 같이 극단적인 결과로 공포를 자극하는 부정적인 톤을 좀 조정하
> 고 싶은데, 이만큼이나 효과적인 카피를
> 어떻게 만들까요? 유료 트래픽 소스 다수가 폭력 또는
> 공포를 키워드로 하는 세일즈에 거리를 두려고 해요.

글쎄, 당장 머릿속에 떠오르는 것은 통계다. 통계에 반박할 수 있는 사람은 없으니까. 정부에서 발표한 통계자료나 이와 유사한 자료를 활용하며 상황을 조금씩 조성해가면서 트래픽 소스가 어떻게 반응하는지 지켜보는 게 좋겠다.

좋아하는 테이크어웨이 클로징을 정리한 리스트가 있나요?

쓰기 가장 쉬운 클로징은 이것이다. "모든 분께 드리는 것은 아닙니다. _____인 분들을 위한 겁니다." 여기서 공란을 채우면 된다. 이런 테이크어웨이 클로징이면 충분하며 이렇게 전달하면 된다. "자신의 삶을 진정으로 변화시키고 싶은 분들을 위한 겁니다. 계속 진행하기는 어렵기에 50명 한정으로 제공하겠습니다." 상품이 무엇이든 이렇게만 하면 된다. 너무 복잡하게 할 필요도 없고 너무 깊이 고민하지 말라. 모든 사람을 대상으로 진행하기 어렵다는 점을 말하면 된다.

> **출시 후 상품을 어느 정도의 기간 내에 고객에게
> 전달해야 할까요? 아직 배송할 준비가 되지 않았다면
> 세일즈 카피에 솔직히 써야겠지만, 배송이 너무 오래
> 걸린다는 기준은 어느 정도인지 궁금합니다.**

나는 1~2주 내에 확실하게 들어오지 않을 상품은 판매하지 않을 것 같다. 가장 좋은 상황은 상품을 확보하고 판매를 시작하는 것이다. 세일즈 카피가 있다고 해서 (실물 상품은 아직 들어오지 않은 상태지만) 당장 광고를 하고 주문을 받아야 한다는 뜻은 아니다. 문제가 생길 수 있다.

세일즈 카피를 걸고 상품을 구매할 사람이 있는지 확인해볼 수 있겠다. 세일즈 퍼널을 구성하고 광고도 한 뒤, 사람들이 구매 버튼을 클릭하고 신용카드 정보를 입력하기 직전까지 데려오는 것이다. 고객이 마지막 버튼을 누르면 "일시적으로 재고가 부족하여, 이메일 주소를 남겨주시면 가장 먼저 연락을 드려야 할 고객 리스트에 등록한 뒤 재고가 들어오는 즉시 메일을 드리겠습니다"라는 메시지 창을 띄우라. 세일즈 카피가 반응이 있는지 확인하는 방법이다. 특히나 실물 상품은 배송할 준비가 되지 않으면 결제를 받아선 안 된다. 자칫하면 여러 가지 문제에 휘말릴 수 있다.

지은이 짐 에드워즈

1980년대 말 역사학 전공으로 윌리엄메리칼리지를 졸업한 후 세일즈 커리어를 시작해 18개월 동안 주파수 공용 통신기, 핸드폰, 보험, 다이어트 상품, 묫자리 등을 팔며 일곱 군데의 일자리를 전전했다. 모기지 비즈니스에 진입하고 나서야 그는 사람들이 원하는 상품을 판매하고, 적절한 세일즈 메시지로 적절한 시기에 적절한 장소에 등장하는 것이 얼마나 큰 위력을 발휘하는지 깨달았다.

1997년 짐은 세계 최초로 온라인에서 전자책을 판매하는 사람 중 하나였다. 이때 직접 반응 카피라이팅을 배우기 시작했고, 전자책이 불티나게 팔리며《뉴욕 타임스》,《안트러프러너》를 포함해 전 세계 다수의 온오프라인 매체에 소개되었다. 1998년부터는 10년간 「더 넷 리포터 The Net Reporter」라는 신문 칼럼을 기고했다.

짐은 카피라이팅 기술로 자신의 상품, 서비스, 코칭, 온라인 소프트웨어를 판매해 수천만 달러 매출을 달성했다. 그는 세일즈를 전혀 모르는 사람들을 도와 상품을 파는 법을 알려주고 이들이 세상에 메시지와 상품, 가치를 전하도록 이끄는 일에 진심으로 열정을 갖고 임한다.

옮긴이 신솔잎

프랑스에서 국제대학을 졸업한 후 프랑스, 중국, 국내에서 경력을 쌓았다. 이후 번역 에이전시에서 근무했고, 숙명여대에서 테솔 수료 후, 현재 프리랜서 영어 강사로 활동하면서 외서 기획 및 번역을 병행하고 있다. 다양한 외국어를 접하며 느꼈던 언어의 섬세함을 글로 옮기기 위해 늘 노력한다.『불안 해방 일지』,『유튜브, 제국의 탄생』,『아쿠아리움이 문을 닫으면』,『1년에 10억 버는 방구석 비즈니스』등 다양한 책을 옮겼다.

스토리 설계자
고객의 욕망을 꿰뚫는 31가지 카피라이팅 과학

펴낸날 초판 1쇄 2024년 8월 30일
　　　　초판 3쇄 2024년 10월 21일
지은이 짐 에드워즈
옮긴이 신솔잎
펴낸이 이주애, 홍영완
편집장 최혜리
편집3팀 강민우, 이소연
편집 양혜영, 박효주, 한수정, 김하영, 홍은비, 김혜원
디자인 기조숙, 박소현, 김주연, 박정원, 윤소정
마케팅 김태윤, 정혜인, 김민준
홍보 백지혜, 김준영
해외기획 정미현, 정수림
경영지원 박소현
펴낸곳 (주)월북　**출판등록** 제 2006-000017호
주소 10881 경기도 파주시 광인사길 217
전화 031-955-3777　**팩스** 031-955-3778　**홈페이지** willbookspub.com
블로그 blog.naver.com/willbooks　**포스트** post.naver.com/willbooks
트위터 @onwillbooks　**인스타그램** @willbooks_pub
ISBN 979-11-5581-762-9 (03320)